外務省 一・二

외무성 일·이

조사시찰단기록 번역총서

15

外務省
一 · 二

—

외무성 일 · 이

심상학 편

이상욱 역

보고사
BOGOSA

　본 번역서는 서울대학교 규장각 한국학연구소 소장 한문본(漢文本)『일본외무성시찰기(日本外務省視察記)』(奎 3015, 8권 4책)를 현대어로 번역한 것이다.『일본외무성시찰기』(이하『외무성』)는 1881년(고종 18) 일본에 파견된 조사시찰단(朝士視察團)이 일본 외무성을 조사한 내용을 조정에 보고할 목적으로 작성되었다. 이 시찰기의 내용은 일본 외무성의 각종 문서들을 한역(漢譯)해 편집한 것이다.

　서구 제국주의 열강들은 19세기 중반부터 본격적으로 중국과 일본에 출몰하면서, 크고 작은 분쟁을 일으키고, 줄기차게 통상을 요구하였다. 청나라는 1차(1840~1842), 2차(1856~1860) 아편전쟁에 패해 그 결과 서양 제국(諸國)들과 굴욕적인 조약을 체결하였다. 일본 역시 1853년 도쿄만에 나타난 미국 페리 제독에 의해 개항(開港)이 강요되었고, 막부(幕府)는 결국 1854년 미일화친조약(美日和親條約, 일명 가나가와(神奈川) 조약)을 체결하였다. 이후 영국, 러시아, 네덜란드, 프랑스 등이 차례로 막부에 개항과 통상을 요구하였고, 막부는 1858년에 이들 국가들과 차례로 수호통상조약(修好通商條約, Treaty of Amity and Commerce)을 맺게 된다. 이를 안세이(安政) 5조약이라고 한다. 이 조약들을 통해 일본은 근대 국제 외교 무대에 정식으로 등장하게 된다.

이들 조약은 주로 막부가 체결하였고, 시모다(下田), 하코다테(箱館), 가나가와(神奈川), 나가사키(長崎), 니가타(新潟), 효고(兵庫) 등이 개항되었다. 이에 불만을 품은 일본의 지역 세력들은 존왕양이(尊王攘夷)를 기치로 막부와 대립하게 되며, 1858년 이후 메이지(明治) 유신까지 10년 동안, 일본 국내에서는 개화파(開化派)와 양이파(攘夷派)가 대립하며 극심한 혼란의 시기를 겪었다. 이러한 혼란에 더해, 일본에서의 영향력 확대를 꾀하던 영국, 프랑스, 러시아 등 제국주의 세력들의 직간접적인 개입에 의해 막부의 외교는 혼란에 혼란을 거듭할 수밖에 없었다. 1868년 메이지 유신을 통해 외형적으로 근대 국가의 틀을 갖춘 일본은 1869년 외교 업무를 전담하는 외무성(外務省, Ministry of Foreign Affairs)을 정부 정식 조직으로 출범시켰다. 이전에는 외무(外務)에 경험이 있는 로주(老中)나 부교(奉行) 등의 막부 고위 관료가 때에 따라 외국과의 협상에 나서 외교 문제를 처리해 왔다. 유신 이후에는 외무성이 외국과 관련된 업무들을 전담하여 서양 근대 국가들의 외교 관련 정부 조직에 대응하기 시작했다.

외무성의 출범을 통해 일본 정부는 외교 관련 업무의 창구를 단일화하고, 외교 관련 업무처리를 체계화, 또는 '근대화' 시켰으며, 외교상 벌어지는 여러 가지 사건·사례들, 또는 협정·조약들을 문서로써 축적시켜 나갔다. 또한 각종 직제(職制), 관제(官制), 각종 명칭(名稱) 등을 근대 외교에 맞게 변화시켰으며, 각국에 공사(公使)와 영사(領事) 및 부속 사관들을 파견하고, 각 직책에 맞는 훈령(訓令), 즉 업무 매뉴얼을 만들어 적용시켰다. 그밖에 일본 주재 외국 외교관, 외국인들과 관련한 법령, 일본인의 해외여행 규칙, 일본에 표착한 외국인들의 처리 규칙 등을 제정

· 정비했다. 외무성 업무와 관련해 형성된, 여러 업무 방식·지침, 법령, 규칙, 문서식(文書式) 등은 서양의 외무성 조직을 모방해 만들어 하루아침에 얻어진 것이 아니라, 십 수년의 실무 경험, 끊임없는 시행착오 및 외국 사례의 참조 등을 통해 축적된 것이다. 본 번역서의 저본인『외무성』은 이 일련의 과정에 대한 19세기 당시 조선 관리의 감찰 결과 보고서이다.

한편 조선에서는 병인(1866)·신미(1871) 양요를 통해, 동아시아에 출몰하는 서양 세력의 실체를 어렴풋이나마 인지하고 있었다. 다만 이 때는 흥선대원군(興宣大院君)이 어린 고종을 대신해 섭정을 하던 때로, 국가적으로 쇄국정책을 강하게 유지하고 있었다. 조선의 입장에서 양요 당시 프랑스, 미국과의 교섭과 사건의 처리는 크게 사대교린(事大交隣)이라는 전근대 동아시아 국제 질서를 기본으로 삼았다. 따라서 조선 조정은 프랑스, 미국과의 교섭에서 청나라 측과 지속적으로 연락을 주고받았으며, 많은 부분을 청나라의 중재와 조언에 의지했다. 또한 기본적으로 이 사건들의 처리는 예조(禮曹)에서 담당했는데, 오랫동안 예조는 청나라와 일본 막부 외에는 이렇다 할 외교 사안을 처리한 전례가 없었다. 이 중국과 일본과의 관계는 기본적으로 전통적인 '예(禮)'의 관점에서 이루어지고 있었다. 따라서 당시 서양 세력에 대한 조선의 대응은 전통적인 '예의'의 관점에서 상대를 설득하거나, 군사적으로 항전하는 것 외에는 선택지가 없었다. 군함을 몰고 와 무력시위를 하면서 통상(通商)을 요구하는 상대에 대해 대응할 만한 조직과 경험이 전무한 상태였다.

메이지 유신 이후 국내 상황을 대략 안정시킨 일본은 자신들이 서구 열강들에게 당한 방식 그대로 조선에 통상과 외교 관계 수립을 요구하였다. 1875년 일본은 운요호(雲揚號) 사건을 일으켰고, 이를 빌미로 1876년 강화도에서 '조일수호조규(朝日修好條規)'를 맺었다. 그리고 같은 해 본 조약의 '부록(附錄)'과 '무역규칙(貿易規則)'까지 정하게 된다. 이 일련의 과정과 일본 담당자의 고압적인 태도는 일본이 1850년대 서구 열강들에게 당한 방식 그대로였다. 당시 강화도에서 무력시위를 한 일본의 병력이나 위세가 이전 프랑스나 미국의 그것에 비해 월등하게 강력했다고 볼 수 없다는 점에서, 이 조약의 성립은 조선 조정의 '개화'에 대한 태도 변화에도 그 원인이 있었다. 실제로 1873년 고종의 친정(親政) 이후 조선 조정에서는 미묘하게 개화파가 힘을 얻고 있었다.

강화도 조약 이후 조선 조정은 일본에 총 5회의 외교사절 즉, 수신사(修信使)를 파견하였다. 김기수(金綺秀)를 정사(正使)로 하는 1차 수신사(1876)와 김홍집(金弘集)을 정사(正使)로 하는 2차 수신사(1880)가 차례로 일본을 다녀왔다. 이들은 일본 정부에 의해 상당히 융숭한 대접을 받았으며, 특히 근대 문물 시찰에 많은 편의를 제공받았다. 여기에는 물론 일본 측의 '순수한' 호의도 얼마간 있었겠지만, 이 또한 일본 사절단이 조약 체결 이후 서구 국가들에게서 받은 대접을 모방한 것이었다. 장기적으로 개화에 호의를 가진 인물들과 관계를 맺고, 조선 조야에 일본에 호의적인 여론을 확산시킬 수 있다고 보았을 것이다. 이와 같은 목적에 따라 처음 두 차례 수신사의 일정은 기본적으로 일본 외무성에 의해 '관리'되었으며, 일본 당국이 주로 견학 대상을 정했다.

이에 반해 1881년 파견된 조사시찰단(朝士視察團)은 조선 조정이 능동적으로 조직하여 파견했다는 점에서 위 수신사와는 다르다. 1880년 말 조선은 이전 예조 위주로 돌아가던 외교 업무를 통리기무아문(統理機務衙門)을 설치해 이관시키고, 이어 조사시찰단 파견을 결정하였다. 조사시찰단은 조준영(趙準永), 박정양(朴定陽), 엄세영(嚴世永), 강문형(姜文馨), 조병직(趙秉稷), 민종묵(閔種默), 이헌영(李𨯶永), 심상학(沈相學), 홍영식(洪英植), 어윤중(魚允中), 이원회(李元會), 김용원(金鏞元) 등 12인의 조사(朝士)로 구성되었다. 이들에게는 각각 5명의 수행원을 대동하게 해 총 64명이 일본에 방문하였으며, 모든 비용은 조선 정부가 부담하였다. 이들 조사들은 공식 사절(使節)이 아닌, 암행어사(暗行御史)의 신분으로 도일하였고 각각 일본의 문부성(文部省), 외무성(外務省), 사법성(司法省), 육군성(陸軍省), 대장성(大藏省), 공부성(工部省), 세관(稅關), 육군 조련, 선박 분야에 대해 조사하고 보고서를 작성하도록 명 받았다. 이들은 조선 조정에서 '개화'를 위해 필요하다고 생각한 분야들이었다.

이들 조사들은 서울을 출발해 부산에 도착할 때까지 자신들의 임무를 정확히 알지 못했다. 동래부(東萊府)에 도착하고 나서야 봉서(封書)를 개봉하여 자신들이 맡은 임무를 알게 되었다. 이헌영의 『일사집략(日槎集略)』에 의하면, 박정양과 심상학은 외무성을 맡고, 이헌영, 조병직, 민종묵이 세관을 맡았다고 되어 있다. 보통 각 분야마다 한 명의 조사가 담당했는데, 외무성과 세관 업무는 복수의 조사가 조사(照查)를 담당하였다. 조사시찰단 파견 이듬해인 1882년 조선은 미국, 영국, 독일 등과 수호조약 및 관세협정 체결을 앞두고 있었으므로, 일본 외무성과 세관의 업무, 또 일본이 이전에 서양 각국과 맺은 조약·규칙들은, 당시 국제 외교와 통상에 대해 무지하던 조선 정부에게 매우 긴급하게 필요한 지식이었다.

『외무성』은 문견사건류(聞見事件類)[1]와 달리, 서문 한 두 문장을 제외하

---

1 윤현숙은 조사시찰단의 보고서를 문견사건류(聞見事件類)와 시찰기류(視察記類)로 대별하였다. 윤현숙, 「1881년 조사시찰단의 보고서 작성 방식과 그 의미」, 『열상고전연구』 제59집, 열상고전연구회, 2017 참조.

고 개인적 논평이나 주관적 서술이 전혀 없는 일종의 편집 문헌이다. 본문은 모두 일본 외무성의 자체 보유문서들을 그대로 전재하거나 한역(漢譯)한 것이다. 제1책은 일본 외무성의 연혁과 조직편제, 사무장정, 외교관 및 영사(領事) 훈령, 외무성 업무, 각종 문서식(文書式)을, 제2책과 제3책은 1850년대부터 외국과 맺은 주요 조약 · 약정의 원문 또는 그 한역(漢譯)을, 제4책은 청나라와 맺은 수호조규(修好條規)와 재일 외국인 규칙, 우편규칙, 개항지 규칙, 토지 공여 등 외무성이 개항 이후 구체적 현안에 따라 정한 규칙, 포고문 또는 협상 서간 등을 전재하고 있다. 이 문서들을 보면, 정무적(政務的) 업무와 관련된 외무성 내부 문서를 제외하고, 대부분의 외무성 공식문서들을 포괄하고 있다. 조사시찰단의 일본 내 짧은 체류기간(약3개월), 그리고 전재된 문서의 특징들을 고려해 보면, 일본 외무성 측에서 적극적으로 문서들을 열람시키고, 내용 파악에 상당한 도움을 주었을 것으로 생각된다.

본『외무성』의 편저자는 일반적으로 민종묵으로 알려져 있으나, 직접적인 문헌상 증거는 없다. 오히려 민종묵은 세관(稅關)을 담당하는 것으로 밀지를 받았고, 실제로 1881년 9월 1일 〈승정원일기〉 기사를 보면, 세관과 관련된 사항들을 고종에게 보고하고 있다. 외무성 시찰을 명받은 것은 심상학이며, 이헌영이『일사집략』에 수록한 1881년 8월 30일 복명 시 대화록을 보면, 심상학이 외무성과 관련된 내용들을 고종에게 보고한다. 따라서 본『외무성』작성 담당을 굳이 특정하자면 심상학일 가능성이 높다. 하지만 본『외무성』의 절반 이상의 분량이 일본이 개항 이후 외국과 맺은 조약의 원문, 또는 그 번역이고, 이 조약들에 대한 조사를 민종묵이 담당하였으므로, 두 조사(朝士)의 조사 · 정보수집 결과를 합한 것이 아닌가 생각된다.

본『외무성』은 애초부터 일반 공개나 출판 등을 위한 개인적 저술이 아니므로, 편저자를 특정하는 것에 큰 의미는 없다. 다만『외무성』이라는 저술의 편저자 문제를 통해 당시 조선의 외교에 대한 인식을 살펴볼수 있다. 조선은 외무성 담당 조사와 세관 담당 조사를 나누어 보냈고, 보고서도 각각 작성하였다. 이러한 업무 분장에서 조선측은 여전히 일본 외무성을 전통적인 예조의 관점에서 바라보고 있음이 드러난다. 복명하러 온 신하들에게 고종은 다음과 같은 말을 한다.

> 왕이 말하기를,
> "일본은 이웃 나라와의 통교(通交)를 경사(慶事)를 축하하고 흉사(凶事)를 위문하는 일로 하지 않고, 통상 일만을 주로 삼더군."하였다.
> 박정양이 아뢰기를,
> "이웃 나라와의 통교의 도(道)는 마땅히 경조(慶弔)의 예(禮)를 닦음을 중요한 일로 삼아야 할 것이나, 저 나라는 과연 통상을 일로 삼고 있습니다."하였다
> 이헌영, 『일사집략』, 1881년 8월 30일 복명 시 대화록[2]

이때까지 조선이 생각하는 '외교'는 이웃나라의 '경사를 축하하고, 흉사를 위문하는' 예(禮)를 차리는 것이었다. '통상'은 이에 종속되었거나 혹은 중요도가 한참 낮은 행위로 본 것이다. 결과론이지만, 당시 제국주의 국가들이 주도하여 맺고 있던 소위 '수호통상조약(修好通商條約, Treaty of Amity and Commerce)'에서의 방점은 '통상'에 있었다. 일본 외무성 역시

---

2 권영대·문선규·이민수 (공역), 『日槎集略(天)』, 한국고전번역원, 1977 (한국고전종합 DB)의 내용을 토대로 일부 수정하였다.

많은 업무가 국제 통상과 관련되어 있었다. 일본 외무성의 태생 자체가 서구 제국주의 국가들의 거센 통상 요구에 대응해 생겨난 정부 조직이기 때문이다. 하지만 조선은 여전히, 근대 외교에서는 '통상'이 핵심이고, '예(禮)' 또는 '수호(修好)'가 그 종속변수가 되고 있음을 인지하지 못하고 있었다.

예컨대 실제 관세(關稅)를 거두는 실무는 세관이 하는 업무이지만, 관세와 관련된 규칙은 외무성이 실무를 담당해 협상하고 그 내용을 조약에 반영하였다. 민종묵은 세관을 담당했지만, 정작 보고서 작성에 필요한 관세율, 관세 부과 품목, 환율, 각 개항장 규정 등의 자료들은 대부분 외무성에 있었다. 이들은 외국과의 협상 권한이 있던 외무성의 소관업무였기 때문이다.

따라서 민종묵은 외무성에 대한 조사에 더 많은 노력을 기울여야 했을 것이다. 결국 심상학과 민종묵이 각각 조사를 맡은 외무성과 세관·통상 업무라는 두 분야는 애초부터 나누어서 각각 보고서를 작성하기에 부적절한, 하나의 분야였다. 일본 외무성의 업무 자체가 주로 국제 통상이라는 강력한 자장으로부터 구성되었기 때문이다. 따라서 본『외무성』을 누가 주로 작성하고, 누구 이름으로 보고했어야 했는가의 문제는 단순히 저자 문제를 넘어서, 당시 근대 외교를 대하는 조선의 혼란된 인식을 그대로 노출한다는 점에서 흥미롭다.

어떤 의미에서『외무성』은 관련 자료들을 단순 나열한 자료집 성격의 매우 건조한 보고서이지만, 당시 조선의 입장에서는 매우 긴요한 내용들이었을 것이다. 하지만 일본이 외무성을 통해 축적해 온 당대 외교·통상 관련 지식과 노하우는, 실제 임박한 제국주의 세력의 무력 앞에서 수많은 시행착오와 희생을 통해 얻어진 것들이었다. 이에 반해 조선은 이러한 '고급 지식'을 이 보고서 하나로 너무 쉽게 습득한 게 문제라면 문제였다. 이 『외무성』에 번역되어 있는 여러 업무 장정, 조약, 규정, 규칙, 서식 등의 문면을 이해하는 것은 어렵지 않았을 것이다. 하지만 그 한 줄 한 줄의 이면에 숨어 있는 역사와 맥락, 또 실제 적용했을 때의 어려움과 그 파급력에 대해 외국과의 교섭 경험이 일천한 조선은 모두 제대로 파악하기 힘들었을 것이다. 일본에서 이러한 고급 자료를 선뜻 제공한 것에는 물론 얼마간의 선의도 있었겠지만, 기본적으로는 '줘도 이해 못할 것'이라는 확신이 어느 정도 있었을 것으로 생각된다. 여하튼 본 『외무성』은 이후 조선의 외교 및 개화 정책의 강력한 레퍼런스로서 활용되었을 것이다.

『외무성』에 수록된 자료들은 매우 구체적이다. 따라서 개중에는 일본 학계에도 알려지지 않은 자료도 있을 것으로 생각된다. 역자의 능력 부족 탓으로 이를 모두 검증해 보지는 못했지만, 이는 향후 심도 깊은 연구를 통해 확인해 볼 수 있을 것이다. 특히 이 『외무성』은 내용을 종합해 서술한 것이 아니라, 중요하게 확정된 문서와 바로 용도 폐기된 문서 등을 모두 나열하고 있다는 점에서, 일본 외교사 및 개항사(開港史) 연구에 일정 정도 기여할 수 있으리라 생각한다. 또는 일본 외무성(外務省) 연구에도 도움이 될 것이다. 여기에 전재된 자료들 대부분이 1881년 당시 일본 외무성에서 직접 유출된 자료라는 점에서 사료로서의 가치는 충분하다.

본 번역서는 한국연구재단 토대연구 〈수신사 및 조사시찰단 자료 DB 구축〉(2015~2018, 연구책임자: 허경진)의 성과물로서 2016년 말 2017년 초 DB구축 팀의 윤독을 통해 1차 번역이 완성되었다. 이 때 정재호 선생님은 초벌 번역을 함께 했고, 최이호 선생님이 교감 및 교정을 맡아 주셨다. 이 1차 번역본이 현재 완성된 데이터베이스에 입력되어 있다. 본 번역서는 교정·교감을 통해 기존 원문 및 번역문의 오류를 수정하고, 해제·주석 등을 추가하여 출판에 알맞은 형태로 재편집하였다. 단순 번역이지만 데이터베이스 상의 번역문과 출판되는 책의 번역문은 읽는 느낌뿐만 아니라 내용 전달의 초점이 사뭇 달라짐을 느낄 수 있었다. 마지막으로 본 번역서를 기획하고, 출판을 독려해 주신 허경진 선생님께 감사의 말씀을 드리며, 여러 가지 지난한 출판 실무를 맡아주신 윤현숙 선생님께도 감사의 말씀 전하고 싶다.

역자를 대표하여

이상욱

2020. 4. 5

차례

일러두기

1. 본 번역서는 서울대학교 규장각 한국학연구원 『일본외무성시찰기(日本外務省視察記)』(奎 3015, 8권 4책)의 현대어 번역이다.

2. 번역문, 원문, 영인본 순서로 수록하였다.

3. 가능하면 일본의 인명이나 지명을 일본어 발음으로 표기하였다. 서양의 지명이나 인명은 현재 한국어에서 통상적으로 쓰는 표기(예: 영국)가 아니면 되도록 각 나라의 본 발음을 기준으로 표기하였다.

4. 원주는 번역문에 【 】로 표기하고 본문보다 작은 글자로 편집하였다. 원문에서도 동일한 방식으로 편집하였다. 각주는 모두 역자 주이다.

5. 원문에서 한역, 또는 표기되지 않은 서양의 고유명사나 도량형, 화폐 단위 등은, 번역문에서 역자가 확인 가능한 경우에 괄호 안에 부기하였다.

6. 본서에 수록된 내용들은 일본어, 영문 등의 원문이 따로 존재하는 경우도 많으나, 본 번역서는 19세기 당시 조선 관리의 번역을 다시 현대어로 번역하는 것에 초점을 두었다. 따라서 일본어, 영문 원문 등과 대조하여 다른 점이 있더라도, 되도록 한역 원문을 충실히 현대어로 옮기는데 주력하였다. 당시 조선 관리의 실수나 오해 등도 역사적으로 고찰할 가치가 있기 때문이다.

7. 원문에서 오탈자가 확실한 경우는 원문 각주에서 언급하였으며, 번역은 각주에 언급된 수정사항을 근거로 하였다.

8. 원문을 입력하면서 독자들이 참고하기 편하도록 인명이나 지명 등의 고유명사는 밑줄을 그어 표시하였다.

외무성(外務省) 일 · 이

1. 기본 서지

　본 번역서의 저본은 규장각 한국학연구원 소장『일본외무성시찰기(日本外務省視察記)』(奎 3015)의 제1책『外務省一』(권1-권2)과 제2책『外務省二』(권3-권4)이다. 이 저본의 권수제(卷首題)는 모두 '일본외무성사무(日本外務省事務)'이다.

2. 편저자

　『외무성』의 편저자에 대해서는 다소간의 논란의 여지가 있다. 책 자체에 편저자가 명시되어 있지는 않으나, 일반적으로 1881년 조사시찰단 일원이었던 민종묵(閔種默, 1835~1916)이 편저자로 알려져 있다. 이헌영(李𨯶永, 1837~1907)의『일사집략(日槎集略)』에 대한 문선규의 해제(1974)에는『일본외무성시찰기』의 편저자로 민종묵이 명시되어 있다. 하지만 동시찰단의 심상학(沈相學, 1845~1890)이 편저자라는 설도 있다. 『외무성』은 일본 외무성 관련 문서들을 단순히 번역·집적한 보고서라는 점에서, 시찰단에서 외무성과 세관(稅關) 조사를 담당한 위 두 인물, 혹은 고종으로부터 역시 일본 외무성 감찰을 명받은 박정양(朴定陽) 및 그 속원을 포함

한 '외무성·세관 팀'의 공동 작업일 가능성도 있다.

민종묵의 본관은 여흥(驪興), 자는 현경(玄卿), 호는 한산(翰山)이다. 본래 민승세(閔承世)의 아들이나 민명세(閔命世)에게 입적되었다. 1874년(고종 11) 증광문과에 을과로 급제하였고, 이듬해 청나라 사은사(謝恩使) 서장관(書狀官)으로 임명되어 청나라에 다녀왔다. 이후 홍문관부수찬(弘文館副修撰)·사복시정(司僕寺正) 등을 역임하였다. 1881년 승지로 있을 때 조사시찰단(朝士視察團)의 일원으로 4개월간 일본에 다녀왔다. 이후 조정에서 주로 외교와 관련된 관직을 역임하고, 관련 사무를 처리하였다. 1896년에는 친러파가 되어 아관파천을 결행하였고, 외부대신으로 임명되었다. 이 때 한아회사(韓俄會社)를 설립, 절영도(絶影島)를 러시아 태평양함대에 조차(租借)시키려다가 독립협회의 반대로 실패하였다. 1905년 을사조약 때는 조약에 찬성한 대신들의 처벌을 요구하기도 하였으나, 1910년 한일병합 조약 체결 후에는 일본 정부로부터 남작 작위를 받고, 일본 정부로부터 한국병합기념장을 받기도 하였다.

심상학의 본관은 청송(青松), 자는 덕초(德初), 호는 난소(蘭沼)이다. 심경택(沈敬澤)의 아들이다. 1873(고종 10) 식년시에 병과로 급제하였고, 홍문관 교리, 예조참의 등을 역임하였다. 1881년 승지가 되었고, 역시 조사시찰단의 일원으로 일본에 다녀왔다. 이 때 심상학의 공식 신분은 암행어사(暗行御史)였는데, 봉서(封書)에 일본 외무성(外務省)을 감찰하도록 명령받았다. 심상학도 민종묵과 마찬가지로 이후 조정에서 외교와 관련된 관직들을 주로 역임하였다. 1884년 예조참판에서 협판내무부사(協辦內務府事)가 되었고, 1886년 10월 동지 부사(冬至副使)로 임명되어 청나라에 다녀왔고, 1887년 영국·독일·프랑스·러시아·벨기에 5개국의 특파전권대신(特派全權大臣)이 되었으나, 실제로 파견되지는 않았다.

3. 구성

제1책(권1, 2)의 구성은 다음과 같다.

권1에는 외무성의 직제연혁(職制沿革), 직제장정(職制章程), 사무장정(事務章程), 해성규칙(該省規則), 해성처무순서(該省處務順序), 공신국(公信局)・취조국(取調局)・기록국(記錄局)・서무국(庶務局)・회계국(會計局)・검사과(檢査課)・서기과(書記課) 등 각 국・과(局・課) 별 사무장정(事務章程), 견외사신훈령(遣外使臣訓令), 일본영사관훈령(日本領事官訓令)이 있다.

권2에는 내국인여행외국규칙(內國人旅行外國規則), 외국인내지여행규칙(外國人內地旅行規則), 여행허장지추형(旅行許狀之雛形), 동경 체류 외국인 유보장 구획 및 규칙[奇遇于東京外國人遊步場區畵及規則], 외국인의 일본 표착 및 일본 사람의 외국 표착의 취급 규칙[外國人漂着及我國漂着人所扱規則], 외국선의 표착 접대 방법[外國船漂着接遇方], 외국 항해 규칙(外國航海規則), 외국 항해 출원 규칙(外國航海出願規則), 외국인 접대 규칙(外國人接待規則), 외국인 고용 규칙[傭外人規則], 외국인에게 사물을 대차하는 것에 관한 규칙[關于外國人貸借事物規則], 외국인 공사관 경찰 규칙(外國人公使館警察規則), 국서식(國書式), 답국서식(答國書式), 조회식(照會式), 조복식(照覆式), 영사관 위임장(領事官委任狀), 각국 영사관 증인장 식(各國領事官證認狀式), 러시아 공사관 설치 절차 왕복 답신[答露國公使館設置之節往復], 각국 공사의 국서 봉정 및 배알 순서(各國公使奉呈國書及拜謁順序)가 있다.

제2책(권3, 4)의 구성은 다음과 같다.

권3에는 미국 조약[亞米利加國條約], 미국 조약[亞墨利加國條約], 미합중국 규칙서[米利堅合衆國規則書], 일본제국과 미합중국이 약속한 우편 교환

조약[日本帝國與亞墨利加合衆國所約郵便交換條約], 네덜란드 조약[和蘭國條約], 네덜란드 추가 조약[和蘭國追加條約], 일본국 전권공사와 네덜란드 전권 공사가 약속한 추가 조약 부록[日本國全權與和蘭國全權所約追加條約附錄], 네 덜란드 조약[和蘭國條約], 러시아 조약[魯西亞國條約], 러시아 조약 부록[魯 西亞國條約附錄]이 있다.

권4에는 러시아 추가 조약[魯西亞國追加條約], 러시아 조약[魯西亞國條 約], 러시아 신정 약서[魯西亞國新定約書], 러시아와의 치시마(千島, 쿠릴열도) ·가라후토토우(樺太島, 사할린) 교환 조약[樺太千島交換條約], 영국 약정[英 吉利國約定], 영국 조약[英吉利國條約], 영국 런던 약정(英國倫敦約定), 프랑 스 조약[佛蘭西國條約], 파리 약정[巴里斯國約定]이 있다.

4. 내용

『외무성』제1책은 일본 외무성의 설립 과정부터, 사무장정(事務章程), 업무 처리 순서, 각 국과(局課)의 업무 분장, 외교관 훈령,(이상 권1) 일본 체류(표착) 외국인에 대한 규정, 외국을 여행하는 일본인에 대한 규칙, 재외 일본 공사관 영사관의 운영 규칙, 재일 외국 공사관, 영사관 등의 관리 규칙, 각종 외교문서 서식, 외교 관련 예식의 절차(이상 권2) 등에 대해 기록하고 있다. '我國(우리나라)'이라는 표현이 때에 따라 조선을 지 칭하기도 하고, 일본을 지칭하기도 하는 바, 일본 측 관련 문서를 조선 의 보고서 작성자가 번역·편집·정리한 것임을 알 수 있다.

『외무성』제2책은 1853년 일본 막부가 미국과 맺은 최초의 조약으로 부터, 1873년 미국 우편국과 맺은 체신 협정까지 조약 원문들을 번역·편 집해 놓았다. 각 국가 별로 맺은 조약들이 대략 시간 순으로 배열되어 있다. 크게 나누어 보면 개항 초기(1853~1858) 미국, 네덜란드, 러시아, 영국과 맺은 '화친조약(和親條約)' 형식의 조약서들이 있고, 이후 협상을 통해 체결한 정식 '수호통상조약(修好通商條約, Treaty of Amity and Commerce)', 그리고 기타 특별한 사유로 인해 맺은 조약약정들 세 부류가 있다. 초기 화친조약은 주로 개항의 약속, 최혜국 대우, 개항지 거주 보장을 간단하게 약속하는 내용들이다. 이후 1858년 미국, 영국, 네덜란드, 러시아, 프랑스 등과의 개별 협상을 통해 체결된 수호통상조약들은 위의 화친조약 내용에 더해, 세부적인 무역 규칙, 영사 규칙, 세관 업무에 관련된 세부 조약들을 다루고 있다. 이 수호통상조약들은 1858년에 집중적으로 체결되었고, 흔히 '안세이(安政) 5조약'으로 알려져 있다. 그 밖에 1860년 대 초, 일본 국내의 혼란을 이유로 영국과 프랑스에 일부 도시의 개항 연기를 요청하면서 맺은 약정(約正)들이 있다.

5. 가치

본 『외무성』 제1책과 제2책은 당시 일본의 외무성의 설립 과정, 운영 세칙, 업무 장정 등을 자세히 소개하고, 외무성 설립 전 외국과 맺은 조약들을 수록하고 있다. 이 보고서의 편저자로 추정되는 민종묵 또는 심상학은, 이 보고서 제출 후 조선과 대한제국의 일종의 외교 전담 관료로서 각종 외교 사안의 결정과 실행에 중요한 영향을 끼쳤으며, 특히 민종묵은 후에 대한제국의 외부대신(外部大臣)에까지 오르게 된다. 따라서 이 보고서에 기록된 내용들은 후에 조선의 외교 수립과 업무 방식에 지대한 영향을 끼쳤을 것으로 생각되며, 실제로 이후 조선의 외교는 일본 외무성의 업무 방식에 큰 영향을 받았다. 당시 일본 외무성의 업무 방식이나 명칭 등은 현재 대한민국 외교 관련 정부 부처에까지 영향을 미치고 있다.

또한 이 보고서가 작성되었을 당시(1881년경)는 일본도 외무성을 설립한 지 얼마 되지 않았던 시기로, 메이지 유신(1868) 이후 일본 외무성이 겪은 업무 수립 과정과 시행착오들도 자세하게 기록되어 있다. 이와 같은 내용들은 현재 일본 측 정부 기록에도 남아 있지 않은 것들도 상당수 있어 보인다. 예컨대, 조선인의 일본 영토 표착에 대한 처리 규칙 같은 것은 그 내용이 매우 상세하고 구체적이다. 물론 표착인 스스로의 기록이나, 실제 처리 과정에 대한 지엽적인 보고서 등의 문헌은 간헐적으로 보고된 바 있었지만, 정부 공식 문서 상 '규칙'으로 확인된 바는 없었다. 이 표착 처리 문건에는 표착인의 송환방법, 선박 처리 방법, 표착인 비용 청구 방법 및 비용 계산 문제, 표착인의 활동 가능 범위와 그 임금 등에 대해 세세하게 적어 놓았다. 이 외무성 기록들을 통해 1880년 이전 일본이 근대 서양 제국들과의 교섭하기 위해 마련한 실질적 제도, 프로토콜, 근대 국제 외교와 관련된 번역어들을 미시적인 차원에서 관찰할 수 있다.

제2책의 각국과 맺은 조약문들 역시 일본의 근대화 과정 사료로서 활용이 가능하다. 대부분의 주요 조약들은 그 원문이 남아 있긴 하지만, 특히 1853년과 1858년 사이에 맺어진 조약, 약정, 개정 조약들은 1858년 정식 수호통상조약을 맺은 후 법적으로 폐기 되었으므로, 현재 그 원문을 찾을 수 없는 경우도 있다. 이 시기 맺어진 다양한 조약, 약정, 개정·추가 조약, 부록 등은 1858년 정식 수호통상조약을 맺기 위해 벌어진 각국과의 지리한 협상 과정을 그대로 보여준다는 점에서, 당시 협상의 쟁점, 각국의 다양한 요구사항들, 이에 대한 일본의 대응 등을 관찰할 수 있게 해준다.

안세이(安政) 5조약 일본어 원본

외무성(外務省) 일

　외무성(外務省)은 각국과의 외교를 전담해 관장한다. 사무가 이미 번다한데다 또 광범위하고, 관제(官制)도 매년마다 자주 바뀌며, 장부·문서의 서식도 매일 새로 생겨 많은 사무의 기원을 알 수가 없다. 소위 조약에는 본(本)과 가(假)의 구분이 있어, 양국 관리가 정한 것을 가조약이라 하고, 양국 군주가 비준한 것을 본조약이라 한다. 비유컨대 본조약은 금석(金石)처럼 단단해야 하므로, 오히려 개정할 말미를 주는 것이다. 국내에서 통상적으로 시행되는 사무는 비록 규칙이 있어도 증감되는 폐를 면치 못하여, 혹은 예전 것을 버리고 새로운 것을 따르거나, 혹은 자주 바뀌기도 한다. 하지만 외무성은 외국과의 교제를 시작하면, 그 관계를 준수해야 하는 사정이 있으므로, 다른 성(省)들과 비교하면 이 본가(本假)의 구분이 설득력이 있다. 저들은 말하기를, "외교의 상법은 반드시 「만국공법(萬國公法)」을 따라야 하고, 사빙(使聘)의 절차는 「성초지장(星軺指掌)」을 벗어나서는 안 된다. 비록 핵심은 이와 같으나 일에 차이가 나는 것은 그 국세가 각각 다르고, 풍속이 같지 않기 때문이다. 그 대체를 따르되, 변통해야 하고, 전체적으로 상호 참조해야 한다"고 한다. 대개 저들 나라의 번잡한 것을 좋아하며, 새롭게 변신하는 기풍을 대략 알 수 있다. 또 이르기를, "외교의 사무는 공사(公使)와 영사(領事)의 왕래와 관계된다. 일본의 공사와 영사로서 각국에 가 있는 자는 외무성의 직제 중에 소속되어 있다. 각국의 영사로서 일본 각 항구에 와 있는 자들은 전적으로 통상(通商)만을 담당한다. 교역장정과 크고 작은 세칙들은 비록 외무성이 정하는 것이지만, 해관(海關) 사무에 관계되는 것이다"라 하니, 따라서 굳이 외무성과 관련하여 이야기 할 필요는 없다. 각국 공사로서 일본의 에도(江戶)에 와 머무르는 자들은 전적으로 외교 한 가지 일만 담당하며, 이는 외무성의 사무이므로 이들을 아래에 나열한다. 외교관계에 있는 각국의 에도 주재 공사에 대해 말하자면, 영국 특명전권공사겸총영사(特命全權公使兼總領事)는 무진년(1868)에 왔으나, 지금은 일등서기관이 대리하고 있다. 벨기에 특명전권공사는 계유년(1873)에 왔다. 미국 특명전권공사는 갑술년(1874)에 왔다. 페루 특명전권공사는 갑술년(1874)에 왔으나, 지금은 없다. 러시아 특명전권공사는 병자년(1876)에 왔다. 프랑스 특명전권공사는 정축년(1877)에 왔으나, 지금은 일등서기관이 대리하고 있다. 이탈리아 특명전권공사는 정축년(1877)에 왔으나, 지금은 일등서기관이 대리하고 있다. 청나라 특명전권공사는 정축년(1877)에 왔다. 네덜란드 변리공사(辨理公使)는 기묘년(1879)에 왔다. 오스트리아 변리공사는 기묘년(1879)에 왔다. 스페인 대리공사겸총영사는 기묘년(1879)에 왔다. 독일 전권공사겸총영사는 경진년(1880)에 왔다. 포르투갈 특명전권공사는 마카오에 있다. 스웨덴, 노르웨이 사무대리(事務代理)는 네덜란드 공사가 겸한다. 이제야 비로소 관사(館舍)를 정했는데, 그 공사는 아직 오지 않았다. 덴마크 사무대리는 네덜란드 공사가 겸하나, 지금 비로소 관사를 정했는데, 공사는 아직 오지 않았다. 프로이센은 독일연방에 속하게 되었다. 스위스, 하와이는 공사가 없다. 또 각국 공사가 내항(內港)에 도착해 정박할 때에는 먼저 대포를 쏴서 경의를 보이고, 해군성

(海軍省) 역시 대포를 쏴서 답례한다. 비록 어떤 나라 공사가 어떤 항구에 도착하더라도 원칙적으로 영접하는 관리는 없으며 또 음식을 접대하는 예도 없다. 공사가 만약 국서를 받들고 오는 경우에는 관사에 도착하는 날 먼저 국서의 부본(副本)을 외무성에 보내고, 외무성은 궁내성(宮內省) 태정관(太政官)에게 알려 알현하는 날을 정하게 한다. 그 당일 외무성은 단지 쌍마차를 공사관에 보내 그들을 인도할 뿐이다. 만약 국서를 받들고 오지 않는다면 이러한 예도 없다. 새로운 공사가 외무성에 와서 외무경(外務卿)을 접견하고, 조회(照會)와 공간(公幹)을 전할 뿐이다. 국서 없이 혹 인견(引見)하는 경우도 있는데, 이는 특례에 해당한다. 또 공사 이외에 각국 군함의 제독 등이 군주를 보고자 하면 먼저 외무성에 신청하고, 이에 인견을 허락하는 예가 있다. 국서를 봉정(捧呈)하는 절차는 주차공사가 거행하되, 경사(慶事)나 조사(弔事) 같은 일은 모두 본국의 관리가 가져오게 하고 또 혹은 우편(郵便)으로 온 것은 공사관에 전해 그들로 하여금 봉정하게 한다. 강화(講和)나 실화(失和) 등 의외의 사단(事端)에 대한 국서는 특별히 별도의 사신을 정한다. 국서에 답하는 방법은 돌아가는 사신에게 바로 전하는 방법도 있으나, 만약 전에 온 공사가 머물고 돌아가지 않았다면, 따로 사신을 파견해 전할 필요가 없고, 와 있는 공사에게 주어 스스로 전달하게 한다. 가령 공사가 없는 나라는 가까운 곳에 주재하는 영사에게 전해도 무방하며, 양국이 모두 본국 주차공사가 있을 경우는 서로 전하기도 하니, 따로 논할 것도 없다. 대저 국서를 보내고 받는 것은 신속함을 귀하게 여기지만, 만약 사고가 있다면 조금 늦어져도 해가 될 것이 없다. 또 국서가 소중한 것은 자명하므로, 자고로 왕래할 때마다 예폐(禮幣)의 물건이 있어왔다. 지금은 육지에는 기차가 있고, 수로에는 기선(汽船)이 있어 만리가 지척이 되고 각국의 교제가 갈

수록 빈번해 졌다. 국서의 왕래가 없는 해가 없어 매 번 예폐를 준비하는 것이 번잡한 폐단이 되었으므로, 근래에는 모두 폐지하였다. 또 연향(宴 饗)은 어떤 공사든 모두 엔료칸(延遼館: 메이지 초기 영빈관)에서 주최하되, 외무경(外務卿) 아래 관원이 주관하여 영접함에 공경함을 보이며, 각 성(省) 관원 몇몇이 참여하는데 그 형식에 따로 정해진 정규(定規)는 없다. 매년 세 번에 걸쳐 연회를 베푸는데, 양력으로 1월 5일은 연회일(宴會日) 이라 칭하고 봄의 화절(花節)과 가을의 풍진(楓辰)에 역시 연회를 내린다. 각국 공사의 공사관(公使館) 정하는 법은 어떤 구(區), 어떤 쵸메(町目), 어떤 번지(番地)를 불문하고, 먼저 쓰일 수 있는 집을 정하거나, 혹은 땅을 정해 건축하는데, 외무성을 왕복하여 인가를 받은 후에 비로소 공사관을 정할 수 있다. 그 밖에 많은 절차는 하나같이 『만국공법』 내용에 의하나, 각국에 있는 공관 세지(歲支: 歲費)의 지급은 그 등급에 따를 뿐 아니라 주재하는 나라의 물가의 높고 낮음, 거리의 멀고 가까움에 따라 정해 지급한다. 공관의 세지는 82만 1천 엔이고, 외무성 세지는 20만1천 엔으로, 합해 1백2만2천 엔이며, 모두 대장성의 기획된 예산에서 나온다. 또 소위 번역의 법에는 자번(字繙: 직역)과 의번(義繙: 의역)의 구별이 있다. 자번으로 보자면 글자는 같은데 뜻이 다를 수 있고, 의번으로 보자면 뜻과 글자가 다를 수 있다. 하지만 타국과의 조약은 중대한 글이므로 자번을 주로하고, 부득이한 경우 뜻을 부기했다. 그 밖의 사무에서는 견문(見聞)을 상호 참고하며, 의번을 많이 썼다. 비록 자신의 의견을 부기하더라도, 자번이든 의번이든, 증명하고 참고해야 하는 것이 많아 복잡해지고, 원문과 번역 모두 말의 뜻이 정확하지 않게 된다. 또 혹시 서양 문자가 있게 되면, 일본인 역시 모두 이해하기 힘들어, 이것이 한자로 번역하는 까닭이다. 단, 지명(地名), 항명(港名), 관명(官名), 인명(人名), 물명(物名),

양명(量名)은 여러 서적들을 참고하고, 외무성에 질정하였다. 조약(條約),
규칙(規則)에서 한문으로 번역할 수 있는 것이 있으면, 각 항목을 수집하
고, 책자에 그 중요한 뜻을 모아 놓았다. 삼가 외무성의 사무를 모아 아
래에 나열한다.

일본국 외무성 사무 목록

권지일(卷之一)
직제연혁(職制沿革)

직제장정(職制章程)

사무장정(事務章程)

외무성(外務省) 규칙

외무성(外務省) 업무 처리 순서

공신국(公信局) 사무장정(事務章程)

취조국(取調局) 사무장정(事務章程)

기록국(記錄局) 사무장정(事務章程)

서무국(庶務局) 사무장정(事務章程)

회계국(會計局) 사무장정(事務章程)

검사과(檢査課) 사무장정(事務章程)

서기과(書記課) 사무장정(事務章程)

파견 사신(使臣) 훈령

일본 영사(領事) 훈령

권지팔(卷之八)

효고항(兵庫港)·오사카(大坂) 외국인 거류지 결약(結約)

하코다테항(箱館港) 규서

회의서(會議書)

에도(江戶) 외국인 거류 결약

에도(江戶)·요코하마(橫濱) 간 왕복 인선(引船)·수물 운송선·외국인 혼승선(混乘船) 배치 규칙

에치고(越後)·니가타(新潟)·사슈(佐州) 이항(夷港) 외국인 거류 결정

오사카(大坂) 재류 외국인 무역과 거류 규칙

오사카(大坂)·효고 간 만선(挽船) 및 화물 운송선 배치 규칙

오사카(大坂)·효고(兵庫) 외국인 거류지 약정

효고(兵庫)·오사카(大坂) 외국인 거류지 대지 경매(耀賣) 조항

지권(地券) 모형

기억서(記臆書)

효고(兵庫)·고베(神戶) 외국인 거류지에 포함된 묘지(墓地) 구역 지권 약정서

포고(布告)

오사카(大坂)항 경계에 관한 서간(書簡)

포고(布告)

오사카(大坂) 개항 규칙

니가타 천도선(天渡船) 약정

요코하마(橫濱) 야마테(山手)를 공원 용지로 사용하는 것을 요청하는 서한

기억서(記臆書) 제10개 조

가나가와현(神奈川縣) 권지사(權知事)가 발급한 야마테 공원 지권

도쿄(東京) 외국인 거류 규칙 부록

도쿄(東京) 외국인 거류지 경매 조항

도쿄(東京) 외국인 거류지 지권안(地券案)

니가타(新潟) 외국인 묘지 약정서

하코다테(箱館) 외국인 분묘지 증서

나가사키(長崎) 지소(地所) 규칙

지소(地所) 매도(賣渡) 권서(券書)

지소(地所) 규칙 첨서(添書)

지소(地所) 규칙 제2조 부록

일본국외무성사무 권지일

외무성(外務省)【고지마치구(麴町區) 가스미가세키(霞關) 1쵸메(丁目) 1번지】

외무성은 각국과의 외교 사무를 총괄하며, 우리나라에 주차(駐箚)하는 각국의 외교관들을 감독함으로써 국권과 관련된 사항들을 보호한다.

직제연혁(職制沿革)

외교는 전적으로 막부(幕府)와 관련되었던 것으로, 로주(老中)나 부교(奉行) 등의 직에 있는 이들이 나누어 담당했으나, 막부가 폐지된 이후로 많은 변화가 있었다.

외국사무국(外國事務局)을 설치하고, 관제(官制)를 정했다.【무진년(1868) 2월】
독(督) 1인【의정(議定)】 보(輔) 1인【의정(議定)】 권(權) 1인【참여(參與)】
권(權) 1인【의정(議定)】 판사(判事) 7인【참여(參與)】
외국사무국을 폐지한 후, 외국관(外國官)을 설치하고 직제를 정했다.【무진년(1868) 윤4월】
지관사(知官事) 1인【외교의 총판(總判), 무역의 감독, 강토의 개척】 부지관사(副知官事) 1인 판관사(判官事) 6인 권판관사(權判官事) 서기(書記) 필생(筆生)【이상은 법을 집행할 권한을 분담한다.】
통상사(通商司)를 세워 무역사무를 관할케 했다.【기사년(1869) 2월】
하마도노세키시츠(濱殿石室)를 엔료칸(延遼館)이라 칭하고, 외국관(外國官)에 부속시켰으며, 각국 사신들을 접대하는 장소로 삼았다.【기사년

(1869) 2월】

통상사(通商司)를 회계관(會計官)에 부속시켰다.【지금의 대장성(大藏省)이
다. 기사년(1868) 5월】

외국관을 폐지한 후, 외무성을 설치하고 관제를 정했다.【기사년(1869) 7월】

경(卿) 1인 대보(大輔) 1인 소보(少輔) 1인 대승(大丞) 권대승(權大丞)

소승(少丞) 권소승(權少丞) 대록(大錄) 권대록(權大錄) 소록(少錄) 권

소록(權少錄) 대역관(大譯官) 중역관(中譯官) 소역관(少譯官) 사생(史

生) 성장(省掌) 부리(使部)

영객사(領客使)를 세웠다.【귀빈을 접대하기 위해 임시로 세웠으나 바로 없앴다.
기사년(1869) 7월】

특례변무사(特例辨務使)를 영국(英國)에 파견했다.【경오년(1870) 6월】

대·중·소 변무사(辨務使)와 정(正) 대·소기(大·少記), 권(權) 대·소기(大
·少記)를 설치했다.【경오년(1870) 10월】

대변무사(大辨務使)【종3위에 상당】 중변무사(中辨務使)【정4위에 상당】 소

변무사(少辨務使)【종4위에 상당】 대기(大記)【정5위에 상당】 권대기(權大

記)【정6위에 상당】 소기(少記)【정7위에 상당】 권소기(權少記)【종7위에 상당】

영사관(領事官)을 설치했다.【신미년(1870) 11월】

총영사(總領事)【5등관】 영사(領事)【6등관】 부영사(副領事)【7등관】 대

영사(代領事)【8등관】

흠차전권대신(欽差全權大臣)을 세워 청나라에 파견했다.【신미년(1870) 4월】

서기관(書記官)의 등급을 정했다.【신미년(1870) 7월】

1등 서기관(書記官)【4등】 2등 서기관(書記官)【5등】 3등 서기관(書記官)

【6등】 4등 서기관(書記官)【7등】 5등 서기관(書記官)【8등】

이사관(理事官)을 두어, 구미(歐米) 각국에 파견했다.【전권대신(全權大臣)

부속, 신미년(1870) 10월】

　한양어학소(漢洋語學所)를 설치했다.【신미년(1870) 2월】

　외무성에 상당(相當)하는 관위(官位)를 개정했다.【신미년(1870) 2월】

　특명전권대신(特命全權大臣) 및 부사(副使)를 세워 구미(歐米) 각국에 파견했다.【신미년(1870) 10월】

　외무성(外務省)의 관제를 개정했다.【임신년(1871) 1월】

　서기생(書記生)을 두었다.【임신년(1871) 9월】

　　　1등 서기생(書記生)【8등】　2등 서기생(書記生)【9등】　3등 서기생(書記生)
　　　【10등】　4등 서기생(書記生)【11등】　5등 서기생(書記生)【12등】　6등 서기생
　　　(書記生)【13등】　7등 서기생(書記生)【14등】　8등 서기생(書記生)【15등】

　외무성 관원을 류큐(琉球)에 근무하게 했다.【임신년(1871) 9월】

　변무사(辨務使)를 폐하고, 전권공사(全權公使)를 두었다.【임신년(1871) 10월】

　　　특명전권공사(特命全權公使)【2등】　변리공사(辨理公使)【3등】　대리공사
　　　(代理公使)【4등】　1등 서기관(書記官)【5등】　2등 서기관(書記官)【6등】　3등
　　　서기관(書記官)【7등】

　한양어학소(漢洋語學所)를 문부성(文部省)에 이속시켰다.【계유년(1872) 5월】

　전권변리대신(全權辨理大臣)을 두어, 청나라에 파견했다.【갑술년(1873) 8월】

　특명전권변리대신(特命全權辨理大臣)을 조선에 파견했다.【을해년(1874) 12월】

　특명부전권변리대신(特命副全權辨理大臣)을 조선에 파견했다.【을해년(1874)
12월】

　직제(職制)를 개정하고, 외국과의 외교 사무를 관리하고, 국내에 재류하는 외국 외교관을 접대하며, 내외의 교섭과 소송에 의견을 개진하고, (외국에 있는) 우리나라 사람을 보호하게 했다.【병자년(1875) 5월】

　　　경(卿) 1인　대보(大輔)　소보(少輔)　대승(大丞)　권대승(權大丞)　소승(少

丞) 권소승(權少丞) 대록(大錄) 권대록(權大錄) 소록(小錄) 권소록(權小錄) 필생(筆生) 성장(省掌)

특명전권공사(特命全權公使) 변리공사(辨理公使) 대리공사(代理公使) 총영사(總領事) 영사(領事) 부영사(副領事) 서기관(書記官) 서기생(書記生)

대·소승(大·小丞), 대·중·소록(大·中·小錄), 서기생(書記生), 필생(筆生), 성장(省掌) 등의 직을 폐지하고, 관제를 변통하였고, 또 5국 10과를 설치하였다.【정축년(1876) 1월】

성(省) 건물이 불에 타, 반청(飯廳)을 궁내성(宮內省) 용지 안에 옮겨 설치하였다.【정축년(1876) 2월, 신사년(1881) 6월 다시 카스미가세키(霞關) 외무성으로 들어왔다.】

영사(領事) 등급을 개정하였다.【정축년(1876) 9월】

총영사(總領事)【4등】 영사(領事)【6등】 부영사(副領事)【8등】

영객사(領客使), 특명변리사(特命辨理使), 흠차전권대신(欽差全權大臣), 특명전권대신(特命全權大臣), 특명전권부사(特命全權副使), 이사관(理事官), 전권변리대신(全權辨理大臣), 특명전권변리대신(特命全權辨理大臣), 특명전권부대신(特命全權副大臣) 등의 작명을 폐지했다.【정축년(1876) 9월】

직제장정(職制章程)

경(卿) 1인【정4위】

1. 각 부의 관리들을 통솔한다. 모든 사무들을 경(卿)에게 귀속시켜 처리하게 한다.

1. 부하 관리의 진퇴와 출척(黜陟)과 관련하여, 각 주임관(奏任官)에 대

해서는 그 요청하는 바의 요지를 갖추어 올리고, 판임(判任) 관리에 대해서는 재량에 따라 인사할 수 있다.

1. 국서를 외국에 발송할 때는 경 역시 서명하고 날인한다.

1. 주무 사무에 법률이나 포고문을 세워야 한다고 판단되거나, 혹은 수정이 필요할 때, 그 의견을 갖추어 진술하여 주청한다.

1. 법안이 경의 책임 하에 시행되는 것이면, 원로원 의석에 참석해 그 이해(利害)에 대해 변론한다.

대보(大輔) 【종4위】

경의 업무를 보필하며, 경이 유고 시, 때에 따라 서리(署理)하기도 한다.

소보(少輔) 【정5위】

맡은 일이 대보와 비슷하다.

대서기관(大書記官) 4인 【종5위】
권대서기관(權大書記官) 5인 【정6위】
소서기관(少書記官) 3인 【종6위】
권소서기관(權少書記官) 6인 【정7위】

각각 경의 명을 받들어 사무들을 처리한다.

1등속 5인, 2등속 6인, 3등속 4인, 4등속 4인, 5등속 1인, 6등속 6인, 7등속 7인, 8등속 10인, 9등속 7인, 10등속 6인

각각 일에 따라 서무(庶務)를 맡는다.

관원록(官員錄)에 3등 출사(出仕 숫시, 메이지 초기에 임시로 둔 원외의 관리) 1인, 7등 출사(出仕) 1인, 어용괘(御用掛 고요가카리, 천황 보좌역) 1인, 동 주임

(奏任) 담당 12인, 어용괘(御用掛) 판임(判任) 4인이 있는데, 사무가 바쁘고 일이 많을 때 임시로 직명을 부여하나, 직제(職制)에는 들지 않는다.

각국 파견 특명전권공사(特命全權公使) 9인

외국 각국에 주재하면서 양국 간의 외교 사무를 담당하고, 조관(條款)의 체약(締約)을 맡으며, 호의(好誼)를 보전한다. 전권(全權), 변리(辨理), 대리(代理) 3등이 있으며, 모두 일의 경중과 작위의 존비에 따라, 또 때에 맞게 명칭을 쓴다. 각각 훈령이 있다.

독일 베를린【갑술년(1874) 9월】 미국 워싱턴【갑술년(1874) 9월】 프랑스 파리【무인년(1878) 1월】 청나라 베이징【기묘년(1879) 3월】 영국 런던【기묘년(1879) 11월】 이태리 로마【경진년(1880) 3월】 네덜란드【경진년(1880) 3월】 러시아 페테르부르그【경진년(1880) 3월】 오스트리아 빈【경진년(1880)년 3월】

변리공사(辨理公使) 1인

조선 경성(京城)

겸찰공사(兼察公使)

스웨덴, 노르웨이【러시아 공사가 겸함】, 벨기에, 덴마크【주불 공사가 겸함】, 포르투갈, 스위스, 스페인【주 네덜란드 공사가 겸함】 각국 파송 영사관(領事官) 19인【총영사 3인, 영사 15인, 부영사 1인】

외국 각국에 주재하며, 체약(締約)·조관(條款) 및 무역사무를 관리하고, 아울러 그 국가에 주재하는 우리나라 인민들을 보호한다. 총영사(總領事), 영사(領事), 부영사(副領事) 3등이 존재하며, 역시 모두 일의 경중과 작위의 존비에 따라 때에 맞게 명칭을 쓴다. 각각 훈령과 위임장이 있다.

네덜란드 헤이그【을해년(1875) 5월】 청나라 상해【을해년(1875) 10월, 총영사】
영국 런던【병자년(1876) 5월】 미국 샌프란시스코【병자년(1876) 10월】 청나라
홍콩【정축년(1877) 11월】 이탈리아 나폴리【무인년(1878) 3월】 러시아 코르사
코브【기묘년(1879) 3월, 부영사】 이탈리아 밀란【기묘년(1879) 10월】 벨기에 앤
트워프【기묘년(1879) 10월】 오스트레일리아 멜버른【기묘년(1879) 11월】 미국
뉴욕【경진년(1880) 2월】 조선 부산【경진년(1880) 2월】 조선 원산【경진년(1880)
2월, 총영사】 오스트리아 트리에스테【경진년(1880) 5월】 청나라 천진【경진년
(1880) 5월】 이탈리아 베니스【경진년(1880) 9월】 독일 베를린【경진년(1880) 5
월】 프랑스 마르세이유【신사년(1881) 4월】 프랑스 파리【경진년(1880) 10월, 총
영사】 청나라 하문【경진년(1880) 7월 폐관했다.】 러시아 블라디보스토크【현재
는 주재하지 않는다.】 하와이【미국인을 무역사무관으로 삼았다.】 영국 싱가포르
【경진년(1880) 12월 폐관했다.】

겸찰영사(兼察領事)

청나라 지과(芝果), 우장(牛莊)【주 천진(天津) 영사가 겸한다.】 진강(鎭江), 한
강(漢江), 구강(九江), 영파(寧波), 하문(厦門), 복주(福州), 대만(臺灣), 담수
(淡水)【주 상해(上海) 영사가 겸한다.】 광주(廣州), 산두(汕頭), 경주(瓊州)【주 홍콩
영사가 겸한다.】

공사(公使)와 영사(領事)에 속한 관리에는, 외무성의 주임(奏任)·판임
(判任) 서기관(書記官) 약간 명, 서기생(書記生) 약간 명, 육군성(陸軍省) 관
료 중 1, 2인이 나누어 배치되며, 본래 정해진 액수(額數)는 없다.

공사는 외국에 주차하며, 외무경의 지휘를 받아 각각 해당국과의 외
교 사무를 담당한다.

영사는 외국에 머물면서, 외무경과 대장경(大藏卿)의 지휘를 받아, 무

역사무를 관리하고 아울러 각각 해당 지역의 본국 인민들을 보호한다.

1, 2, 3등 서기관은 공사를 따라 배속되며, 서무(庶務)를 관장해 처리한다.

1, 2, 3등 서기생은 공사 및 영사를 따라 배속되며, 서무를 맡는다.

5국(局) 10과(課)

공신국(公信局)【수호과(修好課)와 통상과(通商課)가 부속된다.】

　　　장(長) 1인　서기관(書記官) 5인　어용괘(御用掛) 5인　속관(屬官) 13인

취조국(取調局)

　　　장(長) 1인　서기관(書記官) 2인　어용괘(御用掛) 2인　속관(屬官) 1인

기록국(記錄局)【편집과(編輯課)와 수부과(受付課)가 부속된다.】

　　　장(長) 1인　서기관(書記官) 2인　어용괘(御用掛) 2인　속관(屬官) 15인

서무국(庶務局)【의식과(儀式課), 용도과(用度課)가 부속된다.】

　　　장(長) 1인　서기관(書記官) 1인　어용괘(御用掛) 1인　속관(屬官) 11인

회계국(會計局)【출납과(出納課), 지급과(支給課)가 부속된다.】

　　　장(長) 1인　속관(屬官) 5인

검사과(檢査課)

　　　장(長) 1인　속관(屬官) 4인

서기과(書記課)

　　　장(長) 1인　7등 출사인(出仕人) 1인　속관(屬官) 4인

국·과의 직은 대서기관(大書記官) 이하가 나누어 맡아 사무를 살핀다. 그 주관하는 사무는 외무경(外務卿)을 거쳐 의견을 진달하고, 승인된 대로 시행한다.

사무장정(事務章程)

1. 각국의 공사(公使) 및 특별한 외국인을 공적·사적으로 만나는 등의 일을 한다.

1. 훈조(訓條)를 작성해 외국에 파견 가 있는 외교관에게 급부(給付)한다.

1. 위변관(委辨官)을 세워 각 단(單)에 의거해 인준한다.

1. 외국 각국 주재 공사관(公使館), 영사관(領事館)을 폐지하거나 설치한다.

1. 그 소관 사무를 나누고, 이에 따라 소속 관리를 외국에 파견한다.

1. 외국에서 공사관(公使館) 및 영사관(領事館)을 건설하거나 기존 건물을 매입한다.

1. 공사 및 영사(領事)를 소환하거나, 귀국 요청을 인준한다.

1. 각 국(局)을 폐지하거나 설치하고 또 국장을 임면한다.

1. 공사관(公使館), 영사관(領事館)을 제정하고 각 국(局)에 사무장정을 분장한다.

1. 주관 사무의 분장을 통해 관민에게 유고(諭告)한다.

1. 외무성이나 외국 주재 공사관(公使館), 영사관(領事館)에 외국인을 초빙하거나 또는 사양한다.

1. 사무를 창립하거나 구규(舊規)를 변경한다.

외무성(外務省) 규칙 【기사년(1869) 7월】

외교라는 것은 본 국가의 흥폐에 관련되므로 지극히 중대한 일이다. 외무성에 봉직하는 이들은 각자가 한 마음으로 힘을 다하고 장단(長短)을 서로 도와, 확연히

흔들리지 않는 뛰어난 식견을 세우고, 우리나라의 대전(大典)과 세계의 통의(通義)에 기반하여, 외국과의 신의를 잃지 않는 것을 주된 목표로 하며, 또 시대에 응해 황위(皇威)를 외무의 영역에 드날리도록 한다.

외무성에 봉직하는 이들은 각 과(課) 별로 정해진 업무가 있다. 여러 관청에서 오는 공문은 담당 관리가 전담하여, 그 수미(首尾)가 관철(貫徹)되게 한다.

외무성은 아침 9시에 출근 하되, 오후에 일을 마치지 못하면 퇴근할 수 없다. 따라서 근무시간에 각자가 마음과 힘을 다하고, 서로 협의하되, 깔끔하지 않은 바는 토의한다. 함부로 면전에서 동의하고, 뒷말이 있으면 안 된다.

정칙(定則)

1. 중요한 사건(事件)은 경(卿), 대보(大輔) 및 대·소 서기관(書記官)의 영인(鈴印)이 없으면 시행할 수 없다.

　　즉, 전원의 영인(鈴印)을 받아야 한다.

1. 경 및 대보(大輔)의 영인을 받지 않아도 되는 것도, 대·소 서기관의 영인을 받지 않으면 시행할 수 없다.

　　단, 금은(金銀)을 출납해야 하는 건은 회계국장(會計局長)이 영인(鈴印)
　　한다.

1. 경 및 대보가 전담해 결정하는 사건은, 반드시 대·소 서기관에게 전해 알려야 한다.

1. 여러 관원(官員)들이 청한 일들은 모두 관련된 국(局)의 서기관이 밝혀야 한다.

1. 휴가일에, 대·소 서기관과 그 밖의 관원들은 집에서 출타할 때, 그 행선지를 집안의 하인이나 친척들에게 하나하나 미리 알려두어야 한다.

1. 외무성의 3쵸(町) 안, 또는 외무성 안에 불이 났을 때에는, 바로 외무성에 모여 행동하되, 모두 대·소 서기관의 명령을 따라 도와야 한다. 대개 불이 난 곳이 자신의 집에서 가까우면 외무성에 모일 필요가 없다.

1. 관원 중 질병이나 사고가 있어 출근할 수 없는 경우, 자세한 사유를 외무성에 품의해 올려야 한다. 만약 병이 위독하여 붓을 들 수 없으면, 다른 사람을 시켜 대필(代筆)해도 된다.

　　단, 대·소 서기관 이하는 매일 외무성에 나와 성명부(姓名簿)에 도장을 찍는다. 7월·12월 두 번 장부를 점검하여 변관(辨官)에게 품고(稟告)한다.

외무성(外務省) 업무 처리 순서

1. 외무성에서 소관 사무를 처리할 때, 대·소보(大·小輔)가 각각 그 맡는 영역을 정한다. 예컨대, 어떤 나라 또는 어떤 건은 대보(大輔)의 업무, 어떤 나라 어떤 건은 소보(小輔)의 업무로 각각 정한다. 또 경(卿)의 결재가 필요한 것과 대·소보가 결정하는 것 등은 각각 다르므로, 외무경(外務卿)의 서명 또는 대임(代任)의 서명으로 지령(指令), 조회(照會), 조복(照復)할 수 있는 것을 모두 정해 놓는다. 따라서 안팎에서 도착하거나, 안팎으로 보내는 문서는 모두 대·소보의 열람을 거치는 것을 원칙으로 한다.

1. 안팎에서 경이나 보 및 서기관의 이름으로 오는 공문은 먼저 기록국(記錄局)에서 받고, 받은 연·월·일 및 사건의 이름과 기호 등을 서식대로 적고, 바로 관계된 보에게 보내 열람을 거친 후, 그 지령에 따라 서식대

로 기록하고, 사건의 종류에 따라 주임 국·과(局·課)에 배분한다.

1. 전 장(章)의 수령한 공문 중, 기밀 서신의 도장이 있다면, 그 서명(署名)을 기록하고, 열지 않고 본인에게 전달한다. 단, 경·보로 표기된 것은 관계된 보가 먼저 열람하고 그 후에 경에게 올리도록 한다.

1. 전 장(章)의 기밀 서신에 회답이 필요할 때, 상황에 따라 공신국(公信局)이나 서기과(書記課)로 하여금 그 초안을 기안(起案)하도록 한다.

1. 또 기밀 서신 등의 문서가 외부에 공개되어선 안 된다면, 따로 엮어 다른 문서와 섞이지 않도록 한다.

1. 각 국·과는 각각 명부(名簿)를 준비하고, 수수하는 공문은 대략 그 번호와 연·월·일 및 사건 목록 등을 적어 서로 수수(授受)를 증명해야 한다.

1. 주임 국·과가, 기록국(記錄局)에서 문서를 접수하면, 모두 공문의 사건 및 월·일을 적는다. 선례나 정해진 법식이 있다면 그 회답의 초안을 작성한다. 만약 지령 안(案)의 사건이 새것이고 정해진 법식이 없으면, 일을 관장하는 보의 명령을 받아 기안(起案)하고, 서기과를 거쳐 외무경에 올린다.

1. 안팎으로 나가거나 안팎에서 오는 공신문(公信文)이, 법률이나 국헌(國憲) 또는 『만국공법(萬國公法)』에 관계된다면, 각각 법을 살펴 답을 해야 한다. 따라서 경은 조사국(調査局)에 보내고, 경의 결재를 얻어 주임 국·과에 보내면, 지령과 회답 또는 조회의 순서를 헤아린다.

1. 안팎으로 나가는 모든 공문은 모두 경이 압인(押印)을 하고, 다시 주임 국·과로 보내 깨끗하게 필사한다. 경의 기명(記名)과 압인이 필요한 경우 부원고(副原稿)를 다시 서기과로 보낸다. 기명과 압인이 필요 없다면, 주임 국·과에서 바로 수부과(受付課)로 보내 지정된 곳으로 보낸다.

1. 기록국 수부과가 주임 국·과로부터 문서를 받으면, 안팎으로 내보낼 수 있다. 공문은 제1장의 예에 의해 공문의 기명, 월·일 및 건목(件目) 등을 기록한다. 단 공문이 처음 도착하고, 지령식(指令式) 회답과 관계되는 것이면, 첫 머리 밑에 써 두고 각각 분배한다.

1. 안팎에서 오는 모든 공문에 대해서는 회답을 해야 한다. 지령의 처분은 주임 국·과가 속히 초안을 만들어, 일이 지연되지 않게 해야 하므로, 각 국·과에서 접수한 공문은 5일 이내에 경에게 올리고, 만약 늦어질 때에는 경에게 미리 알린다. 단, 경에게 올린 후 5일이 지나면 재촉한다.

1. 안팎에서 오거나 또는 안팎으로 나가는 모든 공문은, 주임 국·과가 위의 조항들에 따라 각각 처분하되, 바로 원서(原書) 또는 원고(原稿)를 기록국에 보낸다.

1. 기록국이 원서 또는 공문의 원고를 받으면 편집과(編輯課)에서 바로 등사해서, 해당 국가나 성(省) 별로 분류해 편철(編綴)하고 편람(便覽)용으로 쓰도록 한다. 단 문서고(文書庫)에 있는 원서 또는 원고들을 각 국·과가 요구할 때 필사해 요구에 응한다.

1. 외무성의 사무는 각 국·과 주임이 정하지만, 그 일이 여러 국(局)들과 동시에 관련된 경우라면, 협의 후 경의 결정을 따른다.

1. 각 국·과의 사무 중, 금전과 관련된 사안들은 모두 검사과(檢査課)로 보내고, 검사과는 그 의론을 정하고 바로 날인해 경에게 올린다. 경의 검인을 받으면, 표(標)와 안(案)을 회계국(會計局)에 보내 처리하게 한다. 만약 정해진 법식이 없는 경우에는 경의 결정을 따른다. 표에는 사안의 대략을 기록한다.

1. 회계국(會計局)이 표 및 안을 받으면, 그 번호와 월일 및 건목(件目)

을 상세히 적은 후 그 국·과에 통보해 수수의 순서를 밟도록 한다.

1. 안팎의 일절 경비와 그 장부는 검사과가 받아 상세히 검토하고 경에게 올려 보이는데, 만약 상례에 어긋난 것이 있다면 그 국·과로 하여금 해명하게 한다.

1. 회계국은 검토한 장부로 통계를 내고, 규칙을 참조하여 외무성 장부를 제작하고 검사과에 보낸다.

1. 검사과는 안팎에서 만든 장부들에 의거해 익년(翌年)의 정액(定額) 예산표를 작성한다. 단 작성 시 반드시 주임 국·과와 상의한다.

1. 각 국·과는 각각 일기, 장부, 사무요지를 편찬하고, 아울러 국·과원의 응대(應對)를 모두 기록한다.

1. 각 국·과는 자신의 사무와 관련된 정부의 법령류(法令類)를 다른 곳에서도 참고할 수 있도록 빠짐없이 기록해 두어야 한다. 기록국은 이를 수집해 각 국·과의 수요에 응하게 한다.

1. 각 국·과가 관장하는 사무는 그 장관(長官)이 속원(屬員)으로 하여금 기안하도록 하고, 기밀과 관련되는 것은 장(長)이 직접 초안하여 기밀이 누설되는 것을 막는다.

1. 각 국·과가 관장하는 사무는 모두 정해진 절차가 있으나, 특별히 그 장관(長官)이 직접 처리하고자 하는 것은 그 일을 게시하고 경의 윤가를 받는다.

1. 관원의 근면함과 게으름 또는 그 출척(黜陟)에 대한 것은 그 장(長)이 봉함해 경에게 올린다.

1. 안팎의 관리가 그 신상에 대해 요청이나 알릴 것이 있으면, 바로 경에게 올려 그 명령을 받는다.

1. 안팎의 관리가 임면(任免)이나 출척이 있으면 반드시 서무국(庶務局)

및 회계국, 검사과에 통보한다.

1. 퇴근 후 전보(電報)로써 또는 급사(急使)로써 알릴 것이 있으면 숙직하는 자가 바로 그 담당관에 알린다.

1. 각 보의 소관 사무에 1주일간 결정하지 못한 것이 있으면, 다음 주 회의를 열어 경의 결정을 청한다.

공신국(公信局) 사무장정(事務章程)

공신국은 외교와 통상의 모든 사무를 다스린다. 본국 공사, 영사 및 일본 주차 외국 공사 등이 서로 조회하고 조복하는 서신, 또는 전항(前項)과 관련하여 각 관(官), 성(省), 원(院), 부(府), 현(縣), 사민(士民) 등과 통신 하는 문서 기안을 모두 관리한다.

수호과(修好課)

1. 외무경(外務卿)의 훈유(訓諭)와 본국 사신의 취지를 파악하고, 또 본국 사신이 외무경에게 품고(稟告)하는 사건 등을 담임하여, 안팎이 일치되도록 힘쓴다.

1. 우리 사신이 품신(稟申)한 일이 있으면, 전례를 참조해 그 가부(可否)를 살피고, 회답의 초안을 기안한다.

1. 일본에 주재하는 외국사신이 보낸 공문을 모두 접수하고, 그 회답을 기안한다.

1. 임무를 맡아 외국에 있는 본국 사신에게 일본 외교의 사정을 알린다. 따라서 외무경과 외국사신이 논의한 사건들을 모두 본국 사신에게 보고한다.

1. 재외 본국 사신으로부터 오는 서신들을 검토해 분류하고, 그 종류에 따라 적당한 관·성(官·省)에 배분한다.

1. 재외 본국 사신과 본국의 타 관·성이 수수(授受)하는 문서들을 모두 검사하고, 문제가 없는 것들을 배분한다.

1. 가령 외국 정부나 사람이 본국 사신을 통해 서적이나 지도, 그림 등을 일본 정부에 기증하려고 할 경우, 적당한 관·성에 배분한다. 본국정부가 외국정부에 기증할 때도 반드시 본국 사신을 통해 배분하도록 한다.

1. 외국 군함 또는 상선이 바다에서 우리 인민을 구조하면, 신속히 보사(報謝)를 논의해 실행한다.

1. 훈령사신(訓令使臣)에 대한 문제, 가령 개정(改正) 등에 관한 것은 외무경의 명령을 받아 논의한다. 단 훈령영사(訓令領事)에 관한 것은 통상과(通商課)에서 한다.

1. 재외 공사, 영사로부터 오는 부호전신(符號電信)을 해독하고, 또 우리가 보낼 부호(符號)를 만든다.

1. 재외 사신으로부터 오는 문서 중, 기밀과 관계되는 것은 외무경의 명령을 받아 회답을 작성하고, 기밀이 아닌 것은 바로 회답을 작성한다.

통상과(通商課)

1. 본국 영사와 관련된 사건들을 처리한다. 수호과가 본국 공사와 관련된 사건을 처리하는 것과 같다.

취조국(取調局) 사무장정(事務章程)

취조국은 조약의 해석과 내외의 법률 및 『만국공법(萬國公法)』과 관련된 문제들을 조사한다. 또 모든 긴요한 사건에 대해 그 소견을 진술하여 외무경(外務卿)에게 올린다.

1. 외교 문제와 관련해 외국정부에 요청하는 것, 그 순서와 방법 및 훈령사신(訓令使臣)의 사안을 모두 초안한다.

1. 양자 조약 중, 글의 뜻에 대한 의문에 대해 해석서(解釋書)를 작성하여, 외무경이 참고하도록 한다.

1. 내외의 법률과 『만국공법』과 관련된 사안은 다른 국(局)에서 검수하였더라도, 취조국에서 재조사한 후 외무경에게 올린다.

1. 내외의 새로운 기록[誌]과 우리 외교 및 외국 정략(政略) 사건과 관련해 내용을 모두 기록해 외무경이 참고하도록 한다.

기록국(記錄局) 사무장정(事務章程)

기록국은 내외 모든 서신의 수수와 배부, 군주의 비준을 받은 각각의 국서, 기타 공신(公信), 서적(書籍), 그림[畫] 류를 모두 관장한다. 또 특정 외교 사건의 전말을 보기 위해 사전(史傳)을 편찬하고, 공문서 책을 인쇄한다.

수부과(受付課)

1. 안팎의 여러 방향으로부터, 경(卿), 보(輔) 및 서기관(書記官)의 이름으로 오는 공신들을 모두 열어보고, 그 번호와 연·월·일을 장부에 적

고, 소관 보에게 올려 검인(檢印)을 얻은 후 각각 그 종류에 따라 각 국
·과(局·課)에 배분하고, 다시 검인을 받는다.

1. 외무성에서 보내는 공신과 지령, 또 회답에 관계되는 것은 그 번호
와 연·월·일 및 요지를 기록하고, 우편이나 사람을 시켜 송부한다.

편집과(編輯課)

1. 사무의 순서에 따라 각 국·과에서 돌려받은 안팎의 모든 공신 원서
(原書)는 종류별로 편찬하여 열람을 편하게 한다. 예컨대, 외국사신, 혹
외국정부에서 보낸 공신(公信)은 매 국가 별로 편찬한다.

1. 외무경(外務卿)이 일본에 주차하는 외국 사신, 혹은 사신을 통해 외국
정부에 보내는 공신 역시 국가별로 그 원고(原稿)를 편찬한다.

1. 외국에 주차하는 본국 공사, 영사로부터 오는 공신 역시 매 국가별로
그 원고들을 편찬한다. 외무경이 외국에 주차하는 본국 공사, 영사에 보
내는 공신 역시 국가별로 원고를 편찬한다.

1. 위의 내용과 같이 편찬한 신서(信書)들은 서고(書庫)에 보관하는데,
배열할 때 그 종류에 따라 하여 편하게 찾을 수 있도록 한다. 예컨대,
영국 정부에서 온 것, 가령 그 사신의 신서는 오른쪽에, 관련하여 외무
경 등이 발송한 신서 원고는 왼쪽에 보관하며, 기타도 모두 이와 같이
한다.

1. 성(省) 안에서 각 주임 국·과에 보낸 공문과 기타 문서들은, 만약
요청이 있을 경우 등사(謄寫)해서 그 필요에 응한다.

1. 편집국 소관 문서는 그 부류와 사건 연·월·일, 인명 등을 종합하
고, 기록된 것의 목록을 작성하여 빨리 찾을 수 있도록 한다.

1. 서적, 도서 역시 전 장(章) 내용과 같이 그 서목(書目) 부문(部門)을

기록하고 목록을 제작하여, 각 국·과의 요구에 응하여 대여하되, 그 출납을 엄하게 한다.

1. 새로 구입하거나 기증 받은 서적은 외무성 기호를 기록하고, 그 서목을 적당한 장부책에 기록하고, 새로 들일 때마다 각 국·과에 알린다.

1. 편집국이 관장하는 서적, 도서는 적당한 때를 정해, 장부책들을 참조해 점검한다. 또 좀 먹는 것을 막기 위해 방법을 강구한다.

1. 재외 공사, 영사로부터 온 보고들 가운데, 외교 상 장애가 된 것, 공중(公衆)의 화목에 이익이 되는 것들을 선별하고 적당히 수정하여, 잡지를 편집·간행한다.

1. 재외 본국 사신 또는 일본에 주차하는 외국 사신과 외무경 사이에 상호 수수한 서신들은, 외교에 저해 되는 것을 제외하고, 그 중요한 것을 모으고 외교의 시말을 덧붙여 매년 1회 간행한다.

서무국(庶務局) 사무장정(事務章程)

서무국은 관기(官記), 훈장(勳章), 여권(旅券), 의식(儀式), 외빈(外賓) 접대, 재외 공사관의 수용(需用), 관사(官舍)의 신축 및 수리, 비품 수리의 감독, 사람을 부리는 일, 마부 등 일체의 사무를 관장한다.

의식과(儀式課)

1. 모든 국서와 인가장(認可狀) 및 해임장(解任狀) 초안을 작성하고, 또 조약, 본서(本書), 훈장(訓狀)을 정서(淨書)한다.

1. 외무성 관원의 모든 사령(辭令)과 구두 선포 등을 모두 깨끗이 필사

하고, 그 청장(請狀)을 토대로 문감(門鑑: 출입 명찰)을 관리하며, 외무성에 속한 관원의 이력을 자세하게 조사해 매 1월에서 2월 사이에 외무성 관원록을 편집·제작한다.

1. 외국 사신 또는 외국의 관리가 알현을 요청하면, 예규(例規)와 의식(儀式)을 검토하고, 관장하는 사람을 모아 순서를 정한다.

1. 일본에 주재하는 외교관 및 특전을 얻은 사람들의 성명을 두루 조사해 매년 한 번 내무성에 보내고, 이 때 일본 재외 외교관 인명표를 작성한다.

1. 외무성에서 외국사신, 또는 주요 인사 등을 접대할 때, 순서를 세워 그 일을 주관하며, 선도(先導), 소개(紹介) 등의 일을 모두 담임한다.

1. 안팎의 사람이 여권(旅券)을 요청하면, 예규(例規)를 참조해 교부하되, 그 사유를 명기(明記)해 표를 만든다.

용도과(用度課)

1. 외무성의 각 국·과(局·課), 재외 공사관(公使館)·영사관(領事館)에서 사용되는 비품에 대해서는, 전년 소비(所費)의 평균을 계산해 당해 년에 쓸 것을 미리 정한다. 매 반 년 또는 매 3개월마다 외무경의 윤가를 얻어 구매하여, 각각 수요에 응해 분배한다.

1. 공사, 영사가 본국에 비품을 요청하면, 문서를 만들어 외무경의 윤가를 얻어 공급한다.

1. 외무성 및 소속된 관사를 항상 관리한다. 수선이나 신축이 필요하면 그 비용을 계산하여, 장부와 함께 외무경에 올리고, 윤가를 얻어 실행한다. 단 급하게 필요할 때는 법식을 따르지 않을 수 있다.

1. 용도가 정해진 모든 비품은 일상적인 것이라 하더라도 장부를 만들

고, 지급하는 날에 검인(檢印)을 확인한다. 일상적이지 않은 구매 물품은 모두 외무경의 명령이 있어야만 구매해 공급할 수 있다.

1. 외무성 및 관리하는 관사와 각 사무실의 출입문 등의 자물쇠, 실내 정원의 청소 및 각종 용역, 마부의 고용 등을 모두 관장한다.

1. 수선이나 신축, 비품 구매 또는 매각, 투표(投標: 입찰) 또는 기타 법의 시행을 모두 편의에 따라 시행한다.

1. 외무성이 관리하고 보수하는 모든 비품들은, 그 목록을 작성하고, 아울러 구입 연·월·일 및 보수 등의 사유를 적고, 때때로 목록을 참조해 검수한다.

1. 모든 관령(官令) 및 신지(新誌)는 재외 사신들의 열람을 위해 제공할 수 있으며, 보낼 수 있다.

1. 외빈에 대한 접대, 향응이 있으면, 음식물과 모든 필요한 비품을 공급한다.

회계국(會計局) 사무장정(事務章程)

회계국은 외무성 및 재외 공사관(公使館)의 정액금(定額金: 예산) 및 수납금(收納金) 일체의 출납을 관장한다. 또 안팎의 관원 월급의 공급, 퇴직금, 여비, 회비(賄費: 예물비), 경조사비, 부상치료비 모두를 규정에 맞게 지급하며, 장부를 작성한다.

지급과(支給課)

1. 안팎 관리의 연봉, 월봉, 여비 지급 및 퇴직금 등에 대해 규정을 참조해 장부를 만든다.

1. 모든 안팎 관원의 월봉, 연봉, 여비, 공관비 등을 지급할 때, 소관 국·과(局·課), 공사관, 영사관 등의 통보를 받아 장부를 만들고, 검사과 (檢査課)를 거쳐 경에게 올려 허가를 받는다.

1. 재외 관원의 연봉, 여비, 공관비 등을 보낼 때, 그 돈은 출납과(出納課)에서 통상적인 교환, 체송 순서에 따라 처리한다.

출납과(出納課)

1. 소관하는 돈의 출납 시, 경(卿)이 검토한 전표(傳標)로써 증빙하고, 수수할 수 있다.

1. 안팎의 경비 계산 장부를 각 국·과가 자체 제작하고, 검사과의 점검을 거쳐 통계를 낸다. 또 규칙에 근거해 대장성(大藏省)이 정한 부기법(簿記法)에 따라 장부를 만들고, 이를 검사원(檢査院)에 올리는 순서로 한다.

1. 외무성의 예산을 대장성으로부터 수취 할 때, 항상 주임 국·과와 협의하고 받아야 한다.

1. 매월 하순 출납 통계 장부를 만들어, 다음 달 5일 경(卿)에게 올리고, 대체로 1년 출납표는 당해 년에 속한 월(月)에 올린다. 또 수입금과 정액금은 그 과목(科目)을 구분해 충은국(充銀局: 은행)에 부치고, 이 때 계산표를 만들어 검사과에 통보한다.

1. 각지에 체송하는 돈은 주임 국·과의 편의에 따라 교환권이나 현금으로 줄 수 있다. 만약 요청이 있다면 외국 화폐로 환전해 준다.

1. 매월 하순에 받은 전표를 계산해 검사과에 알리고, 전표를 발행한 관원과 함께 서로 대조한다.

1. 출납과의 금전은 미츠이(三井: 메이지 초기 일본 국립은행의 전신) 충은국

에 보내고, 대장성의 규칙에 따라 검사과와 출납과가 그 책임을 함께 맡는다. 또 저당품(抵當品)이나 부금(附金: 기부금)의 수량을 검사과와 연서(連署)하여 매월 경에 알린다.

검사과(檢査課) 사무장정(事務章程)

검사과는 금은 출납을 감시하고 외무성 및 외국 공사관(公使館) 등의 비용을 모두 규칙을 참조해 검사하고, 장부를 만들어 발행하며, 예산표를 정리하고, 예외의 경우에는 품청(稟請)한다. 이 일과 관련하여, 각 공사(公使)·영사(領事) 등이 묻는 것이 있으면, 그 지령과 회답의 초안을 작성한다.

1. 각 국·과(局·課)가 요구한 금전 지출에 대해서, 그 주임 국·과가 장부를 만들어 검사과로 보내오면, 예규(例規)들을 참조하여, 그 당부(當否)를 심사한다. 또 정산(精算)하고 전표를 첨부해 경(卿)에게 올린다.

1. 금전 지출 요구 시, 예외의 경우에는 의견을 첨부하여 경에게 올린다.

1. 각 국·과에서 낸 정산 장부에 의거해 다음 해 소요되는 예산 장부를 만든다. 대개 그 비용의 증감을 정하기 위해 각 주임들의 의견을 구할 수 있다.

1. 외무성의 재외 공사관·영사관의 경비 장부 등은 위의 순서에 의거해 검사과가 정밀하게 계산한다. 만약 예외가 있으면 그 회답 문안을 작성하여 경에게 올린다.

1. 회계국(會計局)이 받은 충은국(充銀局)의 저당증권(抵當證券)은 그 당

부(當否)를 검사하여, 회계국과 함께 보관의 책임을 맡는다.

서기과(書記課) 사무장정(事務章程)

서기과의 관원들은 항상 좌우에서 외무경(外務卿)을 모시면서, 그 명령을 받들어 문안을 작성하며 때에 따라서는 직접 관할하여 여러 곳에 이르게 한다.

1. 각 국·과(局·課)가 경(卿)에게 올리는 의안(議案)을 심리하고, 경의 검인(檢印) 유무를 확인하여, 기필(旣畢)이면 주임 국·과로 보낸다.

1. 기록국의 수부과(受付課)를 거치지 않고, 경에게 직접 왕복하는 양 방향의 공신(公信)들은 그 원고(原稿) 또는 원서(原書)를 사용한다.

1. 경의 영인(鈴印)과 기명(記名)이 필요해 각 국·과에서 송치(送致)한 문서는 그 원고와 정사(精寫: 사본)를 참조하여 그 당부(當否)를 검사한다.

1. 태정관(太政官)의 포고(布告), 포달(布達) 및 여러 성(省)의 회문(回文) 등이 도착하면 각 국·과에 회람시킨다.

1. 국·과에 올려진 관원들의 출근부 등을 관리한다. 관원들의 출퇴근 시간은 그 늦고 빠름을 조사하여 매 월 또는 매 반년마다 근태표(勤怠表) 를 만들어 경에게 올린다.

1. 특정한 국·과에 전적으로 국한되지 않는 사무 가운데, 외무경이 태정관(太政官)에게 건의하는 내용이나 상주(上奏)하는 문안의 초고를 모 두 작성한다.

1. 부·현에서 지시를 청하는 것이나 각 성(省)에 조회하게 하는 것 등, 각 국·과에 전속되지 않는 사무의 모든 지령과 회답을 기안한다.

수호과

공신국

통상과

조사국

외 대 서	편집과	내신(來信)
무 소 기	기록국	
경 보 과		왕신(往信)

검	의식과
사	서무국
과	용도과

출납과

회계국

지급과

426쪽 068번 참고

파견 사신(使臣) 훈령

제1관【직제】

외국에 파견하는 사신은, 특명전권대사(特命全權大使), 특명전권공사(特命全權公使), 변리공사(辨理公使)【모두 일본 왕과 외국 군주 및 통령 사이의 신서

(信書)를 휴대한다.】, 상임대리공사(常任代理公使)【외무경(外務卿)이 외국의 총리나 외무대신에게 보낸 신서(信書)를 지참한다.】 및 임시대리공사(臨時代理公使)【공사로부터의 신서(信書)】로 외교의 주임관(主任官)으로 삼고, 서기관(書記官)과 보좌(輔佐) 서기생(書記生) 이하가 다음으로 부속관(附屬官)이 된다.

제2관 【위임장】

제1관에 진술된 각등 사신은 신서(信書) 외에, 천황 정부가 외국 군주나 통령 및 그 신민(臣民)들을 대하여 따로 상변(商辨)해야 하는 건에 대해, 위임장을 받을 수 있다.

제3관 【도착 알림】

사신이 임소(任所)에 도착하면, 대사(大使)는 서기관(書記官)을 보내고, 공사는 서간(書柬)으로 신서(信書)의 등본(謄本)을 보내, 그 나라 외무 대신에게 도착을 알리고, 아울러 신서 봉정(奉呈)을 위한 알현을 요청한다. 이 때, 공사(公使)는 해당 대신에게 상견(相見)하는 방법에 대해 자문하는 것을 통칙으로 삼으며, 대사는 먼저 외무대신을 예방(禮訪)하는 것을 법례로 삼는다. 대리공사는 해당 대신에 도착을 알리고, 신서 등본을 보내 인견(引見)을 청한다.

제4관 【교제규칙】

외무대신을 만나면 그 파견된 주지(主旨)를 진술하고, 친교의 단서를 열며, 알현의 편의에 대해 자문한다. 또 재류하고 있는 각국 사신 중 노성(老成)한 이에게 나아가 재임 중 응대해야 하는 임국(任國)의 왕실 관원이나 각국 동료와의 경례(敬禮), 특히 관습과 예격(例格)에 대해 물어본다.

이런 관습과 예격 및 구미 각국의 교제규칙을 따르는 것은, 그 내용에 대해 비록 잘 알고 있더라도 마땅히 조심하고 두루 헤아려 국권(國權)을 욕되게 하는 일이 없어야 한다.

제5관 【휴가】

사신 일행의 관원은 각국 사무 편의에 따라 매년 일수로, 60일이 넘지 않는 기간을 귀휴(歸休, 귀국 휴가)로 얻을 수 있다. 단, 부속관(付屬官)은 그 상관의 허락을 받아야 하며, 각 관원은 만3년 재임 후, 6개월간의 귀국 휴가를 얻을 수 있다.

제6관 【고별】

사신이 해임을 이유로 임지를 떠날 때, 신서가 있으면 그 등사본을 그 나라 외무대신에게 제출하고, 고별을 위해 방문을 청한다. 후임 사신이 이미 도착해 있으면, 함께 해당 대신을 만나며, '신서 봉정을 위한 알현'을 요청하는 수속을 진행한다. 【행사의 순서】 후임 사신과 함께 조정에 도착하면, 먼저 해임 신서를 바치고 고별을 고한 후, 신임 사신을 알리고 신서 봉정식을 거행할 수 있다. 전임 사신이 임지를 떠난 후 해임이 되었다면, 신임 사신이 있다 하더라도, 먼저 해임 신서(信書)를 바치고, 이 때를 기준으로 전임 사신이 해직된 것으로 간주하며, 신임 사신은 이 때부터 임무를 대신하는 것으로 한다. 또 신임 사신이 전임 사신에 비해 높은 등급이더라도, 전임 사신이 그것을 알릴 필요는 없으며, 전임 사신은 후임 사신에게 임지의 교제 규정이나 관례에 대해 상세하게 전하고, 관서(官書)를 수수한다. 공무(公務)에서 물러난 이후 임국(任國)의 왕실에서, 그 관원들 또는 각국의 동료 외교관들과 고별례(告別禮)를 행할 수 있다.

제7관 【임시 대리】

사신이 귀국 휴가를 원하거나 다른 사고로 인해 임지를 떠날 경우, 급박한 사정이 아니라면 미리 그 사유를 본국 외무경에 진술한다. 또 고등 서기관으로 하여금 변리주임(辨理主任)의 인가를 받게 하여 임시대리공사(臨時代理公使)가 되게 한다. 이 때, 공문서를 보내 그 나라 외무대신에게 알리고, 양해를 구한다. 사신이 함께 가서 친히 대신을 만나는 것을 상례로 삼지만, 만약 대리할 만한 서기관이 없다면, 부득불 다른 사람에게 맡길 수밖에 없다. 이 경우에는 신서(信書)에 그 사정과 대임자(代任者)가 될 사람의 지위와 성품, 행실에 대해 상세히 적어 알리고, 특별히 허가를 받는다. 하지만 일이 매우 급하다면, 전신(電信)으로 알릴 수 있다. 임시대리공사의 직무는 주임공사가 임지를 떠나는 날부터 시작하여, 복귀하는 날까지로 한다.

사신이 주재국의 국내나 국외를 여행 할 때 그 거리가 가깝다면, 혹은 특별한 임무를 지니고 있지 않고, 쉽게 왕복할 수 있는 곳이라면, 사신은 그 주무(主務)를 가지고 다닐 수 있으며, 일상 사무들은 고등 관속원(館屬員)에게 처리하게 한다. 단 여행 중 꼭 주무자(主務者)가 현지에 있어야 할 경우에는 전관(前款)의 절차에 따라 대리공사를 임명한다.

제8관 【출발 도착 알림】

사신이 임소에 도착하면, 바로 전신으로 그 도착 월·일과 거처를 알린다. 조정에 돌아 올 때나, 임지에서 먼 곳으로 여행할 때는 편지로써 여행 일정, 일시를 미리 알린다. 만약 그 겨를이 없을 경우에는 전보로

할 수 있다

제9관 【사신의 승영(承命: 명령의 받듦)】

사신이 된 사람은, 외교 사무와 관련한 모든 일에 대해, 일의 경중과 상관없이 외무경을 통해 국주(國主)의 지령을 받들어야 한다. 따라서 사신은 그 직무와 관련하여 다른 곳으로부터의 명령이 있을 수 없다.

제10관 【사무시행제한】

사신이 직무를 행할 때는, 매사에 정밀하게 명령을 받들어야 한다. 고안(考案), 의문에 대한 답, 취사(取捨), 허부(許否)의 일은 모두 본국의 정부에게 그 권한이 있으므로, 사신은 단지 정부의 의도를 파악하여 그 방향이 그릇되지 않게 하고, 적절한 시기에 모든 수단을 다해 그 이유(理由)를 변명(辨明)하며, 이미 결정된 일을 실행하는 것을 책무로 삼는다. 또 미리 상세한 명령이 없다면, 어떤 사건과 관련된 질문을 받더라도 바로 답할 필요가 없으며, 반드시 본국 정부에 알린 후 명령을 기다린다.

제11관 【형세시찰보고】

사신은 상세히 그 주재국의 형세와 의향(意向)을 살피고, 본인의 고찰을 더해 외무경에게 보고한다. 또는 주재국 정부의 행위 중에서, 본국에 불리한 것을 인지하면, 그 사실 여부와 의도를 탐문하여 그 실정을 본국에 알리고, 대책을 세울 것을 요청한다.

제12관 【잡보】

사신이 전관(前款)에서 언급된 사건의 왕래 서간(書簡) 외, 그 나라와
타국과의 외교관계에 있어 일본의 이해와 관계되는 것이 있으면, 매번
보고한다. 그 나라 정부의 상태, 법률, 군무, 회계 및 그 국민의 직업,
상업의 실상, 성쇠 원인 등 무릇 정부의 참고가 될 수 있는 것은 그 일이
얼마나 사소한 일인지를 따지지 말고, 그 전말을 조사해서, 3개월에 1회
이상 반드시 외무성에 알린다.

제13관 【서기관이하보고】

사신이 보고하는 것 외에, 국정에 긴요한 사항과 관련된 것이 있으
면, 가령 서기관이나 서기생(書記生)도 매년 1회 보고서를 외무성에 제
출한다.

제14관 【사신, 영사관 감시】

사신은 항상 주차(駐箚)하는 곳에 가서 그 현지 주재 영사관의 보고를
받아 각 부의 사정을 익숙히 파악하고, 영사관의 사무를 직접 감시한다.
총영사가 있는 곳에서는 총영사를 통해 감시한다. 요컨대 그 사무를 처
리를 돕고, 그 유통 방향에 막힘이 없도록 해야 한다.

제15관 【여권 및 국민보호】

여권 발급은 영사관(領事官) 및 대영사관(代領事官) 사무에 관계되며,
영사관훈령(領事官訓令)에서 정한 바를 따른다. 해당 관리가 없을 때에는
영사관훈령에 기재된 인민보호 사무를 공사관(公使館) 소관으로 삼는다.

제16관 【부속관 진퇴】

사신은, 부속관 중 지령을 따르지 않거나, 행실이 바르지 못한 자가 있으면, 서기관의 경우는 외무성에 보고하고 정부의 명령을 기다리며, 서기생 이하는 사신이 먼저 결정해 본국으로 송환시키고, 바로 상황을 보고한다.

제17관 【증답(贈答) 서신 및 문서류 처분】

사신이 본국의 관원과 직무 상 연락하는 것에는 외무경을 첫째로 하고, 기타 연락하는 자는, 주재국 주차 영사관 및 이사관(理事官), 본국 군함 함장【본국의 이익을 보호하고, 각종 사고에 대비하기 위해 가까운 항구에 머무는 경우】, 타국에 주재하는 본국 사신【사신들이 서로 연락하는 것은, 특별히 만나는 때를 정할 때로 한정한다.】에 한정한다. 따라서 본국의 모든 관(官), 원(院), 성(省), 사(使), 부(府), 번(藩), 현(縣)과 연락하는 증답(贈答) 신서(信書)들은 모두 개봉하고,【불봉신서(不封信書)라 한다.】 외무성을 경유하며, 사신이 직접 증답을 할 수 없다. 공신은 별지【본신(本信)에 첨부하는 부본(副本) 같은 것을 이른다.】와 함께 정해진 양식으로 쓰되, 괘지(罫紙)에 각각 하나의 사건 별로, 작은 사건은 한 장(章) 별로 나누어, 한 사건은 하나의 조목에 언급하도록 하여 혼동되지 않게 하여야 한다. 별지가 있으면, 본신(本信)의 대강의 뜻을 적거나 그 목록을 첨부한다. 재임국의 정부와 증답하는 서간 및 기타 긴요한 문서, 신문 종류는 모두 번역해서 보낸다. 만약 그 원문이 필요하면, 서적이나 인쇄물을 첨부할 수 있고, 우편으로 되도록 2부를 보내도록 한다. 공신의 숫자나 기호는 매년 첫 번째 별지로부터 시작하고, 2매 이상인 것은 갑·을(甲·乙) 등의 기호를 붙여, 본신에 참고가 되도록 하고, 특신(特信)을 사용할 때는 본 공신(公信)의 기호 순서를 쓴다. 회계와 관련된 공신은 '會計' 두 자를 특별히 표시하고, 숫자 기호를 따로 부여하여 본신의 예를 따른다. 기밀 사건을 알리는 편지에는 '親披' 두 자를 겉봉에 표기하고, 별도로 두 자리 번호를 붙인다. 긴급하게 알려야 할 사건이 있으면, 전신을 사용하고, 다음에 그 등본(謄本)을 우편으로 보낸다. 또 비밀 기호 전신을 사용하여 기밀 사건을 보낼 때는 오직 사신이 발행(發行)하여 주고받으며, 다음에 친피 서간으로, 그 뜻을 적어 보낸다. 전신과 문서 등 모든 서류의 등본은 반드시 본서(本書)와 그 양식을 같게 하여 보관하며, 매년 말에는 연중 발출(發出)한 편지들을 제본하고, 숫자, 기호, 월·일로 목록을 만들어, 12월이 지난 후 속달 우편으로 외무성에 보낸다.

사신이 외무성으로부터 편지를 받으면, 그 숫자, 기호, 월·일을 적고, 모두 받은 날짜를 회보(回報)한다. 또 외무성 및 타 관부(官府)와 주재국 외무성 사이에 오간 공신, 비밀 편지, 기타 일절 서류 및 등본들은 그 편지의 대의, 날짜, 숫자, 기호, 명완(名宛: 수신자명)【신서(信書)에 지목된 사람 이름】이 기록된 검출목록(檢出目錄)을 만들어 섞이지 않게 한다.

제18관 【서류 수수】

사신이 해임 또는 귀조(歸朝), 기타 사고로 인해 그 직을 후임 또는 대리공사에게 맡겨야 할 때는, 공사관(公使館) 인장(印章)과 여러 기구(器具) 및 공신(公信), 비밀 편지 등의 목록을 두 본을 만드는데, 신임사신과 함께 수수함을 확인하고, 각 본의 마지막에 이름을 적고 날인하여, 한 본은 외무성에 보내고, 한 부는 본 공사관에 남긴다.

일본 영사(領事) 훈령

영사관(領事官)을 외국에 두는 것은 항해, 무역, 공업에 있어 일본 인민을 보호하고, 그 권리와 이익을 확장하는 것을 주의(主意)로 삼아 그 일들을 집행(執行)【시행(施行)】하기 위함이니, 법률과 조약을 따라야 한다. 따라서 영사관이 된 자는 여러 법규와 조약을 통지(通知)하는 것을 요체로 삼으며, 그 지방의 상업과 관례(慣例)【지방마다 인습(因襲)이 풍속이 되니, 모두 관례가 있다.】에 대해서도 소홀히 하면 안 된다.

전문(前文) 외에 그 지방에 가서 일본정부로부터 명령받은 일들을 수습하고 마무리 짓는 것도 임무로 삼는다.

취임하는 일

1. 영사관(領事官)은 총영사(總領事), 영사(領事), 부영사(副領事), 대영사(代領事) 4등급으로 나뉘며, 모두 임국(任國) 정부의 인가를 받지 못하면, 그 일을 맡지 못한다.

1. 전 항에 이른바 인가를 받지 못한 총영사 및 영사는 본국 정부에게서 받은 의지(宜旨)를 그 나라 수도에 주차하고 있는 공사에게 보내고, 임국 군주나 통령(統領)에게 인가장(認可狀)을 요청한다.

1. 부영사, 대영사는 통상적으로 전 항의 인가장을 받을 필요는 없다. 단, 임무를 받은 사령서(辭令書)를 가지고, 임지(任地)의 지방관에게 보고하고, 취임한다. 대개 상황에 맞게 조변(措辨)하는데,【처치(處置)하고 분변(分辨)하는 것이다. 이하도 같다.】 각국의 예규에 다름이 있기 때문이다.

1. 총영사, 영사가 임지에 도착하면, 부여 받은 임무를 해당 지방관에게 보고한다. 인가장을 받지 못한 시기에는 편의에 따라 지방관에게 청

해 사무를 처리할 수 있는 임시 허가를 받는다. 대개 이것은 특혜를 청하는 것이고, 당연히 요구할 수 있는 권리가 아니다.

1. 영사관(領事官)이 직무와 관련해 해군, 육군의 무관(武官)과 자리에 앉을 때에 그 차서(次序)는 아래를 따르며, 가령 예복은 마땅히 본관(本官)이 마땅히 입어야 하는 의장(儀章)을 사용한다.

총영사(總領事) 【소장(少將) 다음 자리】

영사(領事) 【중좌(中佐) 다음 자리】

부영사(副領事) 【대위(大尉) 다음 자리】

대영사(代領事) 【중위(中尉) 다음 자리】

1. 그 임지에서 타국 동료(同僚) 외교관과 한 자리에 앉을 때는, 오스트리아 외 8국이 일찍이 약정한 '외국 파견 사신의 자리 순서[遣外使臣席序]'의 내용을 참조해 준용하며,【1815년 6월 오스트리아 빈 조약】 그 관등(官等) 및 도임보고(到任報告) 공문에 적혀있는 일자의 선후에 따라 자리를 배열한다.

영사관(領事官) 특전(特典)

1. 영사관(領事官)은 사신(使臣)과 그 의미가 본질적으로 다르다. 따라서 조약을 맺는 초기부터 특별히 정해놓지 않았다면, 치외(治外) 보권(保權)의 권리(權理)가 없다. 하지만 자기와 친속 및 그 소유물에 대해서는, 관련법이 있는 것은 아니지만, 사신과 균등한 특전의 권리를 요구할 수 있다. 임국 정부가 부여한 인가장(認可狀)으로 외국의 관리로 인정되니, 이것이 공법(公法)이다. 이미 특별 보호를 받는 자는 국장(國章)과 국기(國旗)를 모두 문에 표시하거나 게양할 수 있다. 또 영사관(領事館) 서류와

기록들은 임국 정부의 조사를 면할 수 있다. 또 영사관(領事官)은 본래 일본 국민 보호를 위해 존재하며, 영리 산업【산택(山澤), 수륙전(水陸田) 같은 것이다.】을 위해 존재하는 것이 아니다. 그 임국에서 가령 산업을 경영하는 것 외에, 자기 뜻을 이루고자 하는 목적으로 그 지방 관부(官府)를 위해 일하는데, 이것이 공직 수행에 방해됨이 있다면 해면할 수 있다. 임국 정부에서 과거 전 영사관에게 허여한 권리 및 특전과 공령(公令)은 정지하려고 해도, 모두 구례에 따라 계승할 수 있다. 또 이미 타국 영사관에게 인준한 특전은 다른 특약이 없는 한 요구할 수 있다.

영사관(領事官)과 동료, 예컨대 공사(公使) 사이의 관계

1. 총영사 및 영사는 모두 군주의 명령을 받들어 주임관이 되며, 부영사와 대영사를 그 관할 내에 두어야 하므로, 사유를 밝혀 특정인을 천거할 수 있는 권한이 있다. 부영사, 대영사는 주임관이 부재할 때, 예컨대 외지에 가 있을 때, 임시로 그 일을 맡고, 그 외 주임관을 도와 일들을 맡는데, 책임은 총영사와 영사에게로 귀속된다.

1. 총영사는 직접 관할하는 지방 외에 본국 정부의 명령으로 그 임국의 전부 또는 일부 내에 있는 영사관(領事官)이 성규(成規)를 준수하고 있는지 여부를 감찰하고 지도하는 권한이 있다. 만약 총영사가 부재하거나, 외국에 재임(在任)하고 있다면, 주재국 공사가 임시로 그 임무를 맡고, 총영사는 공사를 대하기를 영사 이하가 총영사를 대하듯이 한다.

1. 영사관은 해당 국가 주재 본국 공사와 항상 함께 상의하고, 이익이 있다고 인정되면, 반드시 서로 논의해야 한다. 공사가 요구하는 일 역시 따르도록 노력한다.

1. 영사관은 비록 외무경 직속이지만, 보(輔) 또는 대리(代理)의 명령으

로 직무를 시행할 수 있고, 일이 긴급해 외무성의 지령을 기다릴 겨를이 없다면, 그 나라에 주차하는 본국 공사에게 품의해 명령을 요청한다. 또 공사가 스스로 자국에 이익이 되거나 긴요한 일이라고 인정한다면, 특명(特命)된 바에 복종하여야 한다.

사망, 사고 등으로 근무지를 이탈할 때, 대리관(代理官)을 두는 일

1. 영사관이 사고 등으로 휴가를 내고 근무지를 떠날 것을 요청할 시, 스스로 그 사유를 진술하여야 하고, 대리자를 선택해야 한다. 대개 총영사가 떠날 경우는 공사가, 영사 이하는 공사나 총영사를 통해 외무성에 품의하고, 부영사, 대영사는 소속 총영사나 영사관에 품의를 올려 윤가를 요청하고, 대리하는 것은 해당 영사관이 명할 수 있다.

단 관내를 돌아보거나, 관할 밖을 가더라도 거리가 가까운 경우, 특별한 사무가 없을 때는 잠시 다녀올 수 있으므로, 해당 관리는 주무(主務)는 스스로 맡고, 일상적인 업무는 영사관(領事館) 소속 관원 중 고등(高等)자에 명해 처리할 수 있다.

1. 전 항에서 이른 바, '소속 관원 중 고등자로서 대리(代理)를 명 받은 자'는 임시부영사(臨時副領事), 임시대영사(臨時代領事)로 칭한다. 만약 다른 체맹국(締盟國) 영사관에게 위촉할 경우에는 '대변(代辨)'이라는 명칭을 써서 그 지방 관부에 알린다.

1. 영사관이 사망하면, 소속 관원 중 고등자가 임시로 그 일을 대리하는데, 총영사의 경우는 공사를 통해, 영사 이하는 공사나 총영사를 통해 외무성에 품의를 올려, 지휘를 요청할 수 있다. 만약 주임관이 있으면, 그에게 요청해 처리를 기다린다.

영사관과 해군 사관(士官)의 관계

1. 본국 군함이 영사관 소재 항구에 도착할 때, 그 사령관, 함대 지휘관 및 군함 2척 이상을 지휘하는 함장은 사관(士官) 1인을 보내 해당 관리에게 보고하는 것을 정해진 규칙으로 한다. 해당 관리는 예의를 갖춰 방문하며, 필요한 물품은 체변(替辨)【체(替)는 대신한다는 것이고, 변(辨)은 마련한다는 것이니, 대신해서 물품을 마련한다고 말하는 것이다.】할 수 있다. 군함 한 척의 함장의 경우는 총영사가 그 방문을 기다려, 답례할 수 있으나, 영사이하는 사관(士官)의 알림을 들으면, 우리 측에서 먼저 예를 갖춰 방문한다. 이 때 영사관은 단선(端船, 항구에서 큰 배로 오고 가는 작은 배)을 요청해 왕래를 편하게 한다. 답례로 방문하는 것은 군함이 닻을 내린 후 24시간 이내로 한정한다.

1. 예문(禮問) 할 때, 군함은 거포(巨砲)를 발사해 답례하는데, 총영사는 9발, 영사는 7발을 발사한다. 항구에 체류 시, 1회에 한해, 영사관이 함상에 있을 때는 정자세로 사열하고, 배에서 내려 단선(端船)에서 해당 함선을 바라보면, 모두 탈모하여 경의(敬意)를 표한다.

1. 소위 군함의 입항 시, 그 지방에 전염병 같은 것이 있으면, 신속하게 알려야 하는 것은 물론이다. 타국 군함의 여러 격식이나 그 지방의 관례 등에 대해서도 상세히 그 함장에게 알려야 한다.

1. 해군이 받드는 명령은 본래 일정한 법이 있으나, 만약 국사(國事)에 변고가 있어 어쩔 수 없을 때, 영사관은 그 전말을 함대장, 또는 함장에게 고하고, 정박(停泊)을 요청할 수 있다. 단, 그 허가 여부의 권한은 전적으로 함대 사령관에게 있다.

영사관(領事官) 봉록과 관청(館廳)의 경비

1. 영사관의 1년 봉록 및 영사관(領事館) 비용 등의 일체 용도는 모두 조령(條令)에 따라 정부로부터 교부받는다. 봉록을 받는 자는 상업을 할 수 없으나, 각 지방의 편의에 따라 그 지방에 사는 내외국인에게 명해 영사관(領事官)으로 삼을 수 있다. 이 같은 경우에 그 사람이 본래 상인이 라면, 상업을 해도 된다. 정부가 지급하는 용도는 오직 법에서 정한 대로 걷은 수수료로써 할 수 있을 뿐인데, 혹 봉급으로 지급해야 하는 돈으로 부족한 수수료를 보충하거나, 혹 관내(館內)의 문구(文具)의 구입, 전신세(電信稅), 우편세(郵便稅) 등의 비용으로 쓸 수 있는지는 모두 경우에 맞는지 검토한다. 본문에서 이른 바 수수료의 항목(項目)은 지금 상의 중이고 정해지지 않았다. 향후 반시(班示)할 것이다.

영사관(領事館) 건설 및 영사관(領事官) 교대

1. 정부에서 정식 봉급을 받는 영사관(領事官)이 가령 관사(館舍)가 없는 곳에 도착하면, 스스로 편한 장소를 잡아 관사(館舍)를 설립하여 공사(公事)를 관장하며, 그 지방의 통상적인 작업시간 중 사무실을 열어 일을 본다.

1. 영사관이 관사가 있는 곳에 새로 부임하면, 그 나라 정부의 윤허를 얻고, 전임 영사관 및 주관인(主管人)으로부터 인장(印章), 서적(書籍), 기구(器具) 등을 영수하는데, 이때 신구 영사관은 반드시 함께 물품, 기구 목록을 만들고, 날인하여 한 본을 외무성에 올린다. 그 이후에야 신임 영사관은 비로소 관내에 비치된 모든 물품, 기구의 주관자가 된다. 또 전임이 인계하는 금폐(金幣) 역시 이 예를 따른다.

1. 영사관이 새로 집무를 시작하거나, 전임을 승계하면, 모두 즉시 외

무성에 신고한다. 또 그 나라 공사, 주차 총영사, 영사 그리고 이 나라에 주재하고 있는 각국 영사에게 알린다.

1. 집무를 시작한 후에는 윤허 없이 10일 이상 출타할 수 없다. 단, 매년 적당한 때에 일수로 60일의 휴가를 허락하되, 이 일수를 넘을 수는 없다. 또 재임 만3년 후에는 귀국을 요청할 수 있으며, 부임 이래 진행된 일의 상황 및 장래에 시행되어야 하는 일들을 갖추어 진술한다. 휴가의 일수는 6개월이며, 왕복 여행 일자는 계산하지 않는다.

해외여권과 보호

1. 여권은 오직 일본 인민들에게만 부여하며, 외국 인민들에게 부여하는 것은 불허한다.

1. 여권은 본래 외무성이 부여하는 것이지만, 여행자의 공단(公單: 공인된 단자(單子), 물목 등을 적은 종이)과 배에 실은 화물의 수가 서로 부합하면, 이것은 일본 인민이라는 확증이 된다. 따라서 여권 규칙 제3조를 게시할 때 그 사람에게 그 성명, 향관, 연령, 직업 등을 써서 스스로 증명하게 한 것이니, 이력 사실을 조사한 후 발급할 수 있다. 여권은 2엔을 받고, 혹은 외국 돈은 상당하는 금액을 받아 수수료로 삼는다. 또 어떤 이가 만약 여권을 잃어버리면, 그 사유를 심사하고, 여권 앞면에 두 번째로 부여한다는 것을 기록하고, 재교부한다.

1. 이미 여권을 휴대하고 있는 자에 대해, 그 지방 정부가 영사관의 인증(認證)을 요구한다면, 영사관은 반드시 이 청구에 응해야 하며, 영사관(領事官)을 두지 않은 곳에서는 공사가 대신한다.

1. 여권은 1인에 1부로 제한하나, 5세 이하 소아가 그 부모와 동행하는 경우에는, 부모의 여권에 부기(附記)하면 된다.

1. 영사관(領事官)이 부여하거나 증명한 여권의 번호, 여행자의 성명, 향관, 연령, 직업 등을 모두 적은 보고서 및 수수료 계산서를 매 3년에 1회 외무성에 올린다. 그 걷은 금전은 모두 외무성의 지휘를 따라 처리하며, 그 부여하거나 증명한 여권은 영사관청(領事館廳)이 독자적으로 번호를 만들어 차례대로 기록한다.

1. 공적인 사절로 여행하는 모든 관리에게 부여하는 여권이나, 관비(官費)로 외국에 유학하는 생도들에게는 수수료를 받지 않는다.

1. 어떤 사람이 규정대로 여권을 소지하고, 영사관(領事官)이 본조(本條) 제2절에 근거하여 심사하였으나 본적이 명확하여 의심할 바가 없을 때, 이 사람이 보호(保護)나 소개(紹介)를 요청한다면, 영사관은 그 사유를 깊이 검토하여 그 요청에 응할 수 있다. 또는 고소(告訴)를 당했을 때, 영사관이 일리가 있다고 인정한다면, 마땅히 힘을 다해 돕는다.

1. 이 소송을 판단하는 외국관리가 가령 판단을 잘못하거나, 혹은 태만하게 할 때는 영사관이 그 나라에 주차하는 본국 공사에 알린다. 또 어떤 경로를 통하는지를 따지지 말고, 모든 관계 서류 및 보고서를 외무성에 올린다.

1. 영사관은 관할 하의 일본 인민의 성명을 장부에 기록하기를 힘쓰고, 적당한 방법을 세워 그들이 본국 정부가 새롭게 제정한 법률과 규칙을 모두 알도록 한다. 만약 일이 안전이나 이익에 관계된 것이라면, 항상 보호하고 도우며, 경계하도록 하며, 부탁물(附托物), 화폐(貨幣), 증권(證券), 물화(物貨)들을 힘써 감시한다. 만약 질병이나 선난(船難) 등의 재해(災害)를 만나 빈곤해지거나 표박(漂迫)한 이들은, 법을 참조해 구조하는 등, 권한 내에 속한 것이라면 모두 온 힘을 다해 보호해 주어야 한다.

영사관(領事官) 공신(公信)

1. 모든 공신 및 첨부 문서는 정규 괘지에 쓰며, 한 편지에 하나의 일만 한정하여 쓴다. 만약 작은 사건이면 매 장(章)에 각각 한 가지 일을 쓰며, 모두 '一'자로서 장을 시작하여 뒤섞이지 않도록 한다. 만약 첨부 문서가 있다면, 본신(本信) 중에 그 대략의 뜻을 적고, 목록을 첨부한다. 기타 문장이나 신문 중 가장 중요한 곳은 모두 번역해서 보내며, 만약 원문이 필요하다면, 첨부해서 보낸다. 서적과 새로운 인쇄물 등은 2부를 우편으로 보내도록 한다. 공신의 번호는 매년 다시 시작하며, 첨부 문서가 두 통을 넘으면 갑·을(甲·乙) 기호를 써 본신에 참고가 되도록 한다. 특별 공신은 본신의 번호를 쓴다. 공신 중 회계와 관련된 것은 특별히 '會計' 2자를 표시하고, 본신의 예처럼 부호를 붙인다. 모든 공신은 등사해서 보관하고, 그 체재는 반드시 본서(本書)와 동일하여야 한다. 매년 말에 목록을 만들고, 여기에 1년간의 공신 번호와 날짜를 쓰며, 11월이 지나면 속달 우편으로 외무성에 보낸다.

1. 서신(書信)에 쓰는 날짜는 미리 쓰는 것을 불허한다. 매 분기, 반기(半期) 및 연차 보고서 등에 날짜를 특정할 수 없는 내용이 있다면, 그 사정을 적고, 먼저 그 연유를 외무성에 신고하고, 지체되지 않도록 한다.

1. 분기 보고일은 첫째 3월 말일, 둘째 6월 말일, 셋째 9월 말일, 넷째 12월 말일이다. 반기 보고일은 6월 말일과 12월 말일, 1년 보고서는 12월 말일로 마감한다.

1. 이 훈령에서 게시하는 내용 외에, 특명(特命)으로 요구하는 보고서는 모두 별종(別種)으로 통상적인 보고서의 예에 들지 않는다.

1. 관(官), 성(省), 원(院), 사(使), 번(藩), 부(府), 현(縣)과의 서한 왕복은 모두 봉함하지 말고, 외무성을 경유하게 한다. 단 이유가 있어 부득불

직접 왕복해야 하는 경우에는 그 허가를 미리 얻어야 한다.

1. 이 밖에 공무로 각지의 일본 영사관과 서신 교환을 하거나, 비상 사고가 있어 가까운 항구에 정박하고 있는 일본군 함장과 서신 교환을 하는 경우에도 모두 직접 하는 것을 가볍게 허가해서는 안 된다.

보고해야 하는 사건

1. 영사관이 그 지역에서 각국 사람들이 무역하는 상황에 대한 새로운 소식을 얻으면, 가장 확실히 소명된 것을 즉시 외무성에 신고한다.

1. 그 지역 정부의 무역 방법 개량, 무역 조약 및 규칙, 등대(燈臺), 부표(浮標)의 보고, 과세법(課稅法), 창고규칙, 톤세, 우편세 등의 규칙 및 이들에 대한 개혁, 모든 포고령과 반고(班告)류, 일본의 무역·공업·농업·광업 등의 이해와 관계된 것들은 모두 외무성에 속히 신고한다.

1. 그 지역에서 소비되는 일본 물산 및 외국선이 수입하는 일본 물산의 액수, 그 지역의 통상에서 수출되는 상품 등은 일본 세관국(稅關局)에의 보고와 관계된 것이고, 여러 물가 및 각국 금전(金錢)의 교환 시가(時價)는 대장성(大藏省)이 참고하도록 하는 것으로, 모두 그 명세표를 만들어 외무성에 우송(郵送)한다.

1. 농업, 공업 등과 관련된 기계나 학술상의 새로운 연구 및 그 개량되는 것들 중, 일본에 쓰이면 이익이 될 만한 것들, 혹 일본에는 없었던 과수종이나 초목 등 이익이 있는 것은 모두 신고한다. 만약 비용 없이 보낼 수 있는 기회가 있으면, 그 실물 또는 그 일부로써 충분히 참관(參觀)할 수 있는 것들을 보낸다. 또 외국과 관련한 상황 통계, 영사관 관할 내에서 일어난 사건, 일본의 항해 무역의 이해와 득실과 관계된 것, 새로 창조된 공예(工藝)의 산업화, 과거로부터 있던 공예의 성쇠 및 우

리의 무역상황에 미치는 여파, 그 방해되는 것의 제거 방법 등을 모두 신고한다.

1. 일본의 외교상 생기는 사건과 영사관(領事館)에서 미결된 사건에 대해서는 발언하거나 신문이나 잡지에 내용을 게재할 수 없다. 하지만 가령 외무성의 명을 받았거나, 특별히 부득이한 경우에는 발언하거나 내용을 게재해서 그 지방 사람들의 의혹을 해소할 수 있다. 이러한 제한이 없을 때는 되도록 발언하거나 내용을 게재하는 것을 피하도록 한다. 단 문학(文學) 상의 일은 발언하고 내용을 게제해도 무방하다.

1. 담화를 하거나 내용을 게재할 때에는 예양(禮讓)에 주의를 기울이며, 그 지방의 관민(官民)들과 사귈 때는 친후(親厚)에 주력한다. 논설(論說)이 정사(政事)에 관계되거나 그 나라 사람을 불쾌하게 할 수 있는 것에 대해서는 항상 유의하고 말하지 않는다.

일본국외무성사무 권지이

내국인의 외국여행 규칙 【기사년(1869) 4월】

1. 각국과 맺은 조약서에 기재된 규칙에 대해 하나하나 주의한다.

1. 어떤 일을 발견했든지, 국익을 위한 것이면, 세심히 살펴보고 편지를 써 관청에 알린다. 만약 부칠 편지가 없다면, 귀국 이후에 알린다.

1. 고향을 떠나 해외를 여행할 때는 각자가 경계를 하여 국광(國光)을 훼손하지 않도록 한다. 또 담보 없이 돈을 빌리면 안 되며, 봉변을 당해 돈을 탕진하고 돈을 빌린 경우 귀국한 후 반드시 상환한다. 혹 빈곤하여 도망했을 경우는 족류(族類)가 견책되며, 책임을 피할 수 없다.

1. 외국에서 만날 때, 일본인은 평시에 일면식이 없던 사이라도, 서로 친하게 충고(忠告)하고, 만약 병이 들거나 힘든 일을 당했을 때, 서로 구제(救濟)한다.

1. 가령 외국인과 원한 관계가 되었더라도 그 결과를 다투지 않는다. 가령 멈출 수 없는 지경에 이르렀다면, 외국의 관아에 고소하여 재판 판결을 요청하며, 폭력으로 겁박해서는 안 된다.

1. 교부된 인장은 귀국 후 반납하되, 혹 상륙의 편의에 따라 해당 지방에 반납하는 것도 가능하다.

1. 타국의 적(籍)에 들거나, 본국의 종교를 고치는 것을 모두 금한다.

1. 여행 연한은 법령에는 정해지지 않았지만, 대체로 10년을 허가한다.

1. 귀국 후에는 여행 중의 사정을 갖추어 알린다.

외국인의 내지 여행 규칙 【기사년(1869) 3월】

1. 길에서 외국인을 만나면, 도로의 한편으로 비키라는 것은 이미 국내에 포고하였다. 하지만 최근 이를 준수하지 않는 자가 있는데, 이는 비록 작은 일 같아도 실제로는 국위(國威)와 크게 관계된다. 지금부터는 외국인을 폭행하는 일이 없도록 하며, 이를 준수하지 않을 경우 번주(藩主), 또는 주재자(主宰者)에게 알려 책벌한다.

1. 외국 공사가 내지를 여행할 때, 성(城) 주변, 또는 진영(陣營)에서 유숙하면, 관원 1명이 시복(時服: 관원 등이 공무 수행 시 입는 의복)을 착용하고, 여관(旅館)으로 가, 지사(知事)의 명으로 심문(尋問)한다. 단 공사(公使)가 아니면 하지 않아도 되고, 여관의 막대(幕臺: ばくだい, 문설주 등에 걸어 놓는 장식), 제등(提燈: ちょうちん, 모양을 낸 종이로 불을 감싼 등, 연등과 대략 같다.), 성사(盛砂: たてずな, 귀인의 마중이나 의식 등의 때에, 대문 앞 양쪽에 쌓아올리는 모래) 등 향응(饗應)에 속한 것들도 필요치 않다.

1. 외국인이 여행 할 때, 촌리(村吏)는 이들을 안내할 수 있으나, 지방 관청이 관원으로 이들을 송영할 필요는 없다.

1. 외국인이 여행 할 때, 사람들이 따르며 구경하는 것은 감히 금지할 수는 없다. 하지만 외국인 중 높은 지체의 사람들이 평상복으로 다니는 경우도 있고, 또 저들과 우리의 예가 같지 않으며, 지금 우리 인민(人民)들은 서양의 사정에 익숙하지 않으므로, 지방관들은 인민들을 깨우쳐 외국인에게 예경(禮敬)을 범하지 않도록 하여야 한다.

1. 외국인을 접대함에, 실례(失禮)나 실의(失宜)를 범하였으면, 소관 관리나 촌리가 그 소속관리에게 신고하여, 법에 따라 처분하고, 곧장 그 사유를 외무성이나, 부근의 개항장(開港場)의 역소(役所)에 알린다.

1. 외국인의 숙박비나 역부(役夫)의 임금은 모두 상호 약조에 의해 처리하므로, 미리 외무성 또는 개항장, 현청(縣廳), 안내소 등이 발급한 통첩(通牒)을 가지고 편의에 따라 다닐 수 있다. 숙박하는 곳의 역리(驛吏) 관원은 세심히 그들을 경계하되, 야간에 가장 엄하게 한다. 대개 외국인과 관련한 사건은 외무성 또는 부근 개항장에 따로 문의한다.

1. 공적으로 사적으로 고용한 외국인이 그 직무나 질병 등을 이유로 부득이하게 각지를 여행할 때, 그 이유를 외무성에게 알리고, 여행 허가권을 받을 수 있다.

1. 외국인이 숙소에 묵는다는 핑계로, 가옥을 빌려 장사를 하려는 사람은 속히 그 곳을 떠나게 한다.

1. 여행을 하는 외국인이 비록 관위(官位)가 있는 자라 하더라도, 관명(官命)이 아니면, 특별히 예를 차릴 필요가 없다. 단, 인허권(認許券)에 관위(官位)가 기재되어 있으면 접대할 수 있다.

1. 관리가 사사로이 고용한 외국인이 여행을 할 때에는 항상 여행 허가권을 지참해야 한다는 것을 미리 주지시킨다.

1. 측수(測水) 허가를 지닌 외국인이 혹 일과 관련된 상황으로 연안에 상륙하거나, 귀국하려고 하면, 따로 여행 허장(許狀)을 부여하지 않고 여행을 허락한다.

1. 외국인이 학업이나 요양을 위해 내지를 여행할 때에는 공사 또는 영사가 외무성에 보낸 신첩(申牒)에 근거해 허가한다. 가는 길의 부현(符縣)에 알리는 것이 선례(先例)였으나 지금은 이 선례를 개정하여 특별히 높은 관위(官位)에 있어 특수한 예(禮)가 필요한 경우가 아니면, 알리지 않는다. 따라서 보통의 허권(許券)을 소지했다면, 그 외국인의 허권(許券)의 진위여부만 검사하여, 여행과 숙박을 허가한다.

1. 외국인은 여행 일정 내에 한해서 여관 숙박을 허가하므로, 매번 여관에 숙박할 때, 주인은 호장(戶長)에게 알린다. 만약 병 치료나 요양을 위해 숙박하는 경우, 며칠이 지나면 7일마다 관할 관청에 신고한다.

1. 이런 것은 외무성에서 그림과 같이 증패를 만들어 각국 공사에게 수령하게 하고, 기타 증패(證牌)를 희망하는 경우, 마땅히 주되 그 내용을 안팎의 인민들에게 알린다.

(세로 5촌)

제(○)호

1. 국명 1. 직명

1. 인명 1. 임소   (가로 3촌5분)

○○년 ○월 외무성

인장

---

1. 내지를 여행하는 외국인은 각 지방의 규정을 준수하여야 한다.

1. 이 허가장에 기록된 날 기준으로 30일 이전에 반드시 발송한다.

1. 이 허가장은 여행의 일수를 정하고 있지만, 사고가 있거나 정해진 일수 안에 돌아올 수 없는 외국인은 미리 우편으로 그 나라 공사관(公使館)을 통해 그 이유를 외무성에 알린다.

1. 도착 후 5일 내에 이 허가장은 외무성에 반납한다. 단 나가사키(長崎), 하코다테(函館) 등 먼 곳을 통해 귀국하는 자들은 30일 이내에 그 나라 공사관(公使館)에서 외무성으로 보낸다.

1. 여행 중 모든 숙소에서 반드시 이 허가장을 여관 주인에게 보여주

고 투숙을 요청할 수 있다. 또 길 가의 경리(警吏: 경찰)나 호장(戶長)도 허가장의 검열을 요청할 수 있으므로, 보여주어야 한다. 만약 말을 지어내 거부하는 외국인이 있으면 억류한다.

1. 이 허가장은 자기 자신 1인에게만 허용되며, 타인에게 대여할 수 없다.

1. 비록 이 허가장으로 내지를 여행하더라도, 그 외국인에 대해 각 지방에서 일본의 인민들과 매매나 약정(約定) 등의 일을 허가하지 않는다.

1. 이 허가장을 가지고 외국을 여행할 수 있으나, 내지에서 일본 인민들의 집을 빌리거나 기숙(寄宿)할 수는 없다.

1. 비록 사냥 면허 감찰(鑑札, 면허증)을 소지하였더라도, 일본 내지에 거주하는 외국인에 대해서는 사냥과 발포를 허락지 않는다.

1. 여행 중에 사고가 있어, 가는 도중 돌아온 자가 다시 본 목적지에 가려고 할 경우에는, 허가장이 있다 하더라도, 이를 반납한 이후에, 다시 허가장을 요청하여야 한다.

1. 본문 및 이 허가장 중 게재된 조례를 위반한 외국인은 모두 쫓아내고, 외무성을 통해 그를 보증한 공사관(公使館)을 고소한다.

여행 허가장 서식

제(○)호 외국인 여행 허가장

국적 성명 신분

체류지명 여행목적 여행지명과 여정

여행기한

위는 (모)의 보증에 의해, 위에 기재된 곳으로의 여행을 외무성이 윤허하
니, 연도(沿道)의 숙소와 역(驛)은 이를 받든다.

허가장의 뒷면

제○호

○성 · 사 · 부 · 현 고용

○국인 ○○

성명 임무 노복

외국인

인장

위의 ○성(省) · 사(使) · 부(府) · 현(縣) 고용 ○국인, ○○는 공무로 ○○로
부터 ○○로 파견되니, 여행의 연도(沿道)에서는 여행을 거부할 수 없다.

도쿄 체류 외국인 유보장(遊步場) 구획 및 규칙 【경오년(1870) 윤10월】

1. 북쪽으로는 도네가와(利根川)에서 가나스기초(金杉町)까지, 서쪽으로
는 센쥬쥬쿠오하시(千住宿大橋)로부터 스미다가와(隅田川) 근처 마을까지,

기타 고무로무라(小室村), 다카쿠라(高倉) 오야베(小矢部), 오기와라(荻原), 미야데라(宮寺), 미츠모토(三本) 다나카(田中) 모두 외국인의 소요(逍遙) 장소로 삼는다. 지금 일본 사람들은 해외의 풍속에 익숙하지 않고, 저들과 우리의 예(禮)가 다르므로, 이들을 대할 때, 예의와 공손함을 잃지 않도록 한다.

1. 외국인이 길을 다닐 때, 휴식을 목적으로 하거나, 날이 저물어 숙박을 요청하는 경우, 각각 그 사유를 이·구(里·區)에 통보하여 그 수요에 응할 수 있는 지를 가린다. 대개 숙박비는 상호 약조하여 처리한다.

1. 외국인이 여정 중 역부(役夫)를 요청하면, 그 수요에 응할 수 있는 적당한 자를 가린다. 대개 임금(賃金)은 상호 약조하여 처리한다.

1. 외국인은 그 주인이 허락하지 않는 한, 그 집 안으로 들어갈 수 없으며, 이는 조약에서 정한 바이다. 대개 정원을 구경하고자 하면, 특별히 비밀 장소가 아닌 이상, 볼 수 있도록 한다.

1. 외국인이 신사(神祠)나 불당을 보고자 하면 거절하지 않고, 기타 묘소나 신성한 곳도 특별히 비밀 장소가 아닌 이상 모두 관람하게 한다.

1. 개항장 바깥에서는 외국인과의 매매를 금지하나, 휴대가 가능한 작은 물품들의 거래는 허용한다. 하지만 밀매 금지를 어긴 자들은 처벌하고, 또 타인의 밀매를 탐지한 사람은 즉시 도쿄부에 알려야 한다.

1. 종교는 구례(舊例)에 준해 이교(異敎)를 받들면 안 된다. 만약 강권함이 있다면, 관청에 알린다.

1. 옛 규칙에 의거해, 아편을 사용하는 것은 엄금한다. 만약 외국인이 소유한 아편을 사는 자가 있으면, 즉시 관청에 알려야 한다.

1. 외국인에게 위해(危害)를 가하면 안 되며, 급한 일이나, 국위(國威)의 신축(伸縮)과 관련된 일이 있었거나, 세민(細民: 지체가 낮은 사람)에게 매질을 한 경우라도, 가령 휘파람을 불어 무리를 모아 외국인에게 위해를 가

하고자 하는 사람은 결박하고, 명령을 듣지 않으면 죽여도 된다. 도망하는 자는 곧바로 관청에 알리고, 그 공이 많은 사람은 포상한다.

> 피해당한 외국인의 성명을 기록해 관청에 신고하고 명령을 받아야 하며, 위 항목의 내용은 반드시 지켜야 한다. 만약 후일 일에 엮일까 두려워 사정을 은닉하는 자는 형벌에 처한다. 지금부터 이 조목으로 1년에 한 번, 마을의 관리들은 관할 인민들을 모아 이 조건에 대해 상세히 설명한다.

1. 도쿄 개시(開市) 주변은 외국인이 시가(市街)를 돌아다니는 것을 허용한다. 신사(神祠)나 불당[佛龕], 기타 묘소나 신성한 곳도 특별히 비밀 장소가 아니라면 외국인들에게 관람시킬 수 있다.

외국인 표착(漂着) 및 우리나라[朝鮮] 표착인 취급 규칙

1. 일본에 표착한 조선인은 표착지에서 나가사키(長崎)로 보내고, 나가사키부(長崎府)는 그 표착에 관한 사항들을 기록하고, 옷과 식량을 공급하고, 선박을 수리하여, 대마도[對州] 관리에게 요청한 후, 나가사키부의 명령으로 해당 지역으로 보낸다. 나가사카부의 명령이라는 것은 조선인이 땔감과 물이 부족하거나 풍파로 위험할 때에 필요한 물품을 지급하는 것을 말한다.

1. 조선의 표류인이 나가사키로부터 대마도에 도착하면, 대마도에서 다시 사람을 보내 조선 땅으로 호송하게 한다.

1. 조선의 표류인이 일본 땅에서 죽으면, 관렴(棺斂)하여 조선으로 보내며, 일본 땅에서 장사 지내지 않는다.

외국 선박 표착(漂着) 처리 방법

1. 조약을 맺은 각국의 선박이 위험을 만나 표착하면, 작은 배의 경우는 수선하게 하고, 귀항(歸航)을 도우며, 규칙 제2조, 제9조를 참조해 처리한다.

1. 배의 파손이 심해 항해하기가 힘들고, 뱃사람의 수가 적어 손쉽게 처리할 수 있으면, 규칙 제6조를 참조해 해륙의 적당한 길로 보낸다.

1. 청나라와는 조약이 곧 체결될 예정으로, 비록 아직 체결되지는 않았지만 청나라 배가 표착하면 마땅히 옷과 식량을 공급한다. 또 배를 수선할 수 있도록 하고, 뱃사람이 간절히 귀국하고자 하면 이를 도와 처리한다. 대개 비용이 드는데, 뱃사람이 지불할 수 없으면, 지방관금(地方官金)으로 지불한다.

1. 조선인의 난파선의 처리는 청나라와 같다.

1. 청나라 배의 파손이 심해 항해하기가 힘들면, 나가사키(長崎)에 있는, 청나라 사람들이 '총대(總代)'라 부르는 사람에게 보내는 것을 법식으로 삼는다. 따라서 지금부터는 해륙의 적당한 길을 따라 번·현(藩·縣)에서 나가사키현(長崎縣)으로 보내고, 청나라의 총대에게 인계한다.

1. 어려움을 당한 조선 배 역시 청나라의 경우와 같이 처리한다.

사건이 생겨 위와 같이 처리하게 되면, 부근의 개항장(開港場)이나 외무성(外務省)에 알린다.

1. 완전히 파손되어 보수할 수 없는 경우는 선재(船材)를 팔거나 태운다. 표류민이 막는다고 해도, 환급(還給)하지 않는다.

1. 훼손된 정도가 심하지 않으면, 표류민을 도와 수선하도록 하고, 그 비용을 계산하여 알리고, 표류민에게 서서(誓書)하게 하는데, 귀국 후 비

용을 동래부(東萊府) 화관(和館)에 납부한 다음 수선해 송환하도록 한다. 표류민이 글을 모를 경우에는 일본 문자로 서서(誓書)하고 지장(指章)을 찍게 한다.

1. 고토(五島), 히라도(平戶), 이키(壹歧), 쓰시마(對馬)를 제외하고, 조선 땅으로부터 먼 곳에 배가 있고, 그 배가 크게 훼손되지 않았으며, 만약 송환을 원한다면, 그 비용을 먼저 알리고 서서(誓書)하게 하는데, 귀국 후 비용을 동래부(東萊府) 화관(和館)에 납부한 다음 편의에 따라 송환한다.

1. 표류가 아니라, 일시적인 풍랑의 상황에서 일본에 정박한 조선 배에 대해서는 바로 돌아갈 수 있게 한다. 만약 수선을 요청한다면, 전 조(條)를 참조해 처리한다. 비용이 발생했다면, 일단 준비금을 사용하고, 지불한 이후에는 서류를 갖추어 내무성(內務省)에 문의한다.

1. 조선인이 표류해 일본에 이르면, 부산항에 가는 배편을 구해 화관(和館)의 담당관에게 보낸다. 배편이 없다면 나가사키현(長崎縣)이나 대마도[對州] 이즈하라(嚴原)의 현(縣) 지청(支廳)에 보내고, 그곳에서 출발하는 배편을 이용해 부산항(釜山港)으로 보낸다.

1. 표류민의 옷이 없을 때는 공비(公費)로 옷 한 벌을 지급한다.

1. 표류민이 일본에 있을 때 소용되는 비용 또는 수송비용 등은 조선 정부에서 하루 10전(錢)을 내기로 한 약조가 있으므로, 표류민을 대접할 때는 절약을 하고, 비용이 부족하면 공비로써 보조한다.

1. 표류민이 건강하게 일본에 있을 때는 적당한 일을 할 수 있으며, 그 임금은 조선 정부에서 내는 돈과 서로 교환할 수 있다.

1. 익사하거나 사망한 자들을 관에 넣어 보낼 수 없을 때는 일본 땅에 매장하되, 이 사고를 외무성과 내무성에 품고한다.

1. 조선인 표착 규칙은 이미 정해져 있었으나, 지금 침몰(沈沒)에 관한

조(條)를 아래와 같이 정했다.

1. 일본에 표착한 조선인이 선박을 보수하고자 하면, 그 비용은 조선 정부에서 지불하기로 한다. 따라서 부산에 주차(駐箚)하는 일본 관리에게 통첩하면, 조선 정부에 통보하고 그 비용을 받는다.

1. 만약 선박이 훼손된 것이 심해 보수하기가 힘들면, 지방관(地方官)이 그 선주를 설득해, 팔 수 있도록 한다. 만약 그 선박이 가치가 없다면, 또는 아무도 사고자 하는 사람이 없다면, 그 선주의 면전에서 불태우고 단념하게 한다.

1. 만약 일본의 무인도에 표착하여 그 선박을 보수하고자 하는데 재료를 얻을 수 없거나, 다른 곳으로 옮기고자 하는데 풍랑으로 방해가 된다면, 지방관(地方官)은 선주를 설득해 그것을 팔도록 하거나 포기하게 하는 등, 편의에 따라 처리한다.

외국항해 규칙

1. 해외로 항해하고자 하는 자는 인장(印章)을 받거나 인장을 바꾼다.

1. 조약을 맺은 각국에 가고자 하는 자는 정부에 신청하고, 정부가 허락한 이후에야 개정된 인장을 줄 수 있다. 따라서 신청자는 부(府) · 번(藩) · 현(縣)을 경유해 도쿄(東京)의 외국관(外國官)이나, 오사카(大阪), 나가사키(長崎), 하코다테(箱館), 효고(兵庫), 니가타(新潟), 가나가와(神奈川)의 외국관청(外國官廳)에 신청한다.

외국항해 출원(出願) 규칙

1. 사졸족(士卒族: 메이지유신 이후 무사계급이나 공가(公家) 집안 이상의 계급을 칭하던 용어)이 항해(航海)를 요청하면, 관할 부(府)·번(藩)·현(縣)은 그 사유(事由)를 심사해 외무성에 신청하고, 규칙 위반이 없으면 인장(印章)을 주어 허가하며, 개항장(開港場)에서 승선한다.

1. 기타 사족이 아닌 자는 관할 부·번·현이 그 사유(事由)를 심사하고, 규칙 위반이 없을 시, 지면에 그 사유를 기재하여 본인에게 보내고, 본인은 개항장 재판소로 가지고 간다. 재판소에서 다시 이를 심사하고, 결과적으로 규칙위반이 없으면, 재판소는 본인에게 인(印)을 부여한 후, 재판소가 다시 외무성에 보고한다.

이 밖에, 전에 부·번·현에 알린 내용들을 준수하여야 한다.【인장 형식 생략】

외국인 대응 규칙

각국 가운데 특히 프랑스, 영국, 네덜란드 공사가 오면, 이전에 『만국공법(萬國公法)』으로 널리 고지한 것을 따르며, 교제를 행할 때 신하들은 그 뜻을 숙지하고 있어야 한다. 또 번(藩)들은 각각 법령(法令)을 엄하게 한다.

단 길에서 왕래할 때, 저들이 우리 측 사람들에게 폭력을 행사하면 바로 책임을 묻지 말고, 반드시 번의 경위(警衛)를 담당한 사람에게 알리고, 공법(公法)으로써 판결한다. 지금은 외교를 맺은 지 얼마 되지 않고, 또 일본에 여러 난리가 있으므로, 충분히 그 시종(始終)을 따지고,

경거망동해서는 안 된다.

1. 도쿄와 교토 시내 또는 교토 외곽에 체류하면, 마음대로 걸어 다니는 것을 허용한다.

1. 찻집이나 술집에서 연회(宴會)를 하는 것을 모두 금지하며, 밤에 바깥에 다니는 것 역시 금지한다.

1. 길에서 국기(國旗)를 마주치면, 도로 옆으로 피하고, 제후(諸侯)를 마주치면, 도로의 절반을 양보한다. 국기를 마주치면, 그 종자(從者)는 공사(公使)에게 알리고, 공사는 예를 표하며, 응답례를 한다.

1. 시장에서 물건을 사거나 시장에서 추태를 부리는 등의 행위를 하는 것 등을 모두 금지한다.

> 외국과 교제하는 일에는 조약이 이미 세워져 있으므로, 외국인들을 대할 때, 망동(妄動)이 있게 되면 방해됨이 적지 않다. 지금부터는 길 위에서 만날 때, 가볍게 행동하지 말고 병사들로 하여금 엄수(嚴守)하게 한다. 최근 츠키지(築地) 시장이 개방되어 외국인이 자주 다니는데, 서민들은 모두 이 뜻을 숙지하고 망동하면 안 된다.

외국인 고용 규칙

외국인과 만나면 신의를 첫째로 삼고, 국위(國威)를 더럽히지 않을 것을 명심하여야 한다. 외국인을 고용할 때는 그 사람 학술(學術)의 정도와 인물됨으로 가부를 검토하여야 한다. 동양에 오는 외국인들 중에는 거짓을 일삼거나 가볍게 행동하는 사람들도 없지 않으니, 들은 것에 근거하고, 스스로 하는 말을 믿고 썼으나, 실제로는 임무를 감당하지 못하는 경우도 있다. 이런 경우에는 급료 등을 헛되게 쓰는 일이 적지 않으므로, 고용할 때 그 실상을 깊이 파악해야 한다.

1. 외국인을 쓸 때는, 외무성 또는 개항장의 관리가 제후국의 관리에게 통보하고, 고용을 해지하는 날에 역시 관청에 알려야 한다.【지금은 제후국을 폐지하고, 부(府)·현(縣)이 되었다.】

1. 학술(學術)과 관련해 고용하는 외국인은 다른 일에 쓸 수 없다. 외국인들은 종종 사적인 이득을 탐하는데, 전업하는 일 외에는, 비록 일본인과 물품을 매매하는 것이라도, 허가하지 않는다. 비밀리에 상업에 종사하는 것은, 그 책임이 고용주에 있으며, 외국인에게도 미친다.

1. 고용할 때에는 연수(年數)와 봉금(俸金)등을 확정해, 후에 분란이 생기지 않도록 한다.

1. 외국의 관습은, 이미 정해진 연수(年數)를 채우지 않고 해고하는 경우에도 봉금 전액을 지급하므로, 다년(多年) 계약으로 고용하지 않는다. 【장차 해고하고자 하는 자는 반드시 반년 전에 외국인에게 통고하여야 한다는 것을 부록한다.】

1. 외국인을 고용할 때, 집세, 식대, 기타 물품이나 금전은 모두 그 외국인과 고용주가 명확하게 정해야 한다. 그렇지 않으면 고용주가 쓰는 비용이 많아지게 된다.

1. 봉금 및 기타 외국인에게 지급하는 물품은 모두 서양 문자로 부본(副本)을 만들어 후일의 증빙으로 삼는다.

1. 연수가 차지 않았는데, 휴가를 요청하는 경우는 그 사유를 잘 살피고, 봉금을 따져 지급한다.

1. 고용된 기간에 그 직무를 비우거나 주색(酒色)을 탐해 본업(本業)에 방해가 되면, 비록 연수(年數)가 차지 않았더라도 해고할 수 있다. 하지

만 그 흠결을 증명하지 않고는 해고가 불가능하므로, 처음 고용할 때에 계약서에 명시하도록 한다.【계약할 때 본인이 휴직(休職)할 때, 또는 병에 걸렸을 때, 어떻게 할 것인지 등을 함께 기재한다.】

1. 해약을 할 때, 이전에 고용되었던 곳으로 돌려보낼 것인지에 대해서도 기재한다. 이것은 본인이 해약 후 본국으로 돌아가지 않거나 비록 일본에 있다 하더라도, 해약 후에는 그 비용을 지급하지 않는다는 것 등을 기재한다.

1. 외국인도 관등(官等)의 고하에 따라 그 대우에 차이가 있으므로, 처음 계약할 때, 어떤 사람으로 보증인으로 삼을 것인지 약속을 세워야 한다.

1. 연·월·일은 당연히 일본의 달력을 쓰나, 맞지 않는 경우에는 옆에 서양력을 쓴다.【서양력을 쓴 후에 이 조문은 바뀌었다.】

1. 주거를 목적으로 하면 가옥을 빌려 줄 수 있으나, 땅을 주는 것은 불허한다. 이는 해약 후, 분란이 생길 것을 피하려는 것이다.

1. 고용한 외국인이 죽으면 마땅히 예로써 장사지낸다. 외국인이 혼자이고 증빙할 사람이 없으면, 병상에 미리 임해 유서를 쓰게 한다. 또 그의 옷이나 물건들은 목록을 만들어 예전에 소개해준 사람에게 보내거나, 외무성이 처치를 명령할 수 있다.

1. 일이 민정(民政), 개척(開拓)과 관련되어 있으면, 민부성(民部省)에 신고하고, 총포나 병사를 훈련시키는 것과 관계되면 병부성(兵部省)에 신고하여, 윤허를 기다려 처분한다.

1. 고용한 외국인에게 발명(發明)이나 이용(利用) 등의 일을 맡길 때는 소관 성(省)에 신고한다.

1. 고용된 외국인은 항상 자기 마음대로 출행하는 것을 금지하고 있지

만, 부득이 여행을 시켜야 할 경우에는 그 지방 관할청(管轄廳)이 호위(護
衛)한다.

1. 그 사람이 이교(異敎)를 독실이 믿는 것은 자신의 뜻대로 하는 것이
지만, 이교(異敎)에 관련되는 것은 논의하지 않을 수 없다.

외국인을 고용하는 것은 널리 알렸음에도 불구하고, 종종 분란이 생기
므로 외교 상 방해가 됨이 적지 않다. 따라서 지금부터는 아래의 서식
에 준해 계약을 맺는다.

```
학문 분과                    국적
기술 분과                    번역문(번역자)


서양문
국적                         성명      일시
```

1. 봉급은 1개월에 얼마, 또 해당 월의 전에 줄 것인지 후에 줄 것인지.

1. 식대, 여비는 외국인이 부담하는지 고용주가 부담하는지.

1. 고용 연수는 얼마인지.

1. 일본 달력으로 몇 년, 몇 월일부터 몇 년 몇 월일까지인지.【서양 달력
을 쓴 후에 이 조문은 바뀌었다.】

1. 양력으로 몇 년, 몇 월일부터 몇 년 몇 월일까지인지.

1. 고용지명

1. 연수(年數)를 채우지 않고, 휴가를 요청했을 경우, 해약 후 봉금(俸

金)을 지급하지 않는다.

1. 작업 일수(日數)를 채우지 못했거나, 주색에 빠져 본업(本業)에 방해가 되면 비록 연수(年數)가 차지 않았더라도, 바로 해약한다.

외국인 사물 대차(貸借) 관련 규칙

외국인에게 가옥이나 토지를 빌려줄 때, 약속이 정밀하지 않아 안팎의 인민들 사이에 종종 분란이 생겨, 외교상 불편을 초래한다. 따라서 지금부터 외국인을 학교에서나 혹 다른 일로 고용할 때 정해진 곳 이외의 장소에서 살게 하거나, 또는 공사관(公使館)의 부속 서기관 등이 집이나 땅을 임대하고자 하면, 먼저 그 초안을 베껴 관할청에 제출하고, 관청에서 허가한 이후에 계약을 한다.

단, 현지에 소재하는 가옥 등을 허물거나 매각하는 것은 모두 일수를 정해 계약하고, 행한 후에 다시 관청에 보고한다.

외국인 공사관(公使館) 경찰(警察) 규칙【사법성(司法省)과 관계된다.】

1. 외국 공사에 대해 우리의 법을 적용시킬 수 없음은 통의(通義)이다. 공사관 소속 속관(屬官)과 가옥(家屋), 거마(車馬)도 모두 그러하다.

1. 내국인이 공사에게 고용되었다면, 그 명적(名籍)에 있는 소속 하인들과 같다. 만약 체포나 규문(糾問: 죄를 따지는 일) 등의 일이 있으면, 외무성(外務省)은 공사를 설득하여, 공사가 허락한 이후에 집행한다. 이를 집

행하는 일에는 공사가 관여할 수 없다.

1. 내국인이 고용이 되면, 그 명적을 외무성에 알리고, 사법 경찰관(警察官)에게 알리며, 경찰관은 항상 그 성명을 기록해 놓는다. 만약 체포할 일이 있을 때, 그 사람을 만나게 되면, 장부에 적혀있는 것과 대조하고, 사실을 확인한 후에 공사관(公使館)으로 보내, 공사에게 자세히 알린 후에 집행한다.

외국공사관

1. 공사관(公使館)에 들어가는 것은, 승낙 받지 못했다면 불허한다. 만약 중죄를 범한 자가 도망해 공사관에 들어가면, 출입문에 알리고, 공사관 주인의 승낙을 얻은 이후에 체포한다.

1. 공사관과 서기관(書記官)의 주택은, 예컨대 그 거마(車馬)나 가축이라도 만져서는 안 된다. 만약 부득이한 경우가 있으면, 외무성에 요청한 후에 처리한다.

범죄를 저지른 공사의 소속원(所屬員)과 범죄를 저지르고 공사관(公使館) 내에 머무르는 자

1. 공사(公使) 부속 외국인이 살상(殺傷)이나 표도(剽盜) 등의 중죄를 지은 경우, 그 증거가 있다면, 현장에서 그 사람을 구속하고, 바로 공사관(公使館)에 알리고, 공사관에 송부한 이후에 외무성에 알린다.

1. 범법의 일을 듣거나, 다른 이의 폭로로 인해 죄과가 확실해진 내국인이 공사관(公使館) 내에 머무르면, 그 주위를 차단한 후에 외무성에 알린다. 외무성이 공사관 주인에게 요청한 후에 그 사람을 기다린다. 만약 공사관 주인이 거절하면 다시 외무성에 알리고 처리한다.

국서식(國書式)【한문(漢文)을 쓸 때에는, 국서 중 존칭해야 할 때 한 자(字)를 높이거나 한 자(字)를 띄운다. 일본문이나 서양문에서는 존비(尊卑)를 따지지 않고 모두 이어 쓰고, 높이거나 띄우는 예가 없다.】

하늘의 도움을 보유하여, 만세 일계의 제위에 오른,

대일본국

대황제【군주명】는

대청국

대황제폐하【각국이 칭하는 바를 따른다.】께 정중히 아룁니다.

짐이 사절을

귀국에 파견하는 것은, 양국 간 존재하는 우애를 돈독히 하는 것을 구하고, 친하게 사귀는 정의(情宜)를 요체로 삼으니, 특별히 짐이 믿고 아끼는 모(某)를 특지(特旨)로 임명하고, 흠차대신(欽差大臣)으로 삼아 이 국서를 가지고 가게 하여

폐하께 저를 대신해 보고합니다. 짐이 알기로 모(某)는 됨됨이가 충성스럽고 명민하며, 공변됨을 따르고 부지런하며, 사리를 판단하는데 익숙하니, 반드시 폐하의 총권(寵眷)을 입을 것은 의심치 않습니다. 모(某)가 짐의 명령으로

폐하께 진술하는 바는, 서로 간의 믿음을 맺는 것을

들어주시기를 바랍니다. 이에

폐하께서 강녕하시옵기를 축원하며, 아울러

귀국 신민들이 영복(榮福)을 누릴 것을 기원합니다.

신무천황(神武天皇) 즉위 기원 이천오백삼십몇년, 메이지 몇년

월일, 도쿄 궁중 친서명, 영새.

군주명 국새

봉칙   외무경 성명

답국서식(答國書式)

하늘의 도움을 보유하여, 만세 일계의 제위에 오른,

대일본국

대황제【군주명】는 삼가 답장 드립니다. 짐의 친애하는 벗, 위망(威望)

이 융성(隆盛)한

대청국,

대황제폐하 제1세

폐하께서는 이에 알리시기를,

폐하께서는 이어,

귀국,

황제의 대통(大統)으로

천조(踐祚)의 성전(盛典)을 행하셨습니다. 짐이 들으니, 지극히 기쁜

마음을 이길 수 없습니다. 또 황천(皇天)이 폐하의 승운(乘運)을 영원히

인도하시어, 복지(福祉)가 무량하시기를 기원합니다.

폐하는 또 바라시기를,

귀국과

일본국이 맺은 결약으로, 친목하고 교제를 더욱 돈후하게 하니, 이는

진실로 짐이 바라는 바이며, 양국 정부 사이에 있는 호의(好誼)를 더욱

더 주밀(周密)하게 하는 것이니 짐이 폐하께 확실히 보증하는 바입니다.

신무천황(神武天皇) 즉위 기원 이천오백삼십몇년, 메이지 몇년

월일, 도쿄 궁중 친서명, 영새.

봉칙　　외무경 성명인

조회식(照會式)

메이지(明治)   모년   모월   모일   기장(起章)

동(同)   동   동   동   발견(發遣)

외무경성명인   주임성명 몇 등속(等屬)

　　　　　공신국【성명】서기관인

공제(몇)호

척독으로 알려드립니다. 모항(某港)의 귀국 영사관 부지에 관해서,

이미 메이지(明治) 몇년 몇월 며칠 제몇호【이하는 적당히 사의(辭意)한다.】

감히 회신을 기다리오며, 삼가 아룁니다. 메이지(明治) 모년 모월 모일

　　　　　　외무경성명인

【만약 외무경(外務卿) 유고시에는 서식(書式)에서 대보(大輔)로 대체한다. 윗

쪽 외무경성명인 자리는 대보성명인으로 하고, 문서 말 외무경성명인 자리는 외

무경대리외무대보성명인(外務卿代理外務大輔姓名印)으로 한다.】

　　　　　　외무경대리

　　　　　　외무대보성명인

모국 전권공사

　　　　　　성명합하

【만약 대리공사면, 성명 뒤에 귀하(貴下)를 붙인다.】

조복식(照覆式)

메이지(明治)　모년　모월　모일　기장(起章)

동(同)　　동　　동　　동　　발견(發遣)

외무경성명인【외무경 유고시 보(輔) 성명인】　주임성명 몇 등속(等屬)

공신국【성명】서기관印

공제(몇)호

　서간으로써 아룁니다. 귀국의 모항(某港) 영사관 부지는, 보건대, 유지를 받들어 삼가 알려드립니다. 몇 년, 몇 월, 며칠 제 몇 호, 이하는 적당히 말을 꾸민다. 이 단으로 귀하의 뜻에 대해 말씀드립니다. 삼가 아룁니다.

　메이지 모년 모월 모일

　　　　　외무경성명인

　　　모국전권공사

　　　성명합하

영사위임장(領事委任狀)

하늘의 도움을 보유하여, 만세 일계의 제위에 오른 일본국 황제는 이 문서를 유중(有衆: 뭇 신민)에게 선시(宣示)한다. 짐은 ○국(國) ○항(港) 주재 영사(領事)를 파견한다. 신애(信愛)하는 【성명】는 부지런하고 성실하므로 ○항의 주차(駐箚) 영사(領事)를 맡기니, 즉시 양국 조약을 준수하고 해당 지역에 도착하는 일본 신민(臣民)의 권리 및 상선(商船), 대재(貸財), 무역(貿易) 등을 보호하고, 아울러 소송(訴訟)이 있으면 응당 법률을 참조하여, 여러 가지 대처 방식을 결정한다. 짐의 뜻을 명심하여, 해당 지역에 도착하는 일본 신민들을 타일러 이 명령을 따르도록 하기를 바란다.

이에 모국(某國) 군주 및 관민들은 【성명】를 영사(領事)로 인정해 주시기를 바랍니다. 만약 저를 필요한 일이 있으면 제가 돕겠습니다.

신무천황(神武天皇) 즉위기원 이천오백사십년, 메이지 몇 년, 몇 월, 며칠 도쿄 궁중 친서명, 영새.
군주명　　　국새
봉칙　　　외무경 모 위(位) 모(等) 성명인

각국 영사관(領事官) 증인장식(證認狀式)

하늘의 도움을 보유하여, 만세 일계의 제위에 오른

일본국 황제【군주명】는,

모국(某國) 황제【군주명】폐하께서 귀국인(貴國人)【성명】씨【혹 타국인 대행이면, 그 나라 사람의 국명을 쓴다.】를 주차 일본국 모국(某國) 총영사(總領事)로 임명한 건에 대해, 1880년 몇 월 며칠에 기록된 위임장을 열람하고, 그 뜻을 확인하였다. 이에 인허하니, 직무에 관계된 특별한 은전에 대해서는 관계된 유사들에게 명하고 동(同)씨가 일본주재 모국 총영사임을 인증한다.【영사(領事), 부영사(副領事)를 상황에 맞게 호칭한다.】또 직무에 관계된 일은 적당하게 돕겠다.

신무천황(神武天皇) 즉위기원 이천오백사십년, 메이지 몇 년, 몇 월, 며칠 도쿄 궁중 친서명, 영새.

군주명   국새

봉칙 외무경 모위(某位) 모등(某等) 성명인

러시아 공사관(公使館) 설치 절차 왕복 답신 【사의(辭意)는 때에 따라 다르지만 서신의 왕복절차는 각국이 똑같다.】

귀국 공사관(公使館)의 설치를 위해 전일 토라노몬(虎之門), 구(舊) 미야즈(宮津) 저지(邸地)의 임대 요청을 받았습니다. 이에 우리가 해당 토지의 현재 상황을 조사하였으며, 현존 가옥의 가치 및 임대료는 별록에 있습니다.

또 그 지가(地價)는 주위의 지가(地價)와 비교해, 며칠 안에 정해질 것이며, 기타 구임(區賃) 등으로 약간금이 필요합니다.

귀하가 만약 이 액수를 받아들이면, 도쿄부(東京府)로 가서 의논해야 합니다.

또 그 땅은 별록 지도에서처럼, 적색으로 표시된 총 3438보(步)가 이미 이탈리아 공사관(公使館) 속지(屬地)로 되어 있으니, 지금 그 경계를 나눌 수는 없지만, 후일에 분란이 일어나지 않도록 해야 합니다.

약도(略圖) 1접(葉)을 지금 드리며, 삼가 아룁니다.

연호6년 9월13일, 외무대승(外務大承) 미야모토 쇼이치(宮本小一)

러시아 대리공사(代理公使)

성명

합하

각국 공사의 국서 봉정과 배알 순서

1. 해당 일 몇 시에 공사(公使)가 참조(參朝)한다.

1. 관장하는 관리는 대례복(大禮服)을 입는다.

1. 공사가 정거장(停車場)에 도착해, 수레에서 내리고 궁전으로 오른다.

1. 식부(式部, 메이지 초기에 의식을 담당하던 식부성(式部省)의 줄임말, 또는 해당 성의 고등관을 뜻함)의 관리가 공사를 맞아 휴게소로 인도한다.

1. 외무경(外務卿), 궁내경(宮內卿), 식부두(式部頭)가 접대한다.

1. 식부두가 공사의 참조를 알린다.

1. 일본 군주가 정전(正殿)으로 나오며, 친왕(親王, 황자 또는 황손을 뜻함)이 따른다.

1. 군주가 공사를 부르면, 식부두가 외무경에게 알리고, 외무경이 공사를 어전(御前)으로 인도한다.

1. 왕 앞에 선다.

1. 공사가 본국 군주의 명을 아뢴다.【통역관이 통역해 아뢴다.】

1. 공사가 국서(國書)를 봉정하면, 이 때, 일본 군주가 어좌(御座)에서 조금 앞으로 나아와 국서를 받는다.

1. 칙어(勅語)가 있다.【통역관이 통역해 전한다.】

1. 일이 끝나면 공사는 휴게소로 물러난다.

외무성(外務省) 이

일본국외무성사무 권지삼

미국[亞米利加] 조약[1]

안세이(安政) 5년 무오(戊午) 6월 19일, 서력 1858년 7월 29일에 에도(江戶)에서 조인(調印)하고, 만엔(萬延) 원년 경신(庚申) 4월 3일, 서력 1860년 4월 12일[2]에 워싱턴[華盛頓]에서 본서(本書)를 교환하였다.

대일본제국(大日本帝國) 대군(大君)은 아메리카 합중국(亞米利加 合衆國) 대통령과 친목을 견고히 하는 뜻으로, 양국 인민(人民)들의 교역(交易)에 대처하고, 그 교제를 두텁게 하고자 친교(親交)와 무역(貿易)에 대한 조약을 결의하였다. 일본 대군은 이노우에 시나노카미(井上信濃守), 이와세 히고노카미(巖瀨肥後守)에게, 합중국 대통령은 관명·인명【번역생략】과 관명·인명【번역생략】에게 위임하니, 쌍방은 위임증(委任證)에 조응(照應)하여 아래와 같이 합의하여 결정하였다.

---

1 이 조약의 정식 명칭은 '일미수호통상조약(日米修好通商條約)', 영문으로는 'Treaty of Amity and Commerce between the United States of America and the Empire of Japan'이며, 일명 해리스 조약(Harris Treaty)으로 불리기도 한다.

2 제시된 음력과 양력의 날짜가 다른데, 실제 조약서가 워싱턴에서 교환되고 반포된 것은 양력 1860년 5월 23일이므로, 음력 표기 날짜가 맞다. 만엔 원년 4월 3일이 곧 1860년 5월 23일이다.

제1조   지금부터 일본 대군과 아메리카 합중국 대통령은 우호를 맺는
다. 일본 정부는 공사(公使)와 영사관(領事官)을 워싱턴에 주재
하도록 한다. 이 관원들은 합중국[3] 국내를 다닐 수 있다.
합중국 대통령 또한 공사와 영사관에게 일본에 주찰(駐紮)하도
록 명령하는데, 이들도 또한 일본 국내를 다닐 수 있다.

제2조   일본이 유럽[歐羅巴]의 어떤 나라와 다툼이 생기면 일본 정부의
요청에 응하여 미국 대통령은 화친의 중재자 역할을 할 수 있
다. 미국과 일본의 선박이 대양(大洋)에서 만나게 되면 평등한
교의(交誼)로 서로를 대우한다. 또 미국 영사관이 소재하는 항
구에 일본의 선박이 입항하게 되면 각 나라의 규칙에 의거하여
교의로 대우한다.

제3조   시모다(下田)항과 하코다테(箱館)항 이외에 아래의 지역은 게시
한 기한에 개항한다.

나가사키(長崎)는 무오년(戊午年) 3월부터 15개월 후,
서력 1859년 7월 4일.
가나가와(神奈川)는 무오년(戊午年) 3월부터 15개월 후,
서력 1859년 7월 4일.
니가타(新潟)는 무오년(戊午年)년 3월부터 20개월 후,
서력 1860년 1월 1일.
효고(兵庫)는 무오년(戊午年) 3월부터 56개월 후, 서력 1863년 1월 1일.
만약 니가타항을 개항할 수 없으면 근처의 지역으로 대신하여,

---

3 본문에는 아메리카, 합중국 등의 용어가 혼용되고 있는데, 정식 국호나 관명(예: 아메리
카 합중국 대통령) 등의 용례가 아니면, 현재 사용되고 있는 '미국'이라는 단어를 쓰기로
한다.

다른 한 곳의 항구를 개항한다.

가나가와항을 개항하고 6개월이 지나면 시모다항에 외국 선박의 입항(入港)을 금지할 수 있다. 이 조항에 포함된 각 지역에 미국인의 거주를 허가하고, 거주자는 비용을 지불하여 일정한 땅을 빌릴 수 있으며, 또 그 땅에 지어진 집을 구입하는 것도 무방하다. 집과 창고의 건축은 허가하지만 건축을 핑계로 요해지(要害地)를 점유하는 것은 결코 허가하지 않는다. 또 집을 신축·개축·보수하려고 할 때에는 일본 관리에게 검사를 받는다.

미국인이 가옥을 짓기 위해 빌릴 수 있는 지역 및 여러 항구에 관한 법은 각 항구의 관리가 미국 영사관(領事官)과 함께 의논한다. 만약 의논하여 정하지 못하면 일본 정부가 미국 영사관과 함께 결정한다. 미국인 주거지의 둘레에는 문과 담장을 설치하지 않고 출입은 자유롭게 할 수 있다.

에도(江戶)는 무오년(戊午年) 3월부터 44개월 후, 서력 1862년 1월 1일.
오사카(大坂)는 무오년(戊午年) 3월부터 56개월 후, 서력 1863년 1월 1일.

이 두 지역은 미국인이 상업(商業) 활동을 하는 동안에 머무는 것을 허가한다.

미국인이 집을 짓기 위해 적당한 땅을 빌릴 수 있고 산보(散步)를 허가한다. 그 규정은 지금부터 일본 관리와 미국 공사가 정한다.

양국 사람들이 매매하는 일에 대해, 매매와 관련한 모든 것은,

일본 관리가 조사(照査)하지 않는다.

군(軍)에서 쓰는 제반 물품은 일본 관부(官府)를 제외하고는 어느 곳에도 판매할 수 없다. 다만 외국인이 외국인과 매매하는 것은 묻지 않는다.

쌀과 보리는, 일본에 주재하는 미국인과 승선 선원 및 승객을 위한 식재료로 공급할 수 있다. 하지만 이를 외국으로 수출하는 것은 허가하지 않는다.

일본에서 생산되는 동(銅)에 여유가 있으면 일본 관부에서 경매법으로 공매(公賣)한다.

일본에 거주하는 미국인은 일본의 천민(賤民)을 고용하여 일을 시킬 수 있다.

제4조 수입국과 수출국의 물품은 별책(別冊)의 규정에 따라 일본 관부가 세금을 거둔다.

일본 세관이 부정한 행위를 적발하면 세관은 적당한 값으로 화물을 사들이는데, 만약 화주(貨主)가 이를 받아들이지 않으면, 세관은 적당한 값을 정하여 세금을 거두거나 원래의 값으로 사들인다.

미국 해군의 필수 물품을 가나가와·나가사키·하코다테 등에 내리면 창고에 보관하고 미국인이 지키는데, 거기에는 세금을 거두지 않는다. 만약 그 물품을 판매하게 되면 구입하는 사람이 규정된 세금을 일본 관부에 납부한다.

금지하는 물품인 아편(阿片)을 미국 상선이 3근(斤) 이상 실어 오면, 기준을 초과하는 양은 일본 관리가 몰수한다.

수입한 화물은 세금을 납부한 뒤라면, 일본인이 비록 국내에서 수송하더라도 세금을 내지 않아도 된다. 미국인이 수입해온 화물에는, 이 조약에서 정한 것 이외에는 다른 세금을 거두지 않는다. 또 일본의 선박 및 다른 나라의 상선을 통해 외국에서 수입한 물품에는 모두 같은 금액의 세금을 부과한다.

第5조   외국의 여러 화폐는 일본의 화폐와 동종(同種)·동량(同量)으로 통용한다. 금(金)은 금으로 은(銀)은 은으로, 중량으로 비교한다. 쌍방의 나라 사람이 서로 물건 값을 치를 때, 일본과 외국 화폐를 구분하지 않는다.

일본인은 외국의 화폐를 사용하는 데 익숙하지 않으므로, 개항한 뒤로 1년은 각 항구의 관리가 미국인의 뜻에 따라 일본 화폐로 교환해 준다. 지금부터 개주(改鑄)하되 일본의 여러 화폐로 분할(分割)되지 않은 것은 동전(銅錢)을 제외하고 수출할 수 있다. 외국의 금은(金銀)은 화폐로 주조한 것이든 혹 화폐로 주조하지 않은 것이든 모두 수출할 수 있다.

第6조   미국인이 일본인에게 죄를 지으면 미국 영사관이 미국의 법으로 처벌하고, 일본인이 미국인에게 죄를 지으면 일본 관리가 사실을 규명하여 일본의 법으로 처벌한다.

조약 중의 규정 및 별책에 기록된 법을 위반하는 사람이 있으면, 영사관에 전달하여 가지고 있는 물품을 몰수하게 하고 일본 관리가 다시 벌금을 매긴다.

第7조   일본의 개항지 미국인 유보(遊步) 규정은 아래와 같다.

가나가와(神奈川)는 로쿠고가와(六鄕川)로 한정하고 그 나머지는 사방 10리.

하코다테(箱館)는 사방 10리.

효고(兵庫)는, 교토로부터 10리 거리 지역 내에는 미국인이 들어갈 수 없다. 따라서 그곳을 제외하고 각 방면 10리이다. 또 배는 이나가와(猪名川) 강을 건너 바다로 통하는 하천(河川)으로 갈 수 없다.

　　모든 이수(里數)는 각 항의 관청이 계산하여 육로의 이정(里程: 거리)으로 삼는다. 일본의 1리는 미국의 4275【척도(尺度)명 변역 생략】(역자: 야드)에 해당하는데, 일본의 33정(町) 48간(間) 1자 25푼이다.

나가사키(長崎)는 대군(大君) 관할 지역을 한계로 삼는다.

니가타(新潟)는 아직 정하지 않았다.

미국인 중에 큰 범죄를 저질러 재판을 받거나 품행 불량을 두 번 범한 사람은, 거류지에서 1리 밖으로 나가는 것을 허가하지 않는다. 이를 어긴 사람은 일본 관서(官署)에서 추방할 수 있는데 모두 미국 영사관에게 보고하고 시행한다. 만약 부채(負債)가 있으면 일본 관서 및 미국 영사관이 살펴 처리하는데, 혹 기한을 연장하게 되더라도 그 기한은 1년을 넘길 수 없다.

제8조　일본에 있는 미국인이 자기 나라의 교법(敎法: 종교)을 존숭(尊崇)하여 예배당(禮拜堂)을 거류지에 설립하는 것을 막지 않으며, 그 건물을 파괴하여 미국인이 종교 행위를 하는 것도 방해해서는 안 된다.[4] 미국인은 일본인의 당우(堂宇)를 훼손해서는 안 되

4　일본에 있는 …… 안 된다: 원문의 내용으로는 문맥이 통하지 않는데, 일본어 조약 원문을 참조해 번역하였다. 일본어 조약 원문은 다음과 같다. "第八條 日本にある亞墨利加人、自ら其國の宗法を念し、礼拝堂を居留の場の内に置も障りなし、其建物を破壊し亞墨利加人宗法を自ら念ずるを妨る事なし、亞墨利加人、日本人堂宮を毀傷する事なく、又決して日本神仏の礼拝を妨げ、神體・仏像を破る事あるへからず"

고, 또 결코 일본인이 신사(神社)와 불사(佛寺)에서 예배하는 것을 방해해서는 안 되며, 또 신사와 불사의 상(像)을 훼손해서도 안 된다.

양국의 인민(人民)들은 교법에 대한 일로 논쟁할 수 없다.

일본 정부는 이미 교의물(敎儀物: 종교에 관한 물건)에 속하는 것을 밟게 하는 옛 관습을 폐지하였다.[5]

제9조 일본 정부는 미국 영사관의 요청으로 도망간 사람 및 법정(法廷)을 이탈한 사람을 체포하는데, 혹 영사관이 잡은 죄인을 수감하는 것 또한 허가한다. 또 영사관을 도와 미국인 중에 법을 위반하는 사람을 경계(警戒)하여 규칙을 준수하게 하고, 또 영사관의 요청으로 혹 체포하기도 하는데, 그때 소비되는 금액 및 수감에 들어가는 잡비(雜費)는 모두 미국 영사관이 보상한다.

제10조 일본 정부는 뜻에 따라 미국의 군함(軍艦)·증기선(蒸汽船)·상선·포경선[鯨漁船]·대포 등의 군용 기물을 구입할 수 있다. 기구의 제조를 부탁할 수 있고 또 학사(學士)를 고용할 수 있으니 해군과 육군의 학사 및 제반 직인(職人)과 선부(船夫: 선원) 등이다.

일본 정부와 약속한 물건을 미국이 일본에 수송할 때, 고용된 미국인이 일본에 수송할 수 있다. 일본이 미국의 우국(友國)과 전쟁하게 되면 군에서 금지하는 물품은 미국이 일본으로 수출

---

5 도쿠가와 시기 기독교인들을 감별하는 방법으로, 십자가 등 기독교 상징물을 밟고 가게 하는 관습이 있었다.

하지 않고, 또 일본은 군법(軍法) 교사 등을 고용할 수 없다.

제11조　이 조약에 딸려있는 상법(商法)의 별책은 쌍방 양국의 인민들이 준수한다.

제12조　안세이(安政) 원년 갑인(甲寅) 3월 3일, 서력 1854년 3월 31일 가나가와에서 교환한 조약 가운데 양국의 뜻과 맞지 않는 부분은 모두 폐지한다. 안세이 4년 정사(丁巳) 5월 26일, 1857년 6월 17일 시모다에서 교환한 조약은 지금 모두 폐지한다. 일본의 귀관(貴官) 및 위임받은 관리는 일본에 도착한 합중국 전권공사(全權公使)와 협의하여 조약의 규칙 및 별책의 조건을 완성한다.

제13조　지금부터 171개월 뒤는 서력 1872년 7월 4일인데, 양국 정부의 뜻으로 그보다 1년 전에 통지하여, 이 조약 및 가나가와조약 안에 존치시킨 약간의 조항 및 본서(本書)에 딸려있는 별책을 양국에서 위임받은 관리가 증험하고 합의하여 보충하거나 혹 개정하기로 한다.

제14조　위 조약은 기미(己未)년 6월 5일, 서력 1859년 7월 4일부터 시행한다. 그전에 일본 정부가 미국 워싱턴에 사절(使節)을 파견하여 본서를 교환하기로 한다. 만약 부득이한 사고가 있으면 본서를 교환하지 않았더라도, 기약한 때가 되면 이 조약을 시행한다.

　본 조약에 일본은 대군(大君)의 이름[御名]을 적고 날인하며, 또 고관(高官)의 이름을 기록하여 증거로 삼는다. 합중국은 대통령의 이름 및 서기관 모(某)의 이름을 쓰고 합중국 국인(國印)을 찍어 증거로 삼는다. 일본어 · 영어 · 네덜란드어 · 본서(本書) 4책인데 모두 같은 뜻으로 그 번역문을 작성하되 네덜란드어 번역문을 표준으로 삼는다. 안세이(安政) 5년 6월 19일 1858년 아메리카 합중국이 독립한 지 83년 7월 29일에, 에도에서 양국의 관리 등의 이름을 기록하고 아울러 날인(捺印)한다.

　　이노우에 시나노노카미(井上信濃守) 화압(花押)
　　이와세 히고노카미(巖瀨肥後守)　　화압

미국[亞墨利加] 조약[6]

가에이(嘉永) 7년 갑인(甲寅) 3월 3일, 서력 1854년 3월 31일에 가나가와(神奈川)에서 조인하고, 안세이(安政) 2년 을묘(乙卯) 정월 5일, 서력 1855년 2월 21일에 시모다(下田)에서 본서를 교환하였다.

아메리카 합중국과 일본제국은 함께 굳건하고, 지속적이며 신실한 관계를 맺고자 하여, 양국 인민(人民)들이 서로 친히 교류하는 중에 향후 서로 지켜야 하는 장정(章程)을 세운다. 이에 합중국 대통령은 일본에 전권공사(全權公使) 매튜 칼브레이스 페리(Matthew Calbraith Perry)[원문: 馬塞加爾伯列斯彼理]를 파견하고, 일본 대군(大君)은 전권(全權)인 하야시 다이가쿠노카미(林 大學頭)·이도 쓰시마노카미(井戶 對馬守)·이자와 미마사카

6　이 조약은 1854년 도쿄만에 다시 나타난 매튜 페리 미 해군 제독과 도쿠가와 막부간에 체결된 조약으로, '일미화친조약(日米和親條約)', 영문으로는 'Treaty of Peace and Amity between the United States of America and the Empire of Japan', 약칭 '가나가와 조약(Convention of Kanagawa)'이라 하기도 한다. 이후 정식 조인되는 미일수호통상조약의 최초 합의본이다.

노카미(伊澤 美作守)·우도노 민부쇼(鵜殿 民部少輔) 등에게 명해, 협의하고
서로 헤아려 아래와 같이 삼가 조약을 제정한다.

제1조 일본국 및 합중국 양국의 인민(人民)들은 화친(和親)을 체결한
다. 마땅히 대대로 변하지 않으며, 사람과 지역을 따지지 않
는다.

제2조 일본 정부는 미국의 선박이 시모다(下田)항과 하코다테(箱館)항
으로 들어오게 되면 땔감·물·식재료·석탄 등 선박에 부족한
물품에 대해 일본에 있는 물건으로 공급할 수 있다. 시모다항
은 조약서의 날인 즉시 개항하고, 하코다테항은 이듬해 3월 개
항한다. 공급하는 물품에 대해 일본 관리가 그 값을 기록하여
주면, 선박 측 사람은 마땅히 금화나 은화로 지불해야 한다.

제3조 미국 선박이 일본의 해변에 표착(漂着)하게 되면 일본 관리는
배를 내어 구조하고, 선박에 타고 있던 인원을 시모다항과 하
코다테항으로 호송하여 각 항구에 주재하는 미국 유사(有司)에
게 인계한다. 이들이 가져온 집물(什物) 또한 동일하게 처리한
다. 표착한 선박을 구호하는데 들어가는 일체의 비용은 양국이
서로 보상하지 않는다.

제4조 표류된 사람 또는 그 밖의 미국 인민에 대해, 일본은 다른 나라
사람을 대할 때와 마찬가지로 관대하게 접대하고, 가둘 수 없
다. 하지만 정법(正法)을 준수하게 할 수는 있다.

제5조 표류된 미국인 또는 그 밖 미국 인민 중 잠시 시모다와 하코다
테에 머무는 사람에 대해, 일본 정부는 나가사키의 중국인이나
네덜란드인과 마찬가지로, 가두거나 구속할 수 없다. 미국 인

민은 마음대로 지정된 구역을 돌아다닐 수 있는데, 시모다항에 서는 항구의 작은 섬들 밖 7리를 한계로 삼는다. 하코다테항은 나중에 의논하여 한계를 정한다.

第6조 별도로 필요한 집물(什物)이나 처리를 요하는 사건이 있으면 양 국의 관리가 심의하여 결정한다.

第7조 이 두 항구에 들어온 미국 선박은 일본 정부가 임시로 정한 규 칙을 따라 금화와 은화 및 화물(貨物)로 필요한 물건을 구매할 수 있다. 또 미국 선박이 실어온 화물을 일본인이 원하지 않고 돌려보내면, 다시 가져갈 수 있다.

第8조 미국 선박이 필요로 하는 땔감·물·식재료·석탄과 기타 부족 한 물품은 그 지역의 일본 관리가 반드시 마련하며, 사사롭게 주고받는 것은 허가하지 않는다.

第9조 일본 정부가 아직 미국 인민에게 허가하지 않은 특허(特許)와 편의(便宜)를 다른 나라 사람에게 허가한다면, 마땅히 미국 인 민에게도 바로 허가해야하며, 따로 상의할 필요는 없다.

第10조 미국 선박이 폭풍을 만나는 경우가 아니면 시모다와 하코다테 외에 함부로 일본의 다른 항구로 들어가는 것을 허가하지 않 는다.

第11조 이 조약을 조인(調印)한 날부터 18개월이 지난 후에, 일본 정부 나 미국 정부가 만약 그 필요성을 인정한다면, 미국 정부는 영 사(領事)를 시모다항에 배치할 수 있다.

第12조 이번에 의논하여 정한 조약은 양국 정부 및 인민들이 마땅히 준수해야 한다. 일본국(日本國) 대군(大君)과 합중국(合衆國) 대통 령(大統領) 및 상원의관(上院議官)은 각각 이 조약을 지금부터 18

개월 이내에 비준하고, 상호 비준서(批準書)를 교환하기로 한다.
본 조약은 일본과 미국 양국의 전권을 위임받은 관리가 날인
한다.

가에이(嘉永) 7년 갑인(甲寅) 3월 3일

하야시 다이가쿠노카미(林 大學頭)　　　　화압(花押)

이도 쓰시마노카미(井戶 對馬守)　　　　화압

이자와 미마사카노카미(伊澤 美作守)　　　화압

우도노 민부쇼(鵜殿 民部少輔)　　　　화압

아메리칸 합중국[米利堅合衆國] 규칙서(規則書)[7]

안세이(安政) 4년 정사(丁巳) 5월 26일, 서력 1857년 6월 17일에 시모다(下田)항에
서 압인(押印)하였다.

아메리카 합중국[亞米利加 合衆國] 인민(人民)들이 일본제국(日本帝國)과
교류하는 법에 대해, 현재 추가의 심리를 진행 중에 있는 바, 시모다(下
田) 부교(奉行) 이노우에 시나노카미(井上 信濃守)・나카무라 데와노카미(中
村 出羽守)가 합중국(合衆國) 관명・인명【번역생략】과 함께 각각 정부의 전권
을 위임받아 협의하고 상량(商量)하여 제정한 조약은 아래와 같다.

---

7 이 규칙서의 영문 정식 명칭은 '일미추가조약(日米追加條約, Japan-US Additional
　Treaty)'이며, '시모다 협약(Shimoda Treaty)'으로 불리기도 한다. 당시 시모다 미국 총
　영사로 있던, 타운센드 해리스(Townsend Harris)가 미국측 협상을 맡았다.

제1조   일본은 히젠(肥前)의 나가사키(長崎)항을 이제 미국의 선박에게
        개항한다. 지금부터 파손된 선박을 수리할 수 있고, 땔감·물
        ·식재료·석탄 및 여러 부족한 물품을 모두 공급한다.

제2조   시모다항과 하코다테(箱館)항에 입항한 미국 선박이 필요한 물
        품이 일본에 없다면 매우 불편하므로, 미국인을 이 두 항구에
        거주하게 하여 필요한 물품을 공급하게 한다. 또 미국 부영사
        관(副領事官)이 하코다테항에 주재하는 것을 허가한다.
            다만 이 조항은 일본 안세이(安政) 5년 무오 6월 중순, 합중국
            1858년 7월 4일부터 시행한다.

제3조   미국인이 가져온 화폐를 계산하는데 그 방법은 일본의 일분금
        (一分金)과 일분은(一分銀)을 기준으로 삼는다. 금과 은을 각각
        종류별로 무게를 달아 미국 화폐의 중량을 정한 뒤에 개주(改
        鑄)한다. 그리고 미국인은 다시 화폐 금액의 100분의 6을 개주
        하는 데 드는 경비로 낸다.

제4조   일본인이 미국인을 상대로 범죄를 저지르면 일본의 법으로 일
        본 정부가 처벌하고, 미국인어 일본인을 상대로 범죄를 저지르
        면 미국의 법으로 처벌하는데, 공평하게 하여 편파적이지 않아
        야 한다.

제5조   미국인이 나가사키항·시모다항·하코다테항에서 파손된 선박
        을 수리하거나 부족한 물품을 일본 것으로 구입할 때 모두 금
        화와 은화로 값을 내야 하는데, 만약 금화와 은화를 가지고 있
        지 않다면 화물로 변상해야 한다.

제6조   미국의 경칭(敬稱)·관명(官名)[8]은 통행이 허가된 7리 경계 밖으
        로 나갈 수 있는 권리가 있으며, 이는 일본 정부가 허가한 것이

다. 하지만 조난선(遭難船)등 급한 일이 아니면 되도록 이 권리
를 사용하지 않는다. 이 조항은 시모다의 부교가 요청하여 (관
명)이 승낙한 것이다.

제7조　일본의 상인에게 직접 물품을 구매하는 일은 미국의 (경칭·관명)
및 그 관내(館內)의 인원만이 할 수 있는데, 구매자는 반드시 은
화와 동전(銅錢)으로 값을 낸다.

제8조　시모다 부교는 영어에 능통하지 않고 미국의 (경칭·관명)도 일
본어에 능통하지 않기 때문에 양국의 교섭(交涉)과 관련된 문장
(文章)은 모두 네덜란드어를 사용한다.

제9조　앞의 조약 가운데 제2조만 아래에 기록한 날짜부터 시행하고,
나머지 조항은 모두 조약을 교정(交訂)하는 날부터 시행한다.

이상의 각 조항은 일본 안세이(安政) 4년 정사(丁巳) 5월 26일, 아메리
카 합중국 1857년 6월 17일에 시모다의 관청에서 양국의 전권을 위임받
은 관리가 압인한다.

이노우에 시나노카미(井上 信濃守)　　화압(花押)
나카무라 데와노카미(中村 出羽守)　　화압

8 경칭(敬稱)·관명(官名): 경칭은 외국 공사의 경칭을 가리키고 관명은 그 외국 공사의
직함을 가리킨다. 원본인 일본의 조약문에는 두 가지를 음차(音借)하여 기록하였는데,
일본어로 된 조약을 조선의 관리가 다시 한문으로 필사할 때 이를 모두 기록하지 않고
다만 경칭이나 관명이라고 표기하였기 때문에 이 자료에서는 누구를 가리키는지 알 수
없다. 이하의 경칭·관명도 같다.

일본제국(日本帝國), 아메리카 합중국[亞黑利加合衆國] 우편교환 (郵便交換) 조약[9]

메이지(明治) 6년, 서력 1873년 8월 6일에 워싱턴[華盛頓]에서 날인하였다.

아래에 이름이 기록된 두 사람이 각각 자국 정부의 명령을 받들어 일본과 아메리카 합중국 간에 우편교환법(郵便交換法)을 정비한 바, 조약의 조항은 아래와 같다.

제1조 지금까지 일본을 왕래하던 기선(汽船)은 지금부터 양국 우편국의 인허를 얻어 항해한다. 위 양국(兩國) 간 기선은 일본제국과 미국을 왕래하면서 서신과 신문지 및 각종 인쇄물과 기타 상품의 양식(樣式)과 모형(模形)을 가지고 양국 간에 체송(遞送)하고 교환(交換)한다. 그리고 양국은 다른 외국 사이에도 체송왕복하여, 위의 우편물들을 매개한다.

제2조 양국 간 우편물을 체송하기 위해 일본은 요코하마(橫濱) 우편국을, 미국은 우편국[10]을, 우편물 교환의 본부로 삼는다.
별도로 교환국(交換局)이 필요하게 되면 양국의 우편국에서 협의하는데 언제든지 더 창설(創設)할 수 있다.

제3조 양국 간 서신 교환에 드는 체송비는 서로의 우편국이 수입과 지출을 계산할 필요가 없으며, 이 조약에서 정한 우편세(郵便

---

9 이 조약의 영문명은 'Postal Convention between the Empire of Japan and the United States of America(1873)'이다.

10 영문조약 원본에는 샌프란시스코 San Francisco 우편국으로 명기되었다.

稅)로 자기 나라에서 각각 거둔다.

서신 1통의 중량이 15【단위 명칭 번역생략】(그램)[11] 곧 반(半)【단위 명칭 번역생략】(온스)이하는 일본에서는 15센(錢)으로 정하고 미국에서는 15【화폐 명칭 번역생략】(센트)로 정한다. 또 중량이 15【단위 명칭 번역생략】(그램)이상은 매 15【단위 명칭 번역생략】(그램) 즉 반(半)【단위 명칭 번역생략】(온스)마다, 일본에서는 그에 상당하는 금액 15센(錢)을 더 받고 미국에서는 15【화폐 명칭 번역생략】(센트)를 더 받는다. 우편세는 언제든지 서신을 발출하는 나라의 우표(郵票)로 미리 비용을 내야 하는데, 만약 우편세를 전부 내지 않거나 1통의 서신에 해당하는 비용에 미치지 못하면 체송하지 않는다. 1통분 이상의 우편세를 냈으나, 가령 중량에 비하여 세금이 부족한 경우에는 일단 체송하고, 그 부족한 세금은 배달 목적지에서 징수하여 배달국(配達局)에 낸다. 양국에서 거두어들인 우편물에 대해, 위에서 정한 세금에 부족하지 않게 미리 납부가 되었다면, 당연히 세금 없이 배달한다. 이 조약을 시행하고 12개월이 지난 뒤에, 서신 1통의 세금을 일본에서는 12센으로, 미국에서는 12【화폐 명칭 번역생략】(센트)로 앞으로 각각 감세(減稅)를 시행할 것을 약속한다. 미국 우편국에서 일본으로 보낸, 또는 일본에서 받게 되는 신문지 및 각종 인쇄물, 기타 상품의 양식과 모형은 그 중량 2【단위 명칭 번역생략】(온스)마다 그에 상당하는

---

11 원문에서 서양 제국(諸國)의 무게 단위나 화폐를 표시할 때 일괄적으로 '단위의 명칭은 생략한다[稱名未繙]', 또는 '화폐 명칭은 생략한다[財名未繙]'고 되어 있으나, 원 조약문을 참조하거나 당시 통용되던 명칭 등을 참조해 명시된 단위를 괄호 안에 부기하기로 한다.

금액인 2【화폐 명칭 번역생략】(센트)를 우편세로 더 받는다.

일본 우편국에서 미국으로 보낸, 또는 미국에서 받게 되는 신문지 및 각종 인쇄물과 기타 상품의 양식과 모형은 일본 우편국의 성규(成規)를 따라 그 우편세를 징수한다.

신문지 및 각종 인쇄물, 기타 상품의 양식과 모형의 체송은 양국이 각각 정한 규칙이 있으므로, 그 규칙을 따른다. 만약 각종 물건 안에 가령 서신을 봉입(封入)하였거나, 정해진 규칙을 위반했을 경우, 그 물건을 서신으로 간주하여 정해진 세금을 거둔다. 또 양국의 수세법(收稅法)을 참조하여, 각종 물건에 대해 해관(海關)에서 세금을 부과하고, 이에 따라 세금을 거둔다.

제4조   미국이 받은 일본의 서신에 우편세가 부족하면, 부족한 세금을 징수하고 그 이외에 다시 1통마다 6【화폐 명칭 번역생략】(센트)를 벌금으로 미국 우편국에서 거둔다. 또 일본이 받은 미국의 서신에 우편세가 부족하면, 부족한 세금을 징수하고 그 이외에 다시 1통마다 6센을 벌금으로 일본 우편국에서 거둔다.

제5조   요코하마·효고(兵庫)·나가사키(長崎)의 일본 우편국에서 중국의 상해(上海) 미국 우편분견소(郵便分遣所)로 출발하는 서신과 신문지 및 각종 인쇄물, 기타 상품의 양식과 모형, 또 상해에서 일본으로 출발하는 위와 동일한 각종 물품은, 정해진 시간에 정기(定期) 왕복한다. 일본과 중국 사이는 미국 또는 일본의 우편선이 맡아 체송하고 교환하는데, 이들은 위 일본의 세 항구와 중국의 상해 사이에 왕복한다. 위 일본의 세 항구와 상해 사이의 서신 등의 체송비는 양쪽 우편국에서 서로 수입과 지출을 계산할 필요가 없으며, 피차간에 함께 우표로써 아래와 같

이 나누어 계산하고 그에 따라 우편세를 징수하여 각자 나라에서 거두어들인다.

상해에서 일본으로 체송하는 서신 1통의 우편세는 그 중량 반(半)【단위 명칭 번역생략】(온스)마다 6【화폐 명칭 번역생략】(센트), 신문지 및 물가표(物價表)는 1개에 2【화폐 명칭 번역생략】(센트), 각종 인쇄물, 기타 상품의 양식과 모형은 중량 반(半)【단위 명칭 번역생략】(온스) 마다 2【화폐 명칭 번역생략】(센트)로 나누어 계산하며 상해 미국의 우편지출소(郵便支出所)에서 징수한다.

일본에서 상해로 체송하는 서신 1통의 우편세는 중량 15【단위 명칭 번역생략】(그램), 곧 반【단위 명칭 번역생략】(온스) 마다 6센, 신문지 및 각종 인쇄물, 기타 상품의 양식과 모형은 일본의 성규(成規)에 따라 일본 우편국에서 우편세를 징수한다.

이 5조에서 정한 우편세를 완전히 납부하지 않은 서신은 일체 체송하지 않는다.

제6조   양국 가운데 갑국(甲國)이 다른 나라에 봉인된 우편물[封囊][12]을 왕복하게 될 때, 을국(乙國)을 경유하여 체송할 권리가 있으며, 을국은 수륙(水陸)을 막론하고 그 나라에서 통상적으로 이용하는 우편 체송 방법으로 위의 봉인된 우편물을 체송하는 책임을 진다.

일본에서 해외를 왕복하는 봉인된 우편물이 미국의 육로를 경유하거나 혹은 육지의 수로를 경유하게 되면 아래와 같이 나누어 계산하며, 일본 우편국에서 미국 우편국에 우편세를 낸다.

---

12   우편봉낭(郵便封囊): 영문 조약 원본에는 'closed mail'이라고 되어 있다.

첫째, 멕시코 및 영국령 북아메리카주에 보내거나 혹은 그 지역에서 출발하는 봉인된 우편물의 체송세(遞送稅)는 모두 육운(陸運)을 이용했을 시, 서신은 중량 30【단위 명칭 번역생략】(그램), 즉 1【단위 명칭 번역생략】(온스) 마다 6【화폐 명칭 번역생략】(센트), 신문지 및 각종 인쇄물, 기타 상품의 양식과 모형은 중량 1【단위 명칭 번역생략】(킬로그램) 즉 1000【단위 명칭 번역생략】(그램) 마다 32【화폐 명칭 번역생략】(센트)로 정한다.

둘째, 영국령 북아메리카주 · 멕시코 · 중앙아메리카 및 남아메리카와 기타 서인도제도에 보내거나 그 지역에서 출발하는 봉인된 우편물의 체송세는 해운(海運)을 이용했을 시, 중량 30【단위 명칭 번역생략】(그램) 마다 25【화폐 명칭 번역생략】(센트), 각종 인쇄물, 기타 상품의 양식과 모형은 중량 1【단위 명칭 번역생략】(킬로그램) 마다 40【화폐 명칭 번역생략】(센트)로 정한다.

셋째, 영국[大不列顚]과 독일[日耳曼] 기타 유럽 여러 나라로 보내거나 그 지역에서 출발하는 봉인된 우편물의 체송세는 육운과 해운을 막론하고, 미국이 위의 유럽 각국과 체결한 우편교환조약(郵便交換條約)에 정한 금액과 동일한 우편세를 낸다.

미국에서 일본 육지를 경유하여, 혹 수로나 육로의 왕복을 통해 봉인된 우편물을 체송하면 미국 우편국이 일본 우편국에 우편세를 낸다. 일본에게 특권(特權)[13]을 요구할 때는, 양국의 우편국이 합의하여 정할 수 있다.

---

13 일본에게 특권(特權)을 요구할 때는: 영문 조약 원본에는 "when the exercise of the privilege is required"로 기록되어 있다. 속달이나 특별 배송 등의 요구인 듯하다.

양국 중에 한 나라를 경유하여 나가는 봉인된 우편물은 수취하는 나라에서, 봉인된 우편물 중 서신과 신문지 및 각종 인쇄물, 기타 상품의 양식과 모형을 구별하여 우편세를 계산한다.

第7조   일본 및 미국 양국 우편국의 협의(協議), 곧 현 약정(約定)에 맞춰, 다른 외국에서 출발하거나, 혹은 그 나라에 체송되는 서신 등을 개봉된 우편물[開囊]로써 서로 체송하고 교환하는 방법을 정하여, 양국이 서로 매개(媒介)가 되도록 한다.

앞서 언급한 외국을 왕복하는데 드는 우편세는, 양국 간 체송하는 우편세에서 다른 외국에 체송을 마칠 때까지 들어간 세액(稅額)을 더한 것을 모두 조회하여 더한 액수만 징수한다.

第8조   다른 외국에서 출발한 뒤 미국을 경유하여 일본의 수취하는 곳으로 체송하기 전에, 서신의 우편세를 미리 낸 것은 1통마다 2【화폐 명칭 번역생략】(센트)를 미국 우편국에서 일본 우편국으로 계산하여 돌려준다.

第9조   양국을 왕복하는 우편선(郵便船)에 의해, 일본에서 미국으로 돌려보내지는 승객의 서신에는 모두 미국 우표를 써야 하며, 1통마다 10【화폐 명칭 번역생략】(센트)이고, 또 미국에서 일본으로 돌려보내지는 승객의 서신은 일본 우표를 써야 하며, 1통마다 10센이다.

第10조 이 조약의 각 조항에 태평양(太平洋)을 경유하여 서로 체송하고 교환하는 우편물의 해운비(海運費)는 개봉된 우편물[開囊]과 봉인된 우편물[封囊]의 구분 없이 서신은 중량 1【단위 명칭 번역생략】(온스)마다 6【화폐 명칭 번역생략】(센트)로, 곧 30【단위 명칭 번역생략】(그램)마다 6센으로 정한다. 기타 우편물은 정량(正量) 1【단위 명칭 번역생략】(파운드)마다 6【화폐 명칭 번역생략】(센트)로, 곧 480【단위 명칭 번역생략】(그램)마다 6센으로 나누어 계산한다.

제11조 양국을 왕복하는 우편물은 매번 발송 할 때, 서장목록(書狀目錄)을 첨부하여, 양국을 왕복하거나 또 양국을 경유하여 다른 나라로 가는 우편물의 각종 수량을 기입한다. 양국을 경유하여 다른 나라로 보내는 우편물 각 종류를 검토하여, 양국 간의 수입과 지출을 계산하게 되면 3개월마다 정산한다. 여기서 채무국[債局]은 채권국[貸局]에 차액을 계산하여 신속히 돌려준다. 다만 그 계산은 채권국이 원하는 방법으로 할 수 있다.

제12조 미국 정부가 자비(自費)로 현재 반월(半月)마다 요코하마로 왕복[14]하는 우편선을 유지하여 우편물을 체송하는 바, 일본 정부도 양국 항구 사이를 항해하는 다른 우편선을 통해 체송되는 우편물에 드는 운반비 모두를 부담하기로 약속한다.

제13조 양국은, 각 항구에서 갑선(甲船)이 봉인된 우편물을 을선(乙船)으로 옮길 시, 따로 들어간 비용이 없다면 옮겨 실은 것을 이유로 수수료[規費]를 징수 할 수 없다.

제14조 미국 우편국에서 일본 우편국으로, 또는 일본 우편국에서 미국 우편국으로 보내지는 공용서신(公用書信)의 왕복에 대해서 양국 모두 비용을 계산하지 않는다.

제15조 양국 정부 및 공사관(公使館)을 왕복하는 공용서신(公用書信)은 파손되지 않고 온전히 보전되도록 세심하게 주의를 기울여야 하며, 각각 내야 하는 체송세는 없다.

---

14 영문조약 원본에는 샌프란시스코와 요코하마를 왕복하는 우편선으로 명시되어 있다.

제16조 양(兩) 우편국의 상호 승낙을 거쳐, 양국(兩國) 간 우편물 교환에
　　　　있어서 특서우편(特書郵便)을 체송하는 방법을 마련할 수 있다.
　　　　특서우편의 수수료는 미국의 경우는 10【화폐 명칭 번역생략】(센트)
　　　　로, 일본의 경우는 15센으로 한다. 다만 우편세 및 특서(特書)의
　　　　수수료는 금액에 맞게 미리 모두 완납해야 한다.
　　　　양(兩) 우편국은 특서우편 체송 수수료를 상호 개정(改正)하는데
　　　　자유롭게 할 수 있다.

제17조 양국 우편국의 승낙을 거쳐 이 조약을 시행하고, 다시 세세한
　　　　규칙들을 만들고, 혹 시의(時宜)에 따라 때때로 이 규칙 등을 정
　　　　정(訂正)하거나 개혁(改革)할 수 있다.

제18조 소정의 세금을 미리 모두 납부한 서신은 배달국(配達局)에서 서
　　　　신의 오른쪽 위에 붉은색 인주로 일주인(日注印)[15]을 찍어 완납
　　　　한 사실을 증명한다. 그리고 소정 세금에 부족하게 납부된 서
　　　　신은 부족한 금액을 앞서 말한 위치에 검은색 먹[墨][16]으로 기록
　　　　한다.

제19조 몰서(沒書)가 된 서신은 세금을 거두지 않고 양(兩) 우편국이 서
　　　　로 돌려보낸다. 1개월 마다 또는 양(兩) 우편국의 몰서규칙(沒書
　　　　規則)에 따라 때때로 반송한다.【몰서(沒書)는 수취처가 불명확하거나
　　　　우편 규칙을 위반해 우편국에 유치(留置)되었다는 뜻이다.】

제20조 일본 화폐를 가지고 미국의 화폐로 교환하거나, 또는 미국의

---

15 일주인(日注印): 서류 따위에 그날그날의 날짜를 찍게 만든 도장을 가리키는데, 우편물의
　　접수 확인과 우표 소인으로 사용하는 도장을 의미한다. 일부인(日附印)이라고도 한다.
16 본 한역본에는 묵(墨)으로 영문조약 원본에는 잉크(ink)로 나와 있다.

화폐를 가지고 일본의 화폐로 교환할 때, 미국의 1【화폐 명칭 번역생략】(달러)는 일본의 1엔(圓), 미국의 1【화폐 명칭 번역생략】(센트)는 일본의 1센(錢)에 해당한다.

제21조 미국 우편국이 이 조약을 비준한 뒤, 일본 우편국에서 6개월 전 통보하면, 언제라도 요코하마에 있는 미국 우편지소(郵便支所) 및 기타 현재 일본 내에 설치되어 있거나 혹 이후에 설치할 우편지출소(郵便支出所)를 즉시 폐지할 수 있다.

제22조 이 조약의 각 조항은 일본에 있는 미국 우편지소를 폐지하는 날부터 실제 시행한다.

제23조 이 조약은 양(兩) 우편국이 1년 전에 통보하고 언제든지 폐지할 수 있다.

이 조약은 비준해서, 피차(彼此) 모두 신속하게 교환하기로 한다.

메이지(明治) 6년 8월 6일, 서력 1873년 8월 6일에 워싱턴에서 이 조약을 본서(本書) 2통에 기록하여 확정한다.

아메리카 합중국 주재 일본 임시 대리공사(代理公使) 다카키 사부로(高木三郎)[17]

합중국 역체총장(驛遞總長)【인명 번역생략】[18]

17 영문조약 원본에는 삼로 다카키 SAMRO TAKAKI로 표기되어 있다.
18 영문조약 원본에는 JOHN A. J. CRESWELL, Postmaster General of the United States 가 서명자로 명기되어 있다.

네덜란드[和蘭] 조약[19]

안세이(安政) 2년 을묘(乙卯) 12월 23일, 1856년 1월 30일에 나가사키(長崎)에서 날인하고, 안세이(安政) 4년 정사(丁巳) 윤5월에 본서를 압인(押印)하였다.

일본과 네덜란드 양국은 전부터 유지해온 교의(交誼)를 더욱 공고히 할 목적으로 나가사키 부교 아라오 이와미노카미(荒尾 石見守)·가와무라 쓰시마노카미(川村 對馬守)·감찰(監察) 나가이 이와노조(永井巖之丞)·아사노 이치가쿠(淺野一學) 등은 네덜란드에서 준 신패(信牌)에 의거하여 네덜란드 국왕의 전권대사(全權大使) 곧 일본에 주찰(駐札)하는 네덜란드 영사관(領事官)【인명 번역생략】과 협의하여 결정한다.

제1조   예전부터 네덜란드인에게 허가된 지역은, 경위(警衛)를 대동하지 않아도 네덜란드인 마음대로 데지마(出島)에서 나갈 수 있다.

제2조   네덜란드인이 일본의 법규를 위반하면, 일본의 데지마 주재 고관(高官)에게 통보하고, 고관은 이에 네덜란드 정부에 소(訴)를 제기하고 네덜란드 국법을 참조해 죄를 논하게 한다.

제3조   네덜란드인이 일본인에게 피해를 입으면, 일본 주찰 네덜란드 영사관이 일본 관리에게 소를 제기한다. 일본 고관은 이에 사실을 조사하여 일본의 국법에 의거해 죄를 논한다.

제4조   다른 일본 항구를 타국(他國)에 개항하면 네덜란드도 또한 동일

---

19 이 조약의 정식명칭은 '일란화친조약(日蘭和親條約)'으로 영문으로는 'Dutch-Japan Treaty of Peace and Amity'이다.

한 허가를 받는다.

제5조 네덜란드 군함의 사관(士官)과 동승자 및 육군 군인이 일본에서 사망하게 되면 군함에서 공포(空砲)를 발포하거나 묘소(墓所)에서 공포탄(空砲彈)을 발사하는 등의 장례(葬禮) 예식은 각각 위계(位階)에 의거하여 차등을 두고, 모두 종래에 하던 방식으로 한다.

제6조 네덜란드 상선이 나가사키(長崎)항으로 들어와 해안에 접근하게 되면 옛 관례에 따라 국기(國旗)와 약속된 비밀 깃발[合符之密旗]을 게양하는데, 군함은 약속된 비밀 깃발을 게양할 필요가 없다.

제7조 이오토(硫黃島)의 먼 곳을 살펴보는 사람이 네덜란드 배를 보게 되면 옛 관례대로 네덜란드 국기를 게양하여 상선이 목표로 삼을 수 있게 한다. 군함의 경우에도 동일하다.

제8조 네덜란드 군함 및 상선은 옛 관례대로 타카호고지마(高鉾島)의 후면에 닻을 내린다.

제9조 나가사키 부교가 파견한 관리가 데지마에 있는 네덜란드 상관(商館) 관리와 함께 가서 검사하고, 확실히 네덜란드 국적의 선박으로 판명되면 배 안의 사람들을 기선(汽船)에 탑승시키고, 일본 선박으로[20] 입항하게 되면 옛 관례대로 보증인을 요구하지 않는다.

제10조 각 선박의 동승자들은 선박의 작은 배를 이용해 모두 데지마를 통행하거나 항구 안을 돌아다닐 수 있다. 다만 상선의 선원 등

---

20 한역본 본문에는 '日本艀入港'으로 되어 있는데, 일문 원문에는 만선(挽船; 탑승인원의 상륙을 위해 동원하는 작은 배)으로 입항한다고 되어 있다.

은 작은 배 안에 선장이나 안침사(按針司)[21]가 동승한 경우에만 그렇게 할 수 있다. 데지마의 수문(水門) 밖에서 상륙하는 것은 허가하지 않는다. 또 일본 배의 사람과의 교유를 금하며, 네덜란드인끼리 만날 때는 네덜란드 국기를 세워 같은 나라임을 표시한다.

第11조 데지마의 수문 밖에서 작은 배로 상륙하는 것은 허가하지 않는다.

第12조 데지마의 가옥과 창고 등은 예전처럼 마음대로 보수할 수 있는데, 만약 새로 건축하거나 개조하는 경우에는 모두 부교쵸(奉行廳)에 신고한다. 허가를 얻은 뒤에, 네덜란드 상관(商館)의 협하은(脇荷銀)[22]을 사용하여 일본의 공인을 고용하거나 목재를 구입한다.

第13조 데지마에 주재하는 네덜란드인은 가령 일본 배에 딸린 작은 배를 타고 항구 안을 다녀도 무방하나, 상륙은 허가하지 않는다. 위의 배를 타고 항구 안에서 낚시하여 섭생(攝生)의 방편으로 삼는 것은 허가하는데, 마찬가지로 네덜란드 국기를 게양하여 표시한다.

第14조 수문을 잠그는 것은 네덜란드 상관(商館)의 고관이 관장한다. 매번 수문을 여닫을 때는 반드시 당직을 서고 있는 일본 관리에게 보고하여, 허가를 받지 않고 들어가는 폐단을 막는다.

第15조 표문(表門)을 잠그는 것은 당시 직임을 맡은 일본 관리에게 맡

---

21 안침사(按針司): 나침반의 방향을 살펴 배의 진로를 정하는 사람이다.

22 협하은(脇荷銀): 협하(脇荷)는 조쿄(貞享) 2년(1685) 이후로 네덜란드와 정액 무역(定額貿易)을 통해 개인이 수출입하던 물품을 가리키는데, 협하은은 그 물품의 거래 대금과 연관이 있다.

긴다.

제16조 상선의 안침사 이하 선원 등은 표문을 출입할 때 옛 관례를 따라 그 신분증[身籍]을 검사하나, 수문(水門)에 있는 본선(本船)은 검사하지 않는다.

제17조 데지마에서 시중(市中)으로 반출하거나 시중에서 데지마로 반입하는 화물은 조사한다. 옛 관례대로 네덜란드와 데지마를 왕복하는 화물은 조사하지 않는다. 만약 물품을 밀매(密賣)하면 마땅히 엄한 제제를 가한다.

제18조 네덜란드 상선이 나가사키항 안에 머무는 기간에는 일본 관리가 데지마에 상주하면서 상황을 살핀다.

제19조 상업에 관한 일을 처분하는 법은 모두 예전의 관습을 따른다. 네덜란드의 화물 창고를 잠그는 것은 항상 데지마 주재 네덜란드 고관에게 맡기고 일본 관리가 봉인(封印)할 필요는 없다.

제20조 일본의 법에 의거해, 허가를 받은 일본인은 전처럼 데지마를 출입할 수 있다.

제21조 나가사키에 있는 양국 사람이 만났을 때 인사[辭儀]는, 일본인은 일본의 예절을 쓰고 네덜란드인은 네덜란드의 예절을 쓴다.

제22조 데지마에 있는 네덜란드인은 상황에 따라 중국 및 외국 선박에 부탁하여 서한(書翰)을 보낼 수 있다.

제23조 일본과 동맹을 맺은 여러 나라의 선박이 나가사키항에 정박하면, 그 선주(船主)는 네덜란드인과 서한을 주고받을 수 있다.

제24조 네덜란드 선박의 인원은 입항·출항 때 한 번씩 조사하는데, 데지마에서는 조사하지 않는다.

제25조 네덜란드 상선에 실려 있는 탄약과 무기 및 대포는 모두 본선

(本船)에 두고, 밖으로 내놓지 않는다.

제26조 관리에게 바치거나 진정(進呈)하는 물품 및 팔삭금(八朔金)[23]은 모두 옛 관습을 따른다. 상관(商館)의 상업에 관한 법은 예전처럼 두고 고치지 않는다. 지금 이후로 만약 상업법(商業法)을 개정하고자 하면, 나가사키 부교가 네덜란드 영사관과 함께 헤아려 의논한 뒤 결정한다.

제27조 새로운 법을 제정하고자 하면 나가사키 부교 및 네덜란드 영사관이 함께 협의하고 제정하여 양국의 편의를 도모하며, 쓸데없이 번거로운 것을 폐지하기 힘쓴다.

앞에서 정한 27개 조항은 양국 군주의 허가장(許可狀)을 얻어, 직임을 맡은 양국 고관이 날인한다. 이 조약을 제정한 날로부터 2년 안에, 양국의 직임을 맡은 고관이 나가사키에서 허가장을 교환하고 그 당일로 이 조약을 시행한다.

안세이 2년 기묘 12월 23일

아라오 이와미노카미(荒尾 石見守)　　　화압(花押)

가와무라 쓰시마노카미(川村 對馬守)　　화압

나가이 이와노조(永井巖之丞)　　　　　화압

아사노 이치가쿠(淺野一學)　　　　　　화압

---

23 팔삭금(八朔金): 팔삭은 음력 8월 1일을 가리키는데, 일본의 명절 중의 하나로 이 날 햇곡식을 추수하여 축하한다. 〈和蘭國追加條約附錄〉에는 이 조항에 언급된 팔삭을 팔삭금으로 표기하였는데, 팔삭금은 팔삭과 관련하여 일본과 네덜란드 양국 간에 오고가는 물품이나 돈을 가리키는 듯하다.

네덜란드[和蘭] 추가조약(追加條約)[24]

안세이(安政) 4년 정사(丁巳) 8월 29일, 서력 1857년 10월 16일에 나가사키(長崎)에서 압인하였다.

일본과 네덜란드의 전권(全權) 관리가 의논하여 정한 추가조약이다. 감정부교(勘定奉行) 겸 나가사키 부교 미즈노 지쿠고노카미(水野 筑後守)·나가사키 부교 아라오 이와미노카미(荒尾 石見守)·감찰(監察) 이와세 이가노카미(巖瀬 伊賀守)등은 일본 주재 네덜란드 사신(使臣)【관명·인명 번역생략】과 함께 1856년 1월 30일에 나가사키에서 네덜란드와 일본 양국이 체결했던 조약에 아래 조항을 추가한다.

제1조   나가사키와 하코다테(箱館) 두 항구는 지금부터 네덜란드인의 무역을 허가하는데, 다만 하코다테항은 이날부터 10개월이 지난 뒤 무역을 개시한다.

제2조   톤세[25]는 1톤마다 네덜란드 통화금(通貨金) 5【화폐 명칭 번역생략】(굴덴), 즉 80【화폐 명칭 번역생략】(페닝겐)[26]을 입항한 뒤 2일 이내에 낸다.

---

24 이 조약의 정식 명칭은 '일란추가조약(日蘭追加條約)'이며, 영문으로는 'Japan-Netherlands Additional Treaty'이다.

25 톤세: 외국의 무역선이 입항할 때 배의 톤수를 기준으로 부과하는 세금이다.

26 역자가 편의상 당대에 통용되던 통화를 조사하여 괄호 안에 표시하였다. 당시 1 네덜란드 굴덴은 16페닝겐이었다. 단 당대에 각국에서 쓰이던 금화 은화의 명칭은 상당히 다양하고, 복잡하여 전문적인 조사가 필요한 바, 본 역서에서 추가한 내용은 단순 참고용임을 밝혀둔다. 이하 화폐 명칭도 마찬가지이다.

150톤 이하의 작은 선박은 1톤마다 네널란드 통화금 1[27]【화폐 명칭 번역생략】(굴덴), 즉 16【화폐 명칭 번역생략】(페닝겐)을 부과한다. 군함은 톤세를 부과하지 않고, 수로를 빠져나가기 위한 도선(導船) 용임(傭賃)과 만선비(挽船費)[28]만 부과한다. 나가사키에서 한 번 톤세를 내고 곧장 하코다테항으로 갔다면 다시 톤세를 낼 필요가 없다. 다만 나가사키에 있을 때 톤세를 내고 받은 영수증[契單]에 화물목록을 기록한다. 하코다테에서 나가사키로 온 선박도 동일하게 적용을 받는다.

일본 항구로부터 다른 나라 항구에 가서 새로 화물을 선적한 뒤, 다시 일본의 항구로 돌아 온 선박은 새로 화물목록을 제출하고 톤세를 내야한다.

화물을 내리거나 실을 때 일본의 선박을 빌려 만선(挽船)으로 사용하는 등의 경우에 모두 반드시 일본에서 미리 준비한 인부(人夫)를 고용해야 한다.

면허증[鑑札]을 휴대하지 않은 인부는 절대 고용하지 않는다.

제3조 상선은 비록 무역하지 않더라도 모(某) 항에 정박한지 2일이 지나면 톤세를 내야 한다.

상선을 수리하기 위해 부득이하게 입항하여, 교역(交易)을 하지 않고 또 화물을 옮겨 싣지 않으면 톤세를 부과하지 않는다.

제4조 상선이 나가사키항에 입항한 뒤 28시간 안에 데지마 주재 네널

---

27 통화금: 원문의 '通貨金' 뒤에 액수를 나타내는 글자가 빠진 듯하다.

28 만선비(挽船費): 항구와 큰 배 사이를 오가며 인명과 화물을 옮기는 작은 배를 쓰는데 드는 비용.

란드 고관이 선박 번호와 선장의 성명, 싣고 있는 화물의 목록 및 선박의 톤수를 기록하여 일본 관리에게 신고한다. 만약 정해진 시간을 경과하면 선장에게 22조에서 정한 벌금을 부과한다. 하코다테에서는 선장이 1일 안에 앞서 말한 내용을 일본 관리에게 신고한다.

나가사키는 낮에만 육지에 화물을 내리도록 허가하고, 하코다테는 화물목록을 제시하고, 또 일본 관리의 실사를 거친 후 화물을 육지에 내릴 수 있다.

나가사키는 화물 검사소[査驗所]를 건축한 뒤에 양국 관리의 협의 하에 새로 법을 정하여 시행한다.

제5조 상선의 수는 한계를 정하지 않는다.

교역하는 금액 또한 한계를 정하지 않는다.

수입한 화물을 일본인이 구매할 의사가 없거나, 혹 구매하고자 하더라도 일본의 물산(物産)으로 값을 지불하지 못하면 그 화물은 매각하지 않고 임시로 유치(留置)해 둔다.

네덜란드인이 수입해온 화물을 매각할 때, 매수한 일본인이 값을 지불하지 못하면, 외인세관세관(外人稅關)이 소유한 외국 금화와 은화로 보상한다.

제6조 네덜란드인이 화물을 판매하는 경우, 공매(公賣)와 사매(私賣)의 구분 없이 모두 3.5%의 세금을 부과한다.

세관이 구매하는 화물에 대해서는 이 세금을 징수하지 않는다.

수입하거나 수출하는 화물 및 다른 나라로 운송하는 화물은, 당시에 협의하여 세금을 정하는데 협의가 완료되기 전에는 우선 옛 규례를 따라 세금을 징수한다.

제7조   세관에서 먼저 화물을 검사한 뒤에 공매하는데, 판매대금은 세관에서 가지고 있다가 구매자가 실제로 화물을 입수한 뒤에 판매자에게 내어준다. 만약 구매자가 이미 화물을 입수하였는데 그 값을 지불하지 못하면 세관에서 대금을 마련하여 판매자에게 배상한다.

하지만 사매의 경우에는 구매자가 값을 지불하지 못하더라도 세관에서 대신 매입해주지 않는다.

네덜란드 상인이 공매를 하고자 하는 사람이 있으면 언제든지 공매할 수 있고, 그 인원수도 제한하지 않는다.

제8조   공매하는 화물에 매수자가 없을 경우에 일단 데지마에 두었다가 나중에 다시 내어서 공매하는데, 그 방법은 앞 조목의 내용과 같다. 또 공매로 판매되지 않은 화물은 임의대로 사매(私賣)할 수 있으며, 이의를 제기하지 않는다. 일본인이 구매한 화물의 값을 지불할 때는 정금(正金)으로 세관에 납부해야 하고, 일본인이 직접 네덜란드 상인에게 주는 것은 허가하지 않는다.

네덜란드 상인이 일본인에게 화물을 사매하면, 화물목록 및 대금 금액을 기록하여 데지마 주재 네덜란드 고관을 통해 세관에 신고한다. 그러면 세관은 구매자에게 대금을 받고 구매한 화물을 내어준다.

제9조   모든 상인은 데지마를 출입하여 영업할 수 있으며, 판매인의 숫자를 제한하지 않는다.

하코다테항은 상품의 판매를 위하여 한 구역에 상관(商館)을 설치한다.

제10조 일본인이 네덜란드인에게 물품을 구입하는 경우, 세관에 대금

을 납부하기 전 먼저 화물을 받아 논쟁이 생기거나, 판매자가
화물을 은닉하거나, 매수자가 값을 지불하지 않고 도망가거나,
파는 사람에게 가서 화물을 요구하여 분쟁이 일어나는 등의 사
례(事例)에 대해, 세관은 힘을 다해 해결을 위해 노력한다. 하지
만 거기에서 발생되는 손실을 배상하지는 않는다.

화물을 다 주고받은 뒤에는 화물의 품질과 무게 및 크기 등을
이유로 소송을 제기할 수 없다.

제11조 네덜란드인이 일본인에게 화물을 매수하면 그 대금은 세관이
지폐로 교환하여 일본인에게 준다. 데지마에서 들어가는 제반
비용 및 만선비(挽船費) 등은 세관에서 보관하고 있는 금으로
낸다.

제12조 네덜란드인은 외국의 금화나 은화로 구매한 화물의 값을 지불
할 수 있다.

일본인이 외국의 금화나 은화로 받고자 하면 네덜란드인과 협
의해야 한다.

스페인의 은화【화폐 명칭 번역생략】(달러), 곧 【화폐 명칭 번역생략】(페
소)[29]는 2【화폐 명칭 번역생략】(굴덴) 50【화폐 명칭 번역생략】(센트)에 해당
한다.[30]

멕시코의 은화【화폐 명칭 번역생략】(달러)는 2【화폐 명칭 번역생략】(굴
덴) 55【화폐 명칭 번역생략】(센트)에 맞춰 계산한다.[31]

---

29 원문을 확인할 수 없으나, 당대에 아시아 태평양 지역에서는 스페인 및 멕시코 은화가
무역 통화로 통용되었으며, 달러 또는 페소라는 명칭이 사용되었다.

30 스페인[伊斯巴尼亞] …… 해당한다: 스페인의 은화 1달러가 네덜란드 은화 2.50굴덴에
해당한다는 뜻이다.

제13조   모든 병기(兵器)는 일본 정부에 인도하고, 상인에게 줄 수 없다. 수입되는 물건 중 일본이 상인에게 주는 것을 금지하고자 하는 것은, 공개적으로 상의를 거친 뒤에 정한다.

제14조   일본은 아편의 수입을 금지한다.

제15조   일본의 금은을 네덜란드인이 구매하는 것을 금지한다. 단, 도금(鍍金)한 물건 및 금은으로 만들어진 기물(器物)에는 이러한 제한을 두지 않는다.

일본 화폐는 수출을 금지한다. 기타 일본에서 수출을 금지하고자 하는 화물은 당시에 공개적으로 협의한 뒤에 정한다.

제16조   쌀 · 보리 · 밀 · 대두(大豆) · 소두(小豆) · 석탄 · 미농지(美濃紙)[32] · 반지(半紙)[33] · 서적류 · 그림류[繪圖類] · 동(銅) 공예품 등은 오직 세관에서만 공급할 수 있다. 하지만 네덜란드인이 직접 상인이나 시중에서 구입하여 개인적으로 사용하는 것에는 이러한 제한을 두지 않는다. 일본 정부의 허가를 얻지 않은 상태에서 판각 · 저술 · 발매한 서적과 그림은 모두 수출할 수 없다.

제17조   동(銅)과 도검 및 그 부속 기물(器物)과 야마토니시키(大和錦)[34] · 무구(武具) · 화기(火器) · 궁시(弓矢) · 마구(馬具) 등 기타 모든 병기에 속하는 물건은 일본 상인이 네덜란드인에게 판매할 수 없다.

---

31 멕시코[墨西哥] …… 해당한다: 멕시코의 은화 1달러가 네덜란드 은화 2.55에 해당한다는 뜻이다.

32 미농지(美濃紙): 닥나무 껍질로 만든 얇고 질긴 종이이다.

33 반지(半紙): 얇은 일본산 종이의 일종이다.

34 야마토니시키(大和錦): 일본 고유의 문양이 있는 일본에서 제작된 직물로 당대 군복 등에 쓰인 듯하다. 현재 유도복 등에 쓰이는 소재이다.

일본 정부가 특별히 네덜란드에서 화물을 구입할 때, 위의 물건(병기에 속하는 물건)으로 부족한 값을 지불하는 데 사용할 수 있다. 위의 기물과 도구 외에도 판매를 금지하려는 물품이 있다면, 공개적으로 상의한 뒤 편의에 따른다.

제18조 일본인이 구매하는 화물의 가액(價額)은 서로 상의하여 그때그때 정하고, 미리 일정한 금액을 설정하지 않는다.

흉년에는 일본 정부가 때에 따라 식용(食用) 물품의 수출을 금지한다.

밀랍[蠟]과 종이가 부족한 해에는 또한 일시적으로 두 상품의 수출을 금지한다.

제19조 하코다테에 머무는 상선은 정박하고 있는 동안 그 선박 안의 문장(文章)들을 하코다테 관부(官府)에 맡겨야 한다.

나가사키에서는 그 문장들을 데지마 주재 네덜란드 고관(高官)에게 맡겨야 한다. 상선이 정박하는 나가사키와 하코다테 두 항구 부근에, 일본 감시선(監視船)을 배치하여 밀매(密賣)의 폐단을 막는다.

감시선의 수는 때에 따라 늘리고 줄이는데, 이에 들어가는 비용은 네덜란드인이 내지 않아도 된다.

제20조 사적으로 인부를 고용하여 물품을 싣거나 내리다가, 화물을 잃어버리게 되면 세관에서 보상하지 않는다. 하지만 일본 정부는 이에 대해 되도록 살피고 조사한다.

제21조 입항한 상선이 만약 적재 화물 목록을 위조하여 제출하면, 네덜란드 고관이 실사한 뒤에 선박의 사령(司令)에게 명령하여 벌금 500【화폐 명칭 번역생략】(달러)를 세관에 내게 한다.

제22조 하코다테항에 입항한 선박이 1일이 지나도 화물목록을 제출하지 않으면 날수를 계산하여 하루마다 벌금 50【화폐 명칭 번역생략】(달러)를 징수하는데, 다만 그간에 어떤 사정이 있었는지는 묻지 않는다. 이 벌금은 200【화폐 명칭 번역생략】(달러)를 초과할 수 없다. 하코다테항에 입항한 선박이 화물목록을 제출하지 않고 화물을 육지에 내리면 그 화물은 몰수하고 다시 벌금 300불(弗)【화폐 명칭 번역생략】(달러)를 부과한다.[35]

제23조 네덜란드 선박이 타국 상선과 화물을 옮기는 것을 서로 의논하려면, 일본 정부의 허가를 얻고 일본 관리의 입회(立會) 하에 한다.

허가를 얻지 못하고 옮겨 실은 화물은 세관에서 몰수한다.

제24조 개항장(開港場)에서 일본인이 밀매(密賣)를 하면 일본 국법에 의거하여 처벌한다.

네덜란드인이 밀매를 하면 밀수(密輸)한 화물 및 법에서 금지하는 물품을 모두 몰수한다.

또 일본 개항지 밖의 해변에서 밀매하는 것에 대해서는, 그 선박 및 신고 있던 화물을 모두 몰수한다. 이 때 일본에 주찰하는 네덜란드 고관이 살펴보는데, 일에는 개입하지 못하며, 이의(異議)를 허용하지 않는다.

제25조 일본인이 정부의 허가를 얻지 못하면 네덜란드 상선에 오를 수

---

35 벌금 …… 부과한다: 가격의 단위를 알 수 없는 경우에 단위를 생략하는 뜻으로 원주가 달리는 것이 보통인데, 여기는 '불(弗)'로 단위를 표기 하였음에도 불구하고 원주가 달려 있다. 어느 것이 정확한지 알 수 없어 원문대로 번역하였다.

없다. 만약 규정을 위반하면 체포하여 일본 관리에게 인계한다.

제26조 네덜란드 상선이 모든 금전 계산을 끝내지 않으면, 데지마 주재 네덜란드 고관이 그 선박의 출항을 허가하지 않는다.

네덜란드인이 하코다테에서 물품을 구매하고 청산(淸算)할 때, 화물(貨物)로 값을 지불하는 것도 가능하다. 청산이 되지 않으면 모든 화물 반출을 허가하지 않는다.

제27조 허가장 없이 데지마의 수문으로 몰래 반출한 화물 및 몰래 반입한 물품은 모두 법에 의거하여 몰수한다.

제28조 네덜란드인이 일본인에게 필요한 물품을 증여하면, 데지마 주재 네덜란드 고관이 발급한 증표(證票)를 가지고 있어야 반출을 허가한다.

제29조 일본과 조약을 맺은 여러 나라의 배가 입항하면, 네덜란드인은 그 입항한 사람들과 배에서, 혹은 데지마에서 서로 교통(交通)할 수 있다. 단, 감리(監吏)가 아직 어느 나라 배인지 확인하기 전에는 감시하고 살핀다.

제30조 포대(砲臺) 및 여러 공관(公館), 기타 모든 문이 있는 곳과 인가(人家) 등의 장소에, 네덜란드인은 문지기의 허락 없이 함부로 들어갈 수 없다. 다만 사원(寺院)·다점(茶店)·휴게처(休憩處)에 이러한 제한을 두지 않는다. 네덜란드 고관이 일본 주재 중 직무상의 일로 일본 관부에 오는 것은 이 조례에 해당되지 않는다.

제31조 다점·휴게소(休憩所)·사원의 휴게비(休憩費)와 도선비(渡船費) 및 시중에서 구매해 사용하는 물품 대금은 모두 세관에서 교환해준 지폐로 값을 지불한다.

제32조 네덜란드인의 나가사키 유보(遊步) 규정은 별책의 도면에서 보

인 바와 같다.

하코다테의 유보 규정은 일본 이법(里法)으로 5리(里) 이내로 제한한다.

네덜란드인이 일본 정부의 허가를 얻지 않고 5리 밖에 나다니면, 그 지역 사람이 설득하여 돌려보낸다.

만약 설득을 따르지 않는 사람이 있으면 곧장 체포하여 네덜란드 고관에게 인계한다.

第33조　네덜란드인은 거주지 및 매장지(埋葬地)에서 마음대로 기독교[耶蘇敎] 예식을 거행할 수 있다.

第34조　네덜란드 정부에서 일본 정부로 서한을 보낼 때는, 데지마 주재 네덜란드 고관이 나가사키 부교에게 주어 일본 고관이 일본 정부에 전달한다.

일본 정부에서 네덜란드 정부로 서한을 보낼 때는, 나가사키 부교가 데지마 주재 네덜란드 고관에게 주어 네덜란드 정부에 전달한다.

네덜란드 국왕 폐하께서 일본 황제 폐하께 서한을 보낼 때, 또는 일본 황제 폐하께서 네덜란드 국왕 폐하께 서한을 보내는 경우도 모두 위 방법을 사용한다.

第35조　네덜란드인이 일본어 및 일본의 학술(學術)을 배우고자 하면, 데지마 주재 네덜란드 고관을 통해 일본 정부에 요청하고, 일본 정부는 교관(敎官)을 선발하여 매일 데지마로 가서 가르치게 한다.

第36조　네덜란드인이 일본에 재류하는 외국인과 쟁론하거나 싸움을 하면, 네덜란드 관리가 힘써 해결하고, 일본 정부에 피해를 끼

치지 않는다.

제37조 네덜란드인이 일본인과 다투어 상처를 입거나 절도나 방화 등의 일이 발생하면, 양국의 관리가 되도록 공정하게 처리하여, 이런 일로 양국의 교의(交誼)가 훼손되지 않도록 한다.

제38조 데지마 주재 네덜란드 고관이 외출하여 자리에 없으면 차관(次官)이 대신 모든 사무를 처리한다.

제39조 다른 외국인에게 허가된 권리는 네덜란드인에게도 허가해야 한다. 토지에 관한 규칙은 네덜란드인도 준수해야 한다.

제40조 이 조약에서 바꾸지 않은 조항 또는 이 조약에 실려 있지 않은 것은 모두 옛 규례를 따른다.

하코다테에서 생기는 모든 일은 이 조약에 게재된 조항에 의거하여 처리한다. 이 조약 가운데 만약 변경해야 하는 조항이 있으면 양국의 고관이 상의하여 정한다.

이상의 각 조항은 1856년 1월 30일에 일본과 네덜란드 사이에 체결한 조약 중의 일단(一端)으로, 각 조항에 게재된 내용은 작년에 체결한 조약과 함께 확실히 준수한다.

이 추가조약은 일본 황제 폐하가 네덜란드 국왕 폐하와 함께 비준한 것이다. 본서(本書)는 이전 조약 27개 조항의 규례를 따라 지금부터 1년이 지난 뒤 나가사키에서 교환하고 시행하도록 한다.

감정부교(勘定奉行) 겸 나가사키(長崎) 부교 미즈노 지쿠고노카미(水野 筑後守) · 나가사키 부교 아라오 이와미노카미(荒尾 石見守) · 감찰(監察) 이와세 이가노카미(巖瀨 伊賀守)등은 일본 주재 네덜란드 사신(使臣)【관명 · 인명 번역생략】과 함께 협의하여 결정한 것을 수기(手記)하고 날인하여 증거로 삼는다.

안세이(安政) 4년 정사(丁巳) 8월 29일, 서력 1857년 10월 16일에 나가사키에서 압인하고 2통을 기록하였다.

미즈노 지쿠고노카미(水野 筑後守)   화압(花押)

아라오 이와미노카미(荒尾 石見守)   화압

이와세 이가노카미(嚴瀨 伊賀守)   화압

일본 전권(全權) 관리와 네덜란드[和蘭國] 전권 관리가 체결한 추가조약의 부록(附錄)

제1조   지금부터 도매상[本方]의 상품 판매는 폐지한다. 또 동(銅)의 경우 따로 조항을 두지 않았지만, 물품 대금으로 일본 정부에서 보내는 것 이외에는 절대로 수출을 허가하지 않는다. 그러므로 본 조약 제26조에 기재되어 있는 증여 물품 및 팔삭금(八朔金)은 지금부터 폐지한다.

제2조   본조약에 기재된 제6조·제8조·제9조 및 제24조는 모두 폐지한다.
        지금부터 네덜란드 선박은 바로 시중(市中)의 예정된 장소에 닻을 내리고 정박할 수 있다.
        추가조약의 확정을 위해, 감정부교(勘定奉行) 겸 나가사키(長崎) 부교 미즈노 지쿠고노카미(水野 筑後守)·나가사키 부교 아라오

이와미노카미(荒尾 石見守) · 감찰(監察) 이와세 이가노카미(嚴瀬 伊賀守)등은 일본 주재 네덜란드 사신(使臣) 11명【관명 · 인명 번역생략】과 함께 기록하고 아울러 영인(鈴印)하였다.

안세이(安政) 4년 정사(丁巳) 8월 29일, 서력 1857년 10월 16일에 나가사키에서 2통을 기록하였다.

미즈노 지쿠고노카미(水野 筑後守)	화압(花押)
아라오 이와미노카미(荒尾 石見守)	화압
이와세 이가노카미(嚴瀬 伊賀守)	화압

네덜란드[和蘭] 조약[36]

안세이(安政) 5년 무오(戊午) 7월 10일, 서력 1858년 8월 18일에 에도(江戶)에서 날인하였다. 만엔(萬延) 원년 경신(庚申) 2월 9일, 서력 1860년 3월 1일에 본서를 교환하였다.

네덜란드 국왕은 일본국 대군(大君)과 더불어 두터운 친교와 원활한 무역을 위하여, 네덜란드 국왕은 5명【관명 · 인명 번역생략】에게, 일본 대군은 나가이 겐바노카미(永井 玄蕃頭) · 오카베 스루가노카미(岡部 駿河守) · 이와세 히고노카미(嚴瀬 肥後守)에게 명령하여, 각각은 위임증(委任證)에 조

---

36 이 조약의 정식명칭은 '일란수호통상조약(日蘭修好通商條約)'이며, 영문으로는 "Treaty of Amity and Commerce between the Netherlands and Japan'이다.

응(照應)하여 그에 따라 합의 · 결정하였다. 아래에 조항을 기록한다.

제1조   네덜란드 국왕[37]은 에도 주재 관리【번역생략】를 임명하고, 또 이
         조약서에 기재되어 있는 대로 각 항구의 교역에 관한 제반 사
         항의 처리를 위임할 수 있다. 또 관명병관(官名幷官)【번역생략】은
         일본 국내를 자유롭게 다닐 수 있다.
         일본 정부는 네덜란드 수도[都府] 주재 공사(公使)를 임명하고,
         또 네덜란드 각 항구에 영사(領事)를 임명할 수 있다. 공사와
         영사는 네덜란드에 도착하는 날부터 네덜란드 국내를 자유롭
         게 다닐 수 있다.
제2조   나가사키(長崎)항과 하코다테(箱館)항 외에 아래의 지역은 아래
         에 적힌 기한에 개항한다.[38]

         가나가와(神奈川)는 무오(戊午) 5월부터 13개월 후, 서력 1859년 7월 4일.
         효고(兵庫)는 무오(戊午) 5월부터 54개월 후, 서력 1863년 1월 1일.
            이밖에 서해안 지역은 지금부터 18개월 후, 서력 1860년 1월 1일
         까지 한 곳의 항구를 개항할 수 있는데, 개항하기 전에 통보한다.

         가나가와항을 개항하고 6개월 뒤에 시모다(下田)항을 쇄항(鎖港)
         할 수 있다. 조문에 해당하는 각 지역에서는 네덜란드인의 거주

---

37 이곳에는 和蘭 대신 阿蘭陀라는 국명이 쓰였다. 이하 본문에도 和蘭과 阿蘭陀가 혼용되
   고 있는데, 그 이유는 알 수 없다. 본문에서는 현대 용례를 감안하여 일관되게 '네덜란드'
   라고 표기하기로 한다.
38 나가사키 …… 개항한다: 원문의 내용으로는 문맥이 통하지 않아 일본어 조약을 참조하
   여 번역하였다.

를 허락한다. 거주자는 비용을 지불하여 일정한 구역의 땅을 빌릴 수 있다. 또 빌린 땅에 집을 짓거나 혹 구입하는 것도 무방하다. 비록 주택과 창고의 건축은 허가하지만 건축을 핑계로 요해지(要害地)를 점유하는 것은 절대로 허가하지 않는다. 따라서 집의 신축·개축·보수 시에는 일본 관리의 검사를 받는다. 네덜란드인이 가옥을 짓기 위해 빌릴 수 있는 지역과 여러 항구의 규칙은 각 항구의 관리가 네덜란드 관리【번역생략】와 함께 의논한다. 만약 의논하여 정하지 못하면 일본 정부가 네덜란드 관리【번역생략】와 함께 결정한다. 주거지의 둘레에는 문과 담장을 설치하지 않고 자유롭게 출입할 수 있다. 네덜란드인이 일본어와 일본의 기술을 배우고자 하면 네덜란드 고관을 통해 요청하고, 일본 관리는 교수를 선발하여 수업하게 한다.

에도(江戶)는 무오(戊午) 5월부터 42개월 후, 서력 1862년 1월 1일.
오사카(大坂)는 무오(戊午) 5월부터 54개월 후, 서력 1863년 1월 1일.

위 두 지역은 네덜란드인의 상업 목적 거주만 허락한다. 이 두 곳에는 네덜란드인이 집을 짓기 위해 적당한 땅을 빌릴 수 있고 산보(散步)할 수 있는데, 그 규정은 지금부터 일본 관리가 네덜란드 관리【번역생략】와 정한다.
양국 사람들이 매매(賣買)하는 데 대해 일본 관리는 간섭하지 않는다. 따라서 매매에 관련된 일은 일본 관리가 조사하지 않는다.
군수(軍需) 제반 물품은 일본 관서(官署) 외에는 판매할 수 없다.

다만 외국인이 외국인과 매매하는 것은 무방하다.

쌀과 보리는, 일본 주재 네덜란드인 및 배의 선원과 승객을 위한 식재료로 배에 적재할 수 있지만, 외국으로 반출하는 것은 허가하지 않는다.

일본에서 생산되는 동(銅)에 여유가 있으면 일본 관서(官署)에서 경매로 판매할 수 있다.

일본 거주 네덜란드인은 일본인을 고용하여 일을 시킬 수 있다.

제3조　모든 수출입 물품에 대해서, 별책(別冊) 규정에 따라 일본 관서는 세금을 거둔다.

일본 세관이 부정한 행위를 적발하면 세관은 적당한 값으로 하물(荷物)을 사들인다. 만약 하주(荷主)가 이를 받아들이지 않으면 세관은 적당한 값을 정하여 세금으로 거두거나 원래의 값으로 사들인다.

금지 물품인 아편(阿片)을 네덜란드 상선이 3근(斤) 이상 실어 오면, 기준을 초과하는 양은 일본 관리가 몰수한다.

수입 하물은, 세금을 납부한 뒤 일본인이 국내에서 수송하더라도, 이중으로 세금을 내지 않는다. 만약 다른 외국인에게 부과하는 조세(租稅)가 감세(減稅)되면, 네덜란드인도 동일하게 적용을 받을 수 있다.

제4조　외국의 여러 화폐는 일본 화폐의 동종(同種)·동량(同量)으로 통용한다. 금은 금으로 은은 은으로 중량으로 비교한다. 양국의 인민(人民)들이 서로 물건 값을 치를 때, 일본과 외국의 화폐를 섞어 사용하는 것도 무방하다. 일본인은 외국 화폐 사용에 익숙하지 않으므로, 개항 후 1년은 각 항구의 관서(官署)에서 네덜

란드인이 희망하는 대로, 일본 화폐로 교환해 줄 수 있다.

일본의 여러 화폐는 동전(銅錢)을 제외하고는 수출할 수 있다.

아울러 외국의 금은(金銀)은 화폐로 주조한 것이든 혹 주조하지

않은 것이든 모두 수출할 수 있다.

제5조 네덜란드인이 일본인을 상대로 죄를 지으면 네덜란드 관리【번

역생략】가 재판하여 네덜란드 법으로 처벌하고, 일본인이 네덜

란드인을 상대로 죄를 지으면 일본 관리가 재판하여 일본 법으

로 처벌한다.

조약 중 규정 및 별책에 기록된 법을 위반한 사람이 있으면 관

리【번역생략】에게 전달하여 가지고 있는 물품을 몰수하고, 일본

관서에서 벌금을 거둔다.

제6조 일본의 개항지에 네덜란드인의 유보(遊步) 규정은 아래와 같다.

가나가와(神奈川)는 로쿠고가와(六鄕川) 강줄기로 한정하고 기타 각 방향
10리.

하코다테(箱館)는 각 방향 10리.

효고(兵庫)는, 교토(京都)로부터 10리 거리 지역 내에는 네덜란드인이
들어갈 수 없다. 따라서 그곳을 제외하고 각 방면 10리. 또 배는 이나가
와(猪名川) 강을 건너 바다로 통하는 하천으로 갈 수 없다.

모든 이수(里數)는 각 항구의 관서에서 계산한 육로(陸路)이다.

나가사키(長崎)에서는 사사(寺社)·휴게장(休憩場)·포대(砲臺)와
여러 관서 및 문과 담장이 설치된 곳에는 들어갈 수 없다. 네덜
란드인이 큰 범죄를 저질러 재판을 받거나, 또 행실이 바르지
못하여 재차 재판을 받는 사람은 거류지에서 1리 밖으로 나가

는 것을 허가하지 않는다. 그런 사람들은 일본 관서에서 퇴거 (退去)시킬 수 있는데, 모두 네덜란드 관리에게 보고하고 시행 한다. 만약 부채(負債)가 있다면, 일본 관서 및 네덜란드 관리가 사실을 규명 한 뒤, 거주 기한을 연장할 수 있는데, 그 기한은 1년을 초과할 수 없다.

제7조 일본에 있는 네덜란드인이 자기 나라의 종법(宗法: 종교)을 존숭 (尊崇)하여 예배당(禮拜堂)을 설립하는 것은 무방하며, 현재 집 으로 쓰이는 건물을 부수는 것도 모두 무방하다. 종법을 존숭 하는 네덜란드인은 일본인의 당우(堂宇)를 훼손할 수 없고, 또 결코 일본인이 신사(神社)와 불사(佛寺)에서 예배하는 것을 방 해서는 안 되며, 신상(神像)과 불상(佛像)을 훼손해서도 안 된 다. 양국의 인민들은 종교에 대해 논쟁할 수 없다.

제8조 일본 정부는 네덜란드 관리【번역생략】의 요청으로 도망간 사람 을 체포할 수 있고, 또 네덜란드 관리【번역생략】가 체포한 죄인 을 수감(收監)하는 것도 허가한다. 또 육지와 배에 있는 네덜란 드인의 불량한 행동을 경계(警戒)하고 규칙을 준수하게 하며, 네덜란드 관리【번역생략】의 요청으로 범죄를 저지른 네덜란드인 을 체포할 수 있다. 이때 소비되는 금액 및 요청에 의해 죄인을 수감하는 데 들어간 잡비(雜費)는 모두 네덜란드 관리【번역생략】 가 보상한다.

제9조 이 조약에 딸려있는 상법(商法) 별책은 쌍방의 신민(臣民)들이 준수한다.
일본이 외국 인민에게 허가한 사항은 네덜란드인도 동일하게 적용을 받는다.

안세이(安政) 2년 을묘(乙卯) 12월 23일, 1856년 1월 30일에 나가사키에서 결정한 조약 중에 존치할 만한 조항은 그대로 존치한다. 동(同) 4년 정사(丁巳) 8월 29일, 1857년 10월 16일에 부록(附錄)을 작성하여 교환한 조약서의 내용은 모두 폐지한다. 일본 고관(高官)과 위임 관리, 그리고 일본에 온 네덜란드 관리【번역생략】가 이 조약 규칙 및 별책의 조항[條件]을 합의하도록 한다.

제10조   지금부터 169개월 후, 1872년 7월 4일에는, 양국 정부의 뜻에 따라 1년 전 통지하여, 본 조약과 나가사키 조약에서 존치시킨 약간의 조항 및 본서(本書)에 딸려있는 별책의 내용에 대해, 양국에서 위임받은 관리가 실사하고 합의하여 보충하거나 개정할 수 있다.

제11조   위 조약은 기미(己未)년 6월 5일, 1859년 7월 4일부터 시행한다. 전에 나가사키에서 본서를 교환해야 하는데, 만약 부득이한 사고가 있으면 본서를 교환하지 않는다. 하지만 기약한 때가 되면 이 조약을 곧바로 시행한다.

　　　　　본 조약에 일본은 다이묘(大名)의 이름을 적고 날인하며, 또 고관(高官)의 이름을 기록하고 날인하여 증거로 삼는다. 네덜란드는 국왕의 이름 및 관명을 기록하고 네덜란드 국인(國印)을 찍어 증거로 삼는다.

안세이(安政) 5년 무오(戊午) 7월 10일, 서력 1858년 8월 18일에 에도(江戶)에서 이와 같이 결정하고, 증거로 삼기 위해 양국 관리의 이름을 기록하고 날인한다.

나가이 겐바노카미(永井 玄蕃頭)　　　　화압(花押)

오카베 스루가노카미(岡部 駿河守)　　　화압

이와세 히고노카미(巖瀬 肥後守)　　　　화압

러시아[魯西亞] 조약[39]

안세이(安政) 원년 갑인(甲寅) 12월 21일, 서력 1855년 2월 7일, 러시아력[魯曆] 1월 27일에 시모다(下田)에서 본서를 교환하고 안세이(安政) 3년 병진(丙辰) 11월 에 본서를 날인하였다.

러시아는 일본과 함께 견고하고 믿을 수 있는 국교(國交)를 맺어 상호간 에 분쟁이 생기지 않도록, 러시아 국왕은 전권공사(全權公使)【번역생략】를 파견하고 일본 대군(大君)은 전권공사 츠츠이 히젠노카미(筒井 肥前守)·가 와지 사에몬노죠(川路 左衛門尉)에게 명령하여 서로 상의하여 아래와 같이 조약을 제정하였다.

제1조　　지금부터 양국은 국교를 맺어 대대로 단절되지 않도록 한다. 일본 정부는 일본에 있는 러시아인을 보호하고, 러시아 정부는 러시아에 있는 일본인을 보호하여, 인명(人命)은 물론 기구(器 具)와 집물(什物)까지도 손해를 입지 않도록 서로 힘쓴다.

---

39 이 조약의 정식명칭은 '일본국러시아국통호조약(日本國魯西亞國通好條約)'인데 조약 체결 당시에는 '일로화친조약(日露和親條約)'으로 표기되었다. 영문으로는 'Treaty of Commerce and Navigation between Japan and Russia'인데, 흔히 '시모다 조약(Симод ский трактат, Treaty of Shimoda)'로 널리 알려져 있다.

제2조 지금부터 이투루프섬[衛多洛佛島]과 우루프섬[烏兒甫島]의 가운데를 일본과 러시아 양국의 경계로 삼는데, 이투루프섬은 일본 소속이고 우루프 전도(全島)부터 이북으로 쿠릴제도[克璃亞諸島]는 러시아 소속이다. 사할린섬[加刺弗士島]은 이전의 관례를 따라 지금 다시 양국 간의 경계를 나누지 않는다.

제3조 일본 정부는 러시아 배를 위해 하코다테(箱館) · 시모다(下田) · 나가사키(長崎)의 세 항구를 개항한다. 지금 이후로 풍우를 만나 파손된 러시아 선박은 개항된 항구에 들어와 수리할 수 있고, 부족한 땔감 · 물 · 식량을 공급받을 수 있으며, 석탄이 생산되는 곳에서는 석탄을 공급받을 수 있다. 러시아 배가 공급받은 물품의 값을 낼 때는 금화와 은화를 사용한다. 만약 금화나 은화가 없다면, 화물(貨物)로 값을 낸다. 위에서 말한 세 항구 외에는 러시아 배가 조난을 당한 경우가 아니면 입항을 허가하지 않는다. 러시아 배가 조난을 당해 다른 일본 항구에 입항하게 되면, 거기에 들어간 비용을 위에서 말한 세 항구에 낸다.

제4조 조난을 당해 표류하는 사람은 양국이 서로 보호하고 개항된 항구로 이송한다. 표류하는 사람에게는 되도록 관대하게 대우하고, 또한 그 나라의 정법(正法)을 준수하게 할 수 있다.

제5조 러시아 선박은 시모다와 하코다테에 들어와 금은과 화물로 필요한 집물(什物)을 구매하는 것을 허가한다.

제6조 러시아 정부는 만약 급한 일이 있을 시, 하코다테항과 시모다항 중 한 곳에 관리를 파견해 주찰(駐紮)하게 할 수 있다.

제7조 어떤 일이 생기면 일본 정부는 심사숙고하여 처리한다.

제8조 일본에 있는 러시아인과 러시아에 있는 일본인에게 각국은 서

로 관대하게 대우하며, 이유 없이 상대방 국가의 사람을 가둘
수 없다. 하지만 만약 범죄를 저지른 사람이 있으면 체포하여,
각각 그 사람 본국의 법률로 죄를 결정한다.

제9조　　양국은 인접한 국가이다. 그러므로 향후 일본국이 다른 나라에
게 허가하는 특혜는 또한 바로 러시아인에게도 허가해야 한다.
러시아 국왕은 일본 대군과 함께 이 조약을 확정한다. 지금부
터 9개월 후 양국은 적당한 시기를 정해 시모다에서 본서를 교
환하기로 한다. 지금 양국의 전권(全權) 관리가 서로 이름을 기
록하고 날인하니 감히 위배됨이 있어서는 안 된다.

안세이(安政) 원년(元年) 갑인(甲寅) 12월 21일

츠츠이 히젠노카미(筒井 肥前守)　　　　　　　화압(花押)

가와지 사에몬노죠(川路 左衛門尉)　　　　　　화압

모(某) 관명인명(官名人名)【번역생략】　　　　수기(手記)

러시아[魯西亞] 조약 부록

안세이(安政) 원년 갑인(甲寅) 12월 21일, 서력 1855년 2월 7일, 러시아력[魯曆]
1월 27일에 시모다(下田)에서 교환하고, 안세이(安政) 3년 병진(丙辰) 11월 본서에
날인하였다.

　　러시아 전권관(全權官)【인명 번역생략】과 일본국에서 위임한 중신(重臣)인
츠츠이 히젠노카미(筒井 肥前守)·가와지 사에몬노죠(川路 左衛門尉)가 함께

정한 조약의 부록이다.

제3조 러시아인이 시모다(下田)와 하코다테(箱館) 시가(市街) 근방을 자유롭게 배회하는 것을 허락하지만, 시모다는 이누바시리지마(犬走島)에서 일본 이수(里數)로 7리, 하코다테는 5리로 제한하며 사사(寺社)와 시점(市店)을 구경할 수 있다. 또 여관을 건축할 때까지는 정해진 곳의 휴게소(休憩所)에 갈 수 있으나, 인가(人家)에는 누군가 부르지 않는 한 출입할 수 없다. 나가사키(長崎)는 이후에 다른 나라와 체결하여 정하게 될 법을 따른다. 또 각 항구에는 매장지(埋葬地)를 정해 둔다.

제5조 일본은 관청(官廳)을 정해 물품을 공급하고, 아울러 러시아인이 가지고 온 금화와 은화 및 물품도 그곳에서 취급한다. 러시아인이 시점(市店)에서 고른 물건은, 상인이 판매하는 가격에 맞춰 배에 싣고 온 물건으로 구매한다. 다만 관청에서는 일본 관리의 판단에 따른다.

제6조 러시아 관리는 안세이(安政) 3년 서력 1856년부터 일본에 파견하기로 의정(擬定)한다. 다만 러시아 관리가 생활할 가옥과 그 범위 등은 일본 정부의 지시에 따라 정한다. 가옥은 러시아 자국 방식으로 짓는다.

제9조 어떤 사항이든 다른 외국인에게 허가된 것은, 비록 러시아인과 상의하지 않더라도 동일하게 허가한다.
위의 부록에 기록된 조항[事件]은 마땅히 조약의 본문과 동일하게 준수하여 어기지 말아야 한다. 이를 위하여 양국의 전권 관리는 이름을 기록하고 압인한다.

안세이(安政) 원년(元年) 갑인(甲寅) 12월 21일

츠츠이 히젠노카미(筒井 肥前守)　　　　　화압(花押)

가와지 사에몬노죠(川路 左衛門尉)　　　　화압

관명인명(官名人名)【번역생략】　　　　　수기(手記)

일본국외무성사무 권지사

러시아[魯西亞] 추가조약(追加條約)[40]

안세이(安政) 4년 정사(丁巳) 9월 7일, 서력 1857년 10월 24일에 나가사키(長崎)에 서 조인(調印)하였다.

안세이(安政) 원년 12월 21일, 즉 1855년 1월 26일[41]에 시모다(下田)에서 일본은 러시아와 조약을 추가하는 일로 모여 회의하였다. 일본은 전권 (全權)인 감정부교(勘定奉行) 겸 나가사키(長崎) 부교(奉行) 미즈노 지쿠고노 카미(水野 筑後守)·나가사키 부교 아라오 이와미노카미(荒尾 石見守)·감찰

---

40 정식명칭은 '일로추가조약(日露追加條約)'이다. 영문으로는 'Japan-Russia Additional Treaty'이다.

41 러시아력이다.

(監察) 이와세 이가노카미(巖瀨 伊賀守)가 러시아 황제의 부수사제독(副水師提督) 겸【세 명의 관등, 성명 번역생략】와 함께 정한 조약은 다음과 같다.

제1조   일본과 러시아는 무역 및 친밀한 교제를 더욱 공고히 한다. 따라서 하코다테(箱館)와 나가사키(長崎) 두 항구에 있는 일본인과 러시아인은 이번에 새로 논의한 규칙에 유의(留意)해야 한다. 시모다(下田)는 위험한 항구이므로, 종전의 조약을 그대로 따르되, 새로 정한 규칙은 시모다에서의 대(對) 외국무역에만 적용한다. 만약 다른 안전한 항구를 구하게 되면 개항할 때 시행한다.

제2조   지금부터 무역하는 선박의 수와 그 금액은 한계를 정하지 않되, 양국의 협의(協議)로써 교역(交易)한다.

제3조   러시아국의 상선(商船)은 하코다테항과 나가사키항에 도착한 날에 선주(船主) 및 선원이 러시아 영사관(領事官)에게 가서, 선박의 명칭과 톤수, 선주와 선원의 성명 및 싣고 있는 화물의 목록과 금액을 모두 신고서에 기록한다. 위의 영사관이 주재하지 않을 때는 선주와 선원이 곧바로 지방 관리에게 신고서를 제출한다. 이 문서는 항구에 도착한 당일로 48시간 이내에 반드시 제출해야 한다. 위의 기한 안에 선주는 정박세(碇泊稅)[42]를 내는데, 150톤 이상의 선박은 1톤마다 5【화폐 명칭】(굴덴),[43] 곧 42[44]【화폐 명칭】를 납부하고 또 150톤 이하의 선박은 1톤마다

---

42 정박세(碇泊稅): 선박이 항만에 정박하여 항만을 이용하는 것에 대해 부과하는 세금이다. 네덜란드 조약에는 '톤세(噸稅)'로 번역되었다.

43 네덜란드 조약에 의하면, 톤세로 1톤당 5굴덴을 낸다고 하였으므로, 이곳에서의 화폐 단위도 굴덴인 듯하다.

1【화폐 명칭】(굴덴), 곧 9【화폐 명칭】를 납부한다.

위의 정박세는 입항한 선박이 비록 무역을 하지 않았더라도 48시간 이상 항구에 정박하게 되면 납부해야 한다.

수리를 위하여 항구로 들어온 선박이, 화물의 전부 혹은 일부를 육지에 내리지 않았거나 혹은 다른 선박에 옮겨 싣지 않았을 때에는 별도로 정박세를 내지 않아도 된다.

세관에서 정박세를 징수하면 증서(證書)와 화물 상륙을 허가하는 허가증을 받는다.

제4조   상선(商船)의 선주(船主)가 그 선박이 항구에 도착한 뒤로 48시간 이내에 신고서를 내지 않으면 하루가 늦어질 때마다 65【화폐 명칭】(루블) 50【화폐 명칭】(코펙)를 벌금으로 거둔다. 다만 이 벌금은 266【화폐 명칭】(루블)를 초과할 수 없다.

거짓 신고서를 제출하면 선주에게 655【화폐 명칭】(루블)를 내게 하고, 또 허가증을 받지 않고 화물을 육지에 내리면 이 벌금을 부과하는 것 외에 그 화물을 몰수한다.

제5조   러시아의 상선이 일본의 한 항구로 들어와 정박세를 수납하였으면, 다른 항구로 가더라도 처음 입항했던 항구에서 받은 증서를 보여주면 다시 정박세를 내지 않아도 된다.

러시아 선박이 항해하는 도중에 다른 나라의 항구에 가서 별도로 화물을 싣고 다시 일본 항구로 들어오는 것은, 위의 사례에 해당하지 않는다.

제6조   러시아 선박에 만선(挽船: 작은 배로 항구까지 사람을 실어 나르는 것)을

44 전후 맥락을 보아 45가 맞는 환율일 것이다.

하거나, 화물을 싣고 내릴 때 작은 배와 여러 직인(職人)을 고용하게 되는데, 이때는 일본 지방 관리가 정한 방식에 따라 고용한다. 이 작은 배는 미리 정해진 장소 또는 파도가 잠잠한 곳에 화물을 내린다.

제7조 일본인이 러시아 상인에게 구매하는 물품 및 일본인이 러시아 상인에게 대금(代金)으로 주는 물품은 세관에서 거두어 처리한다. 그 외에 일본인이 러시아인과 서로 매매하는 물품에 대해서는 세관이 관여하지 않는다.

제8조 러시아인이 일본에서 판매한 물품의 대금으로 일본인에게 받은 물품의 값이, 받아야 할 대금에 비해 부족하면 세관은 시가(時價)를 따라 외국의 금화와 은화로 러시아인에게 보상한다.

제9조 공매(公賣) 혹은 사매(私賣)로 판매한 화물의 세금은, 세관 규칙을 새롭게 정하지 않는 한 예전의 규칙을 따라 3.5%로 거둔다. 영사관(領事官) 혹은 상선의 선주로서 일본에 온 러시아인 소유의 화물과 금액(金額) 등은 세관에서 보관한다.

세관에서 구매하는 화물은 위의 세금을 거두지 않는다.

화물의 개봉(開封) 및 공매는 그 횟수를 러시아 상인의 뜻에 따른다. 또 세관에서 공매에 물건을 낼 때, 입찰하는 일본 상인의 숫자를 제한하지 않는다.

제10조 공매로 판매한 화물은 그 대금을 납부하는 방법에 대해 세관이 전적으로 책임을 지고, 사매로 판매한 화물에 대해서는 책임을 지지 않는다. 이런 일과 관련되어 소송이 일어나면 영사관과 함께 사실을 규명하여 처리한다.

쌍방이 구입한 화물을 이미 수령하였으면, 화물의 품질과 가치를 이유로 소송을 제기할 수 없다.

제11조 일본 상부(商府)에서 러시아인이 구매한 물품은, 그 값을 미리 세관에서 받은 지폐(紙幣)로 낸다. 일본인이 앞에 말한 지폐를 받아 세관에 내면 곧바로 정금(正金)으로 교환해 준다. 또 작은 배를 빌리는 값과 음식비 및 기타 구입한 물품의 대금도 또한 위의 것과 동일하게 지불한다. 러시아 화폐 및 외국의 화폐로 값을 낼 때는 세관을 거쳐서 준다.

제12조 이렇게 구매한 물품에 대해 다른 물품으로 계산하게 되면, 일본의 일분(一分) 금화와 은화를 러시아 화폐 및 외국의 화폐와 그 무게와 품위(品位)를 비교하여, 금은 금으로, 은은 은으로 정밀하게 가격을 대조하여 주고받는다. 그리고 다시 개주(改鑄)하는 데 드는 비용으로 100분의 6을 따로 낸다. 또 스페인[伊斯巴亞] 은화 1【화폐 명칭】(달러)는 네덜란드 은화 2【화폐 명칭】(굴덴)과 러시아 화폐 1【화폐 명칭】(루블)의 비율로 정하고,[45] 또 멕시코[墨西哥] 은화【화폐 명칭】 1매(枚)는 네덜란드 은화 2【화폐 명칭】(굴덴) 55【화폐 명칭】(센트)와 러시아 화폐 1【화폐 명칭】(루블) 35【화폐 명칭】(코페)의 비율로 정하여[46] 계산한다.

칭량(稱量)과 척도(尺度) 등은 각 개항지에서 양국 정부에서 위임받은 관리가 서로 비교하여 정한다.

---

45 스페인[伊斯巴亞] …… 정하고: 스페인의 은화 1달러가, 네덜란드 은화 단위 2굴덴에 해당하고 러시아 1루블에 해당한다는 뜻이다. 네덜란드 추가 조약(1857)에는 스페인 은화 1달러가 네덜란드 2.5굴덴으로 되어 있다. 한역(漢譯)과정에서 숫자가 누락되었거나 혹은 네덜란드 추가 조약의 환율에 착오가 있었던 듯하다.

46 멕시코[墨西哥] …… 정하여: 멕시코의 은화 1페소가, 네덜란드 은화 2.55굴덴에 해당하고 러시아 1.35루블에 해당한다는 뜻이다.

제13조 모든 무기는 일본 정부를 제외하고, 일체 매매를 허가하지 않
는다.
지금부터 수입해온 물품 중에 매매를 금지하는 품목이 있으면
세관에서 사들인다.

제14조 만약 러시아 상선이 일본에 아편(阿片)을 실어 오면, 러시아 법
률에 따라 그 죄를 결정한다.

제15조 금화와 은화 및 아직 화폐로 주조하지 않은 금과 은은 수출을
금지한다. 도금한 집물(什物)과 금과 은으로 만들어진 공예품
에는 이러한 제한을 두지 않는다.
동(銅) · 무기류 · 마구(馬具) · 아마토니시키(大和錦)는 일본 정부
가 물품을 구입할 때 대금으로 지불하는 것이 아니면 수출을
허가하지 않는다.

제16조 쌀 · 보리 · 밀 · 대두(大豆) · 소두(小豆) · 석탄 · 미농지(美濃紙) · 반
지(半紙) · 서적(書籍) · 화도(畵圖) · 동(銅) 공예품 등은 세관이 러
시아인에게 판매할 수 있다. 이들 금지하는 않는 물품들은 러
시아인에게 살 수 있도록 허가한다.
식용 물품 · 밀랍[蠟] · 종이가 부족해지면 일시적으로 수출을
금지할 수 있다.

제17조 밀거래를 방지하기 위해 지방 관리는 감시선(監視船)을 배치하
여 러시아 상선의 근방에 둔다. 따라서 감시선에 들어가는 비
용은 러시아인이 낸다.

제18조 앞 조항과 같이 밀거래를 방지하기 위해, 배의 선원 및 상품을
적재하고 있는 작은 선박[端船]은 반드시 세관에서 검사한다.

제19조 배를 빌려 상품을 운송하다가 잃어버리게 되면 잃어버린 물품

에 대해 엄격히 수색한다. 만약 찾지 못하게 되더라도 정밀하고 자세하게 살펴 노력을 다해야 한다. 이런 때에 세관은 찾을 수 있도록 도울 뿐이고, 상품을 잃어버린 데 따른 손해 보상은 하지 않는다.

제20조 러시아 상선 간에 화물을 옮기거나 다른 나라의 상선에 화물을 옮기는 등의 일에 대해, 선주는 미리 영사관에 고지하고 세관에 신고해야 한다. 앞에 말한 신고서에는 실으려고 하는 화물의 목록 및 그 금액을 기록한다. 그러면 세관은 선박에 관리를 파견하여 신고서의 진위를 검사하는데 이는 밀거래를 예방하기 위해서이다. 만약 허가장을 내지 않고 또 영사관에 고지하지 않고 싣는 화물은 세관에서 모두 몰수한다.

제21조 러시아 상선이 개항지에 있으면서 밀거래를 시도하면 그 화물은 모두 몰수한다. 만약 개항지 밖에서 밀거래를 하면 그 배도 함께 몰수한다.

하지만 이 사항은 일본 관리와 러시아 관리가 미리 심의하고 판단한 뒤에 결정한다.

제22조 러시아 상선 및 그 배에 소속된 사람이 일본인에게 증여하는 물품은 반드시 증표(証票)를 첨부해서 주어야 한다.

제23조 항구에 정박한 상선은 가지고 있는 서류들을 모두 러시아 영사관(領事館)에 맡겨야 한다. 영사관(領事官)이 부재할 경우는 지방관에게 맡긴다.

제24조 러시아인이 일본어 또는 기타 기예(技藝)를 배우고자 할 때에는 영사관이나 선주(船主)가 지방관리에게 요청한다. 희망하는 학예(學藝)에 따라 적합한 사람을 선발하여 가르치게 한다.

제25조 러시아 정부가 일본 정부에게 보내는 서간은, 일본 주차(駐箚) 러시아 관리를 통해 지방의 진대(鎭臺)에 전달한다. 영사관을 배치하지 않은 지역은 러시아 정부가 직접 진대에 서간을 전달한다. 회답하는 서신은 일본 정부가 개항지로 보내는데, 그렇지 않으면 제일(第一) 우편선(郵便船)을 통해 러시아 영사관(領事官)에게 전달한다.

제26조 개화(開化)한 여러 국가에 대해, 국외중립(國外中立)[47]의 원리에 의해, 러시아와 다른 나라 간 교전이 발생하면 러시아 배와 다른 나라의 배는 일본의 항구 내에서 전투를 할 수 없다.

제27조 일본에 상주하거나 혹 일시적으로 거주하는 러시아인은, 마음대로 가족을 동반하여 지낼 수 있다.

제28조 지금 이후로 이 조약 중 일부 조항을 개정하거나 혹 추가해야 할 때에는, 양국 정부가 서로 개정과 추가를 요구할 수 있다. 이 추가조약의 본서는 8개월이 지난 뒤에 교환하여 시행하기로 한다. 러시아어·네덜란드어·일본어·중국어로 기록하고 이 추가조약을 의논한 사람의 이름을 적는다. 쌍방은 체결한 조약을 굳게 지키고 결코 위배해서는 안 된다.

서력 1857년, 러시아 황제 알렉산드르[亞歷山] 폐하 2세 즉위 3년 10월 24일, 러시아력[魯曆] 12일, 일본력(日本曆) 안세이(安政) 4년 정사(丁巳) 9월 7일 나가사키에서 이름을 기록한다.

---

47 국외중립(國外中立): 교전국(交戰國) 또는 교전(交戰) 단체(團體)의 어느 쪽에도 가담하지 않고 교전에도 영향을 미치는 행위를 피하는 국제 상의 국가 지위를 말한다.

미즈노 지쿠고노카미(水野 筑後守)　　　화압(花押)

아라오 이와미노카미 (荒尾 石見守)　　　화압

이와세 이가노카미(巖瀬 伊賀守)　　　　화압

【인명 번역생략】　　　　　　　　　　　수기(手記)

러시아[魯西亞] 조약[48]

안세이(安政) 5년 무오(戊午) 7월 11일, 서력 1858년 8월 7일 에도(江戶)에서 날인하였다. 안세이 6년 기미(己未) 7월 10일, 서력 1859년 8월 8일에 본서를 교환하였다.

러시아 국제(國帝)는 일본 대군(大君)과 두터운 친교를 맺고 양국 인민(人民)들의 교역(交易) 규칙을 확립하여 영구적인 기반을 완성하고자 한다. 이에 일본 대군은 나가이 겐바노카미(永井 玄蕃頭)·이노우에 시나노카미(井上 信濃守)·호리 오리베마사(堀 織部正)·이와세 히고노카미(巖瀬 肥後守)·쓰다 한자부로(津田 半三郎)에게 명령하고, 러시아 황제는 【인명 번역생략】에게 명령하여 다음의 조항을 의논하여 정하였다.

제1조　　안세이(安政) 원년 갑인(甲寅) 10월 21일, 러시아력 1855년 1월
　　　　27일, 서력 2월 7일에 시모다(下田)에서 정한 조약과 부록(附錄)
　　　　은 모두 존치하며, 안세이(安政) 4년 정사(丁巳) 9월 7일, 러시아

---

48 본 조약의 정식 명칭은 '일로수호통상조약(日露修好通商條約)'이며, 영문으로는 "Treaty of Amity and Commerce between Russia and Japan"이다.

력 1857년 10월 12일, 서력 10월 24일에 나가사키(長崎)에서 정한 추가조약은 모두 폐기한다.

제2조   러시아 국왕은 에도 주재【인명 번역생략】를 임명하고, 또 이 조약서에 기재된 각 항구의 교역 제반 사항의 처리를 위임할 수 있다.【관리 3인 성명 번역생략】는 일본 국내를 자유롭게 다닐 수 있다. 일본 정부는 러시아 수도 주재 공사(公使)를 임명하고, 또 일본인이 거주하는 러시아 각 항구에 영사(領事)를 임명할 수 있다. 이 관리는 러시아에 도착하는 날부터 러시아 국내를 자유롭게 다닐 수 있다.

제3조   시모다·나가사키·하코다테(箱館) 세 항구 외에 아래의 지역은 아래에 적힌 기한 전에 개항한다.

가나가와(神奈川)는 무오(戊午) 7월부터 11개월 후, 서력 1859년 7월 1일.
효고(兵庫)는 무오(戊午) 7월부터 52개월 후, 서력 1863년 1월 1일.
이밖에 서해안 지역은 지금부터 16개월 후, 서력 1860년 1월 1일 전에 한 곳의 항구를 개항하는데, 개항하기 전에 통보한다.

가나가와항을 개항한 뒤로 6개월 뒤에는 시모다항을 쇄항(鎖港)할 수 있다.

제4조   러시아 정부는 일본 항구에 주재하는【관리 2인 성명 번역생략】를 임명한다.
【관리 2인 성명 번역생략】가 임명된 지역에는 관서(官署)와 그 부속 건물 및 학교와 병원 등을 설립할 수 있는데, 일본 정부는 이를 위해 일정한 구역을 빌려줄 수 있다.

제5조   전문(前文)의 다섯 항구에는 러시아인의 거주 및 체류를 허가한

다. 이 거주자와 체류자는 비용을 지불하고 일정한 구역의 땅을 빌릴 수 있는데, 기존 건물을 매입하는 것도 무방하다. 비록 주택과 창고의 건축은 허가하지만, 건축을 핑계로 요해지(要害地)를 점유하는 것은 결코 허가하지 않는다. 따라서 집을 신축·개축·보수하려고 할 때에는 일본 관리에게 검사를 받는다. 러시아인이 가옥 건축을 위해 빌릴 수 있는 지역 및 여러 항구의 규칙 제정은, 각 항구의 관리가 러시아 【관명 번역생략】와 함께 의논한다. 만약 의논하여 정하지 못하면 일본 정부가 러시아 【관명 번역생략】와 함께 재결(裁決)한다.

제6조 러시아인은 상업 목적으로만 에도(江戶)와 오사카(大坂)에 거주하는 것을 허락한다.

에도(江戶)는 무오(戊午) 7월부터 40개월 후, 서력 1862년 1월 1일.
오사카(大坂)는 무오(戊午) 7월부터 52개월 후, 서력 1863년 1월 1일.

이 두 곳에서는 러시아인이 집을 짓기 위해 적당한 땅을 빌릴 수 있고, 아울러 산보(散步)를 허가하는데, 그 규정은 지금부터 일본 관리가 러시아 【관명 번역생략】와 정한다.

제7조 일본에 일시(一時) 거주하는 러시아인이 가족을 데리고 지내는 것을 허가하며, 또 자신의 종교를 존숭(尊崇)할 수 있다.

제8조 일본 개항지에 러시아인 유보(遊步) 규정은 아래와 같다.

하코다테는 각 방향 10리.
가나가와는 로쿠고가와(六鄉川)로 한정하고 그 나머지는 사방 10리.
나가사키는 경계를 정해야 한다.

효고는, 교토로부터 10리 거리 지역 내에는 러시아인이 들어갈 수 없다. 따라서 그곳을 제외하고 각 방면 10리이다. 또 배는 이나가와(猪名川) 강을 건너 바다로 통하는 하천(河川)으로 갈 수 없다.

모든 이수(里數)는 각 항의 관서(官署)에서 계산한 육로(陸路)이다. 일본의 1리는 러시아의 3자【척도 명칭】332자【척도 명칭】이니, 즉 14,175자【척도 명칭】이다. 서해안에 개항한 한 곳의 항구 유보 규정은 일본 관리가 러시아 【관명 번역생략】와 의논하여 정한다.

사사(寺社)·휴게장(休憩場)·포대(砲臺) 및 여러 관서 등 문과 담장이 설치된 곳에 러시아인은 들어갈 수 없다. 러시아인이 큰 범죄를 저질러 재판을 받거나, 또 품행이 바르지 못하여 재차 재판을 받은 사람은 거류지에서 1리 밖으로 나가는 것을 허가하지 않는다. 그런 사람들은 일본 관서에서 퇴거(退去)시킬 수 있는데, 모두 러시아 【관명 번역생략】에게 보고하고 시행한다. 만약 부채(負債)가 있다면 일본 관서 및 러시아 【관명 번역생략】가 사실을 규명한 뒤, 거주 기한을 연장할 수 있는데, 그 기한은 1년을 초과할 수 없다.

제9조 양국 사람들이 매매하는 것에 대해 일본 관리는 간섭하지 않는다. 따라서 매매에 관련된 일은 일본 관리가 조사하지 않는다. 일본에 거주하는 러시아인은 일본 사람을 고용하여 일을 시킬 수 있다.

이 조약에 딸려있는 상법(商法) 별책(別冊)은 본서(本書)와 동일하게 준수한다.

제10조 모든 수출입 물품은 별책(別冊) 규정에 따라 일본 관서는 세금을 거둔다.

일본 세관이 부정한 행위를 적발하면 세관은 적당한 값으로 하물(荷物)을 사들인다. 만약 하주(荷主)가 이를 받아들이지 않으면 세관은 적당한 값을 정하여 세금으로 거두거나 원래의 값으로 사들인다.

수입 하물은, 세금을 납부한 뒤 일본인이 국내에서 수송하더라도, 이중으로 세금을 내지 않는다. 일본이 만약 다른 나라 사람에게 부과하는 조세(租稅)가 감세(減稅)되면, 러시아인도 동일하게 적용을 받을 수 있다.

러시아 해군의 필수 물품을 가나가와·나가사키·하코다테 등에 내리면 창고에 보관하고 러시아인이 지키는데 거기에는 세금을 거두지 않는다. 만약 그 물품을 판매하게 되면 구입한 사람이 규정된 세금을 일본 관부에 납부한다.

제11조 금지 물품인 아편(阿片)을 러시아 상선이 3근(斤), 곧 러시아의 4【중량 단위】 36【중량 단위】이상 실어 오면, 기준을 초과하는 양은 일본 관서(官署)에서 몰수한다.

러시아인이 일본에서 아편을 밀매(密賣)하면, 적발된 아편은 몰수하고 또 1근마다 벌금 20【화폐 명칭】을 징수한다.

제12조 군수(軍需) 제반 물품은 일본 관부(官府) 외에는 판매할 수 없다. 다만 외국인이 외국인과 매매하는 것은 무방하다.

쌀과 보리는 일본 주재 러시아인 및 배의 선원과 승객을 위해 식재료로 배에 적재할 수 있지만, 외국으로 반출하는 것은 허가하지 않는다. 일본에서 생산되는 동(銅)에 여유가 있으면 일본 관서에서 경매로 판매할 수 있다.

제13조 외국의 여러 화폐는 일본 화폐의 동종(同種)·동량(同量)으로 통

용한다. 금은 금으로 은(銀)은 은으로 중량으로 비교한다. 양국의 인민들이 서로 물건 값을 치를 때, 일본과 외국의 화폐를 섞어 사용하는 것도 무방하다. 일본인은 외국 화폐 사용에 익숙하지 않으므로, 개항 후 1년은 각 항구의 관서에서 러시아인이 희망하는 대로, 일본 화폐로 교환해 줄 수 있다.

일본의 여러 화폐는 동전(銅錢)을 제외하고는 수출할 수 있다. 아울러 외국의 금은(金銀)은 화폐로 주조한 것이든 혹 주조하지 않은 것이든 모두 수출할 수 있다.

제14조 양국 사람들 사이에 다툼이 생기면 양국의 관리가 재결(裁決)한다. 일본인은 일본의 관서에서 처벌하고, 또 러시아인은 러시아【관명 번역생략】가 처벌하는 등의 일은 시모다(下田)에서 체결한 조약을 따른다.

러시아인이 범죄에 연루되어 러시아【관명 번역생략】의 요청으로 처치(處置)하게 되면, 거기에 들어가는 잡비(雜費)는 러시아【관명 번역생략】가 적당한 비용을 낸다.

【관명 번역생략】가 주재(駐在)하지 않는 항구에서 러시아인이 범죄를 저지르면, 일본 관리가 체포하여 근방에 있는 【관명 번역생략】에게 인계하여 재결(裁決)하게 한다.

조약에 기록된 규정 및 별책 내용을 위반하는 사람이 있으면 러시아 【관명 번역생략】가 주관하는 재판소에서 사실을 규명하게 하고, 물품을 몰수하고 아울러 일본 관서에서 벌금을 거둔다.

제15조 지금 이후로 일본과 러시아가 맺은 조약을 개정, 혹은 추가하고자 하면, 양국 정부는 재차 검토한다. 조약 시행 14년 후, 그 1년 전에 통지한다.

제16조 일본이 외국인에게 허가한 사항은 러시아인도 동일하게 적용을 받는다.

러시아의 일본인도 역시 마찬가지이다.

제17조 위 조약은 기미(己未)년 6월 2일, 서력 1859년 7월 1일에 에도와 러시아 수도에서 가조약서(假條約書)를 교환하기로 한다. 일본어·러시아어·네덜란드어로 나열하여 적고 양국의 전권(全權) 관리가 압인한다. 본국문(本國文)과 네덜란드어 번역문은 양국의 번역자(飜譯者)의 이름을 기록하고 교환하기로 한다.

안세이(安政) 5년 무오(戊午) 7월 11일

나가이 겐바노카미(永井 玄蕃頭)　　　　화압(花押)

이노우에 시나노카미(井上 信濃守)　　　　화압

호리 오리베마사(堀 織部正)　　　　화압

이와세 히고노카미(巖瀨 肥後守)　　　　화압

쓰다 한자부로(津田 半三郎)　　　　화압

러시아[魯西亞] 신정약서(新定約書)[49]

게이오(慶應) 3년 정묘(丁卯) 11월 18일, 러시아력[魯曆] 1867년 12월 11일, 서력 12월 23일에 에도(江戶)에서 압인(押印)하고 교환하였다.

---

49 본 조약서의 정식 명칭은 '러시아국신정약서(魯西亞國新定約書)'이며, 1858년 체결된 '일로수호통상조약'(日露修好通商條約)을 기본으로, 세부적인 무역 규칙을 개정하고, 조약에 부록된 수출입 목록을 새로 작성한 것이다. 이 보고서에서 수출입 목록은 부록하지 않았다.

일본 정부는 러시아 정부와 무역의 편리를 위해서, 일본 안세이(安政) 5년 무오(戊午) 7월 11일, 러시아력 1858년 8월 7일에 에도에서 체결한 조약 및 그 부록인 조세목록(租稅目錄)에서 긴요한 부분을 살펴 신정약서(新定約書)를 만든다. 이를 위하여 양국 정부는 약서 교환을 위해 전권(全權) 관리를 지명하였다. 일본 정부는 외국(外國) 부교(奉行) 에즈레 카가노 카미(江連 加賀守)에게, 러시아 정부는 모후(某侯)에게 위임하였다. 양국의 전권 관리는 서로 협의하여 아래의 각 조항을 결정하였다.

제1조 이 신정약서의 부록인 수출입 목록(輸出入目錄)은 이 약서를 날 인하는 당일에 시행한다. 따라서 일본 안세이(安政) 5년 무오(戊午), 러시아력 1858년에 체결한 조약의 목록과 그 후 정정(訂定) 한 각 조항은 모두 폐지한다.

제2조 새 목록에 기재된 일본 안세이(安政) 5년 무오(戊午), 러시아력 1858년에 체결한 조약은 모두 견고히 준수한다. 이후 일본 임 신(壬申)년, 서력 1872년 7월 1일이 되면 개정한다. 차(茶)와 생 사(生絲)는 이 약서를 압인하는 날로부터 6개월이 지난 뒤, 동 서(東西) 모든 나라에 고지하고, 이전 3년 동안의 평균가에 근 거하여 그 가격의 5%로 세금 개정을 요구한다.

제3조 일본 안세이(安政) 5년 무오(戊午), 러시아력 1858년에 체결한 조약의 규칙서 제6조에서 정한 각 면허장(免許狀)에 부과하는 세금은 향후 폐지한다. 다만 수출입 물품을 내리고 싣는 허가 장은 예전처럼 하며, 향후에 사은(謝銀)을 내지 않는다.

제4조 일본 정부는 모든 국내의 개항지 상인의 수요(需要)로 수입한 물품에 대해서는 조세를 거두지 않고, 그 물품을 저장할 수 있

는 대납사(貸納舍)를 건설하여 그곳에 물품을 보관한다. 일본 정부는 그 물품의 안전을 보장하지만, 화재는 정부도 보장할 수 없다. 외국 상인 회사에 토고(土庫)를 단단하게 해서 화재에 대한 염려가 없도록 요구할 수 있다. 수입 물품을, 가령 자주(資主)가 자신의 창고에 보관하고자 하면, 조세목록에서 정한 조세를 낸다. 일정한 상품을 해당 항구의 필요에 의해 다시 수출하게 되면, 수입한 물품에 매기는 세금을 납부할 필요가 없다. 창고 임대료[庫賃]는 창고에서 물품이 나온 뒤에 거둔다. 창고 임대료 및 창고 관리는 서로 협의하여 정한다.

제5조   모든 일본의 물산(物産)은 국내 어느 곳에서든 자유롭게 각 개항지로 운반할 수 있다. 수로와 육로가 정비된 곳에는 여러 상인들에게 규례대로 걷는 조세 외에 별도로 운반세[運租]를 걷지 않는다.

제6조   종래 일본의 안팎에서 발생하던 화폐(貨幣) 유통의 장애를 제거하기 위해, 일본 안세이(安政) 5년 무오(戊午), 러시아력 1858년에 일본과 러시아가 체결한 조약 제13조에 의거하여 일본 정부는 속히 화폐 개혁을 거행한다. 이후에 일본 용주소(鎔鑄所)와 기타 개항된 항구 및 시장에 화폐 교환을 위해 일정한 장소를 마련한다. 외국인과 일본인의 구분 없이 외국의 화폐 및 금은(金銀)과 지금(地金)⁵⁰을, 개주(改鑄) 비용을 제외하고 동종(同種)·동량(同量)으로 참[眞] 품위(品位)인 일본 화폐로 교환해주며, 교환에 관한 일은 양국이 의논하여 정한다. 일본 정부는 이 사안을

---

50 지금(地金): 제품으로 만들거나 세공하지 않은 황금이다.

처리하는 기한을, 이 약서를 압인한 날로부터 1년을 넘기지 않
는다. 하지만 그 전에 준비가 되면, 기한과 관계없이 시행할
수 있다. 이 때에는 일본 전국에 포고해야 한다.

제7조 조세가 관련되는 수출입 물품의 선적과 하역 및 거기에 사용되
는 작은 배, 인부[丁夫] 및 잡부[承局]의 고용 등, 개항지에서 향
후 발생 가능한 곤란한 일이나 불합리한 일의 제거를 위해 각
개항지에 부교(奉行)를 임명하여 영사관(領事官)과 신속히 협의
하게 한다. 서로의 승낙을 거친 뒤 필요한 법을 제정하여 위의
곤란한 일과 불합리한 일이 발생하지 않도록 한다. 이를 통해
무역의 흐름을 온전하게 하고, 또 각 사람마다 힘쓰는 일들이
편해지도록 한다. 앞의 규칙 안에 각 개항지에서 화물을 싣고
내리는데, 비와 이슬에 손상을 입지 않도록 부두(埠頭)에 작은
창고를 건설하는 건(件)을 추가한다.

제8조 일본인은 존비(尊卑)와 상관없이 일본 개항지 혹은 해외에서,
여객과 화물을 운송하는 각종 범선(帆船)과 화륜선(火輪船)을 자
유롭게 매입할 수 있다. 군함의 경우에는 일본 정부의 허가장
을 얻지 못하면 매입을 허가하지 않는다.

일본인이 러시아 선박을 매입하여 기장(旗章)을 게양할 수 있는
허가증을 청구하면, 기선(汽船)은 1톤마다 일분은(一分銀) 3개
(箇)를, 범선은 1톤마다 일분은 1개를 세금으로 징수한다. 다만
이를 정하기 위해, 영사관(領事官)은 일본 장관(長官)의 요청에
따라 매입하는 선박의 톤수를 러시아 선박목록에 의거하여 그
진위를 확인해 준다.

제9조 일본의 상인들은 이 약서 중 제10조에 기재된 규칙에 따라, 개

항지에서 정부 관리의 입회(立會)가 없었더라도, 일본 정부가 발행한 해외 출국 허가장을 받았다면, 러시아에 가서 마음대로 러시아 상인과 교역할 수 있다. 다만 일본인이 러시아 상인과 교역하여 발생하는 세금은 일본 상인들이 통상적으로 내는 조세 외에 별도로 거두지 않는다.

제후(諸侯)와 그 사인(使人)도 또한 위의 규칙에 따라, 러시아 및 일본의 개항지 및 각 지역에서 일본 관리의 입회 없이 마음대로 러시아 상인과 상업 활동을 할 수 있다.

제10조 일본인은 일본 개항지에서, 또는 러시아인을 실은 일본인의 선박에서 또는 러시아 선박에서, 자신의 화물을 자유롭게 수출할 수 있다.

이 외에 일본 게이오(慶應) 2년 병인(丙寅) 4월 9일, 러시아력 1866년 5월 11일에 일본 정부가 포고(布告)한 취지에 따라, 정당한 방법으로 정부의 인장(印章)을 얻은 경우, 학술의 전수 및 상업 활동을 위하여 일본인이 러시아로 가는 것을 허가한다. 또 러시아인에게 고용된 일본인이 여러 직업에 종사하는 것을 일본 정부는 금하지 않는다.

제11조 일본 정부는 항해의 위난(危難) 예방을 위해, 등대(燈臺) 및 부목(浮木)과 영목(澪木)[51]을 각 개항된 항구 주 변에 갖추어 놓는다.

제12조 이 약조서(約條書)는 날인하는 날에 곧 시행한다.

이 약조서는 양국 정부의 결정 후 서로 서신으로 알린다. 이 약서(約書)를 교환하는 것으로써 양국 군주의 보증을 대신한다.

---

51 영목(澪木): 항로를 표시하거나 암초 등을 표시하기 위해 설치하는 표지(標識)이다.

이 약서 각 2통을 서로 자국어로 작성하여, 양국의 전권 관리가 이름을 기록하고 압인한 뒤 1통을 교환한다.

일본 게이오(慶應) 3년 정묘(丁卯) 11월 18일, 러시아력 1867년 12월 11일에 에도에서 교환한다.

에즈레 카가노카미(江連 加賀守)	화압(花押)
모(某)-인명은 생략한다. -	수기(手記)

러시아와의 치시마(千島, 쿠릴열도) · 가라후토토우(樺太島, 사할린) 교환 조약[52]

이번에 러시아와 치시마(千島)와 가라후토토우(樺太島)를 교환하기로 한 조약을 아래와 같이 정하였다.

하늘의 도움을 받아 만세 일계(萬世一系)의 제위(帝位)에 오른 일본 황제는 이 문서로 나와 러시아 황제가 같은 바람을 가지고 있음을 널리 알린다. 나는 가라후토토우에 영유(領有)하는 지역을 러시아 황제에게 양여(讓與)하고, 러시아 황제는 영유하고 있는 치시마 군도 전부를 나에게 양여한다. 이 일은 양국이 전권을 위임한 중신(重臣)이 메이지(明治)[53] 8년

---

52 저본에는 본 조약명이 누락되어 있으나, 전체 목차를 참조하여 번역본에는 삽입하였다. 이 조약은 '상트페테르부르그 조약(Treaty of Saint Petersburg)'으로 알려져 있다.
53 메이지(明治) 연호가 원문에 빠져 있으나, 일본어 조약 원문에 근거하여 추가하였다.

을해(乙亥) 5월 7일에 상트페테르부르크[彼得堡]에서 모여 이 조약을 체결하고 압인하였으니, 그 조항은 아래와 같다.

가라후토(樺太) − 치시마(千島) 교환조약

대일본국황제(大日本國皇帝)와 전러시아황제[全魯西亞皇帝]는, 종전 가라후토토우에 양국의 영토가 섞여 있음으로 인해 여러 차례 일어난 분쟁의 원인을 제거하고[54] 또 양국 간의 교의를 굳건히 할 목적으로, 대일본황제가 소유한 영지(領地) 가라후토토우 영토의 권리와 러시아 황제가 소유한 영지 군도(群島) 상의 권리를 교환하는 조약을 맺고자 한다. 따라서 대일본국황제는 해군 중장 겸 러시아 주재 특명전권공사(特命全權公使) 종사위(從四位) 에노모토 다케아키(榎本武揚)에게 전권을 위임하고, 러시아 황제는 태정대신(太政大臣) 금강석장식(金剛石裝飾), 러시아황제 모양[照像] 금강석장식, 러시아 모(某) 포패(褒牌),[55] 모훈(某勳)1등포패, 모(某)포패, 백취(白鷲)포패, 모훈1등포패 및 모훈1등포패와 프랑스[佛蘭西] 모훈대십자(大十字) 포패와 스페인[西班牙] 금막대십자(金膜大十字)포패와 오스트리아[澳大利] 모훈(某勳)대십자포패와 금강석장식 프로이센[孛露生] 흑취(黑鷲)포패 및 기타 여러 포패의 공작(公爵) 모관(某官) 모인(某人)에게 전권을 위임한다.

---

54 여러 차례……제거하고: 원문의 내용으로는 문맥이 통하지 않아 일본어 조약을 참조하여 번역하였다.
55 포패(褒牌): 공로를 나타내는 표식(表識)이나 휘장(徽章)을 가리키는 듯하다.

앞의 각 전권 관리가 아래의 조항을 협의하여 결정하였다.

제1관[56] 대일본황제 및 그 후손은 현재 가라후토토우에서 영유(領有)하
는 지역의 권리 및 거기에 소속된 군주(君主)의 일체 권리를 러
시아 황제에게 양여한다. 지금 이후로 가라후토의 모든 섬은
모두 러시아에 속하고 모(某) 해협을 양국의 경계로 정한다.

제2관 러시아는 영유하는 모(某) 섬과 두 번째 모(某) 섬, 세 번째 모
(某) 섬에서 열여덟 번째 모(某) 섬까지,[57] 합계 18개의 섬에 대
한 권리(權理) 및 거기에 소속된 군주의 일체 권리를 대일본황
제에게 양여한다. 지금 이후로 모(某) 전도(全島)[58]는 모두 일본
국에 속하고, 캄차카(Камчáтская, 東察加)의 모(某) 곶과 모(某) 섬
사이 해협을 양국의 경계로 정한다.

제3조 교환 지역은 교환 날에 바로 새로운 영토 주인[領主]에 소속된
다. 다만 교환 의식(儀式)은 비준을 거친 뒤에 쌍방이 관원 1명
또는 수 명을 수수관(受授官)으로 선발하여 실지(實地)로 가서
시행한다.

제4조 위 조항에 기재된 교환 지역의 공동 토지 및 개간지[着手地], 그
리고 일체의 공공(公共) 축조물(築造物)·첩벽(疊壁)·둔서(屯署)
및 인민들의 사유물이 아닌 이런 종류의 건축물은 모두 새로

---

56 제1관: 원문은 일관되게 '一'로 표기되어 있다. 일본 원문 조약에 근거하여 각 관에 번호
를 부여한다.
57 모(某) 섬과······ 섬까지: 치시마(千島) 군도를 구성하고 있는 18개 섬을 가리킨다. 러시
아어를 음차(音借)하여 표기되어 있기 때문에 각 섬의 명칭을 생략한 것으로 보인다.
58 모(某) 전도: 치시마 군도를 가리킨다.

관할하는 영토 주인이 권리를 가진다. 현재 각 정부에 속한 모
든 건축물 및 동산(動産) 기록을, 제3관(款) 쌍방의 수수관(受授
官)이 조사를 마친 뒤 그 가격을 정하는데, 그 금액은 새로 영
유하게 되는 정부가 낸다.

제5조   교환 지역에 거주하는 양국의 주민, 러시아인과 일본인에 대
해, 각 정부에서는 아래의 조건(條件)을 보증한다. 각 주민은 모
두 원적(原籍)을 보장받으며, 귀국을 원하는 사람은 언제든지
마음대로 귀국할 수 있다. 교환된 지역에 머물고자 하는 사람
은 생계를 영위할 수 있는 권리와 그 소유물에 대한 권리, 그리
고 자유롭게 종교를 믿을 권리를 모두 보장한다. 새로운 영토
주인에 속한 주민은 일본과 러시아를 불문하고 보호를 받는다.
하지만 각각의 주민은 보호하는 국가 관할에 소속된다.

제6조   가라후토토우를 양여(讓與) 받아 얻은 이익에 상응하여, 러시아
황제는 다음 조항을 일본에 허가한다.

제6-1조 코르사코프(Корсаков)[高樔舍高屎]항에 입항하는 일본 선박은 조
약 교환 후 10년간 항비(港費) 및 해관세(海關稅)를 면제받는다.
기한이 되면 러시아 황제가 처리할 수 있다. 러시아 황제는 모
(某) 항에, 일본 정부의 영사관(領事官) 및 영사관 겸임자(兼任者)
의 배치를 허가한다.

제6-2조 일본 선박 및 상인이 통상(通商)을 위해 오호츠크(Охóтское)[烏胡
這叵]와 캄차카에 항해하거나 그 바다와 해안을 따라 어업(漁業)
등을 하고자 하면, 모두 러시아 인민들과 동등한 권리와 특전
을 제공 받는다.

제7조   해군 중장 에노모토 다케아키(榎本武揚)의 위임장이 아직 도착

하지 않았으나, 전신(電信)으로 위임장을 보낸다는 뜻을 확정하였으므로, 도착을 기다리는 중 조약서에 이름을 기록한다. 그리고 각각은 전권을 위임받는 의식을 거행하고, 모사(某事)와 별도로 아래의 권(券)을 만든다.

제8조 이 조약서는 대일본황제와 러시아 황제가 서로 허가한 것이다. 다만 각 황제가 비준서를 교환하는 것은, 각각의 전권 관리가 이름을 기록한 날로부터 6개월 사이에 도쿄(東京)에서 시행한다. 이 조약에 권위를 부여하기 위하여, 각 전권 관리는 각각의 성명을 기록하고 아울러 도장을 찍는다.

메이지(明治) 8년 을해(乙亥) 5월 7일, 1875년【4월 25일, 일본력 5월 7일】에 상트페테르부르크부[比特堡府]에서 체결하였다.

에노모토 다케아키(榎本武揚)　　　　　　인(印)

러시아 대신(大臣) 모(某)　　　　　　　　인

짐(朕)이 직접 위의 조약을 보니 그 취지가 옳다. 그러므로 지금 이 조약서로써 모두 증인(證認)하고 비준하여, 천지(天地)와 더불어 유구(悠久)하기를 기약하며, 조약에 기재된 모든 조관(條款)의 약조를 준행할 것을 약속한다. 위의 내용을 증거로 삼아, 짐의 이름을 기록하고 국새(國璽)를 찍는다.

진무천황(神武天皇) 즉위 기원 2535년, 메이지 8년 8월 22일
주명(主名)·국새

봉칙(奉勅) 외무경(外務卿) 데라시마 무네노리(寺島宗則)

메이지(明治) 8년 5월 7일, 1875년 4월 25일에 러시아 상트페테르부르크부(聖比特堡府)에서 검인(鈐印)한 제3관에 기초하여, 제5관의 취지를 온전히 한다. 또 시행을 위해, 양여(讓與)를 마친 지역에 거주 각 정부의 신민(臣民)들의 권리(權利) 및 그 신상에 관한 사항과, 두 지역에 거주하는 토착민[土人]에 대한 일을 처리하기로 하였다. 따라서 일본 황제와 러시아 황제는 각각의 위원(委員)에게 명령하였다. 일본 황제는 외무경(外務卿) 데라시마 무네노리(寺島宗則)를 임명하고 러시아 황제는 시종(侍從) 겸 모(某) 일(日) 일본 주재 변리공사(辨理公使) 모(某)를 임명하였다. 쌍방 위원의 문서를 참조하여 그 확실함을 살핀 뒤, 아래 조약을 협의하여 결정하였다.

1. 교환을 마친 각 지역에 사는 일본과 러시아의 신민(臣民) 가운데, 자기가 소유한 지역에 거주를 원하는 사람은, 자신의 직업을 영위할 수 있고 또 정부의 보호를 받을 수 있다. 또 현소유지의 경계(境界)에서 어업과 수렵을 할 권리가 있고, 또 평생 자기 직업과 관련한 제반 세금을 면제받는다.

1. 가라후토[樺太] 및 모(某) 섬[59]에 거주하기로 결정한 신민들은 각각 소유권이 있는 바, 현재 소유한 부동산(不動産) 물건 및 그 소유권(所有權)에 대해, 이를 증빙하는 증권(證券)을 소유

---

59 모(某) 섬: 치시마 군도를 구성하고 있는 섬을 지칭한 것으로, 〈樺太千島交換條約附錄〉 안에서 이후 용례도 동일하다.

주에게 준다.

1. 가라후토 및 모(某) 섬의 각 신민들은 자기의 종교를 존숭할
수 있고 또 그들의 예배당과 묘소를 훼손할 수 없다.

1. 가라후토토우 및 모(某) 섬의 토착민[土人]은 오랫동안 현지
에 거주했으므로, 현재 영유 주인[領主]의 신민이 되는 권리
가 없다. 따라서 만약 자기 정부의 신민이 되고자 하면, 그
지역을 떠나 현재 영유 주인에 속하는 지역으로 옮겨가야
한다. 또는 현지 거주를 원한다면, 그 민적(民籍)을 변경해야
한다. 각 정부는 토착민이 거취를 결심할 수 있도록 이 조약
의 부록을 토착민에게 고지한다. 토착민은 3년 안에 거취를
결정할 수 있는데, 그 동안은 소유권에 제한이 없으며, 주어
진 의무나 특별 허가 등을 변경하지 않는다.

1. 가라후토토우 및 모(某) 섬의 토착민은 각각 자유롭게 자신
의 종교를 존숭할 수 있고, 또 그들의 사당(祠堂)과 묘소를
훼손할 수 없다.

1. 앞에 기록된 5개 조항은 메이지 8년 5월 7일, 상트페테르부
르크에서 검인(鈐印)한 조약과 동일한 효력을 가진다.

앞의 내용을 확정하기 위하여, 각 전권 위원은 이 부록 2첩(牒)을 작성
하고 각각 인장을 날인한다.

메이지(明治) 8년 8월 22일

일본 외무성경(外務省卿) 데라시마 무네노리(寺島宗則)

러시아 변리공사 모(某)

영국[英吉利] 약정(約定)⁶⁰

안세이(安政) 원년 갑인(甲寅) 8월 23일, 서력 1854년 10월 14일 나가사키(長崎)에서 날인하였다. 안세이(安政) 2년 을묘(乙卯) 8월 29일, 서력 1855년 10월 9일에 같은 장소에서 본서(本書)를 교환하였다.

일본 대군(大君)의 명을 받은 나가사키(長崎) 부교(奉行) 미즈노 지쿠고노카미(水野 筑後守)·감찰(監察) 나가이 이와노조(永井巖之丞)가 동인도(東印度) 및 그 근해(近海) 영국(英國) 군함 지휘하는 제3등 수사제독(水師提督) 모(某)【작명(爵名)·관명(官名)·인명(人名) 번역생략】와 동의하여 약정(約定)한 각 조항은 아래와 같다.

제1조　나가사키와 하코다테(箱館) 두 항구는 영국 선박을 위하여 수리(修理) 및 물과 음식을 제공하고, 기타 배에 필요한 물품을 갖추어 개항한다.

제2조　나가사키는 위의 조항에 의거하여 지금 개항하고, 하코다테는 수사제독(水師提督)이 본 항구를 떠난 지 50일 이후에 개항한다. 앞의 두 항구에 관한 법규는 모두 준수해야 한다.

제3조　폭풍우에 조난을 당하거나 혹 부득이한 사유가 있으면, 비록 일본 정부의 허가를 얻지 못했더라도 이미 개항하기로 약속한 항구 이외 다른 항구로 들어갈 수 있다.

제4조　일본의 항구에 들어온 영국 선박은 마땅히 일본의 법률을 따라

60　본 조약의 본명은 '일영화친조약(日英和親條約)' 영문으로는 'Anglo-Japanese Friendship Treaty'이다.

야 한다. 선박에 타고 있는 고관 혹은 지휘관이 위 법률을 위반하면 그 항구를 닫고, 그 아래 사람이 위반하면 그 선박의 지휘관에게 인계하여 처벌하도록 한다.

제5조 기타 다른 나라의 선박 혹은 인민들을 위해 현재 개항한 항구, 또는 향후 개항하게 될 항구에는 영국의 선박 및 인민들도 역시 들어갈 수 있다. 또 만약 다른 나라가 최혜국(最惠國)의 이익을 받게 되면, 영국도 동일한 이익을 보장받는다. 그러나 예전부터 일본과 교류를 해온 네덜란드 및 지나(支那)가 받는 이익은 여기에 해당하지 않는다.

제6조 이 약서(約書)를 확증(確証)한 뒤에, 본서는 일본 대군과 영국 여왕을 대표해 지금부터 12개월 후 나가사키에서 교환하기로 한다. 이 약서의 본서를 교환하기 위하여 일본으로 오는 고관은, 누구를 막론하고 이 약서의 내용을 변경할 수 없다.

위 내용의 증빙(証憑)을 위해 나가사키에서 이 문서에 수기(手記)하고 날인하였다.

안세이(安政) 원년 갑인(甲寅) 8월 23일

미즈노 지쿠고노카미(水野 筑後守)   화압(花押)

감찰(監察) 나가이 이와노조(永井巖之丞)   화압

영국 지휘관 제3등 수사제독【작명(爵名)·관명(官名)·인명(人名) 번역생략】

영국[英吉利] 조약[61]

안세이(安政) 5년 무오(戊午) 7월 18일, 서력 1858년 8월 26일 에도(江戶)에서 조인하였다. 동(同) 6년 기미(己未) 6월 12일, 서력 1859년 7월 11일 같은 장소에서 본서를 교환하였다.

제국(帝國) 대일본(大日本) 대군(大君)과 대(大) 브리타니아[貌利太尼亞] 및 아일랜드[意而蘭土] 여왕[62]은 함께 영원하고 견고한 친목을 맺으려는 뜻으로, 또 각 신민(臣民)들의 무역과 교통을 용이하고 편리하게 할 목적으로 평화와 친교 및 무역에 관한 내용을 담은 조약을 맺는다. 일본 대군은 미즈노 지쿠고노카미(水野 筑後守)·나가이 겐바노카미(永井 玄蕃頭)·이노우에 시나노카미(井上 信濃守)·호리 오리베마사(堀 織部正)·이와세 히고노카미(巖瀨 肥後守)·쓰다 한자부로(盡田半三郎)에게, 브리타니아 및 아일랜드 여왕은【관명 번역생략】에게 명령하여, 각각 위임서(委任書)를 참조하여 합의하게 하였으니, 결정한 조항은 아래와 같다.

제1조   일본 대군은 브리타니아 및 아일랜드 여왕과 함께 그 친족 및 후예 그리고 각국 신민(臣民)들 간에 평화와 친교가 영구하기를 기약한다.

제2조   일본 대군은 런던[倫敦]에 공사(公使)를 파견하고, 아울러 영국[63]

---

61 본 조약의 정식 명칭은 '日英修好通商條約', 영문으로는 'Anglo-Japanese Treaty of Amity and Commerce'이다.

62 1850년대 당시 '영국'의 정식 국호는 '대브리튼(Great Britain)과 아일랜드 연합 왕국'(The United Kingdom of Great Britain and Ireland)이었다. 본 한문본 조약 서문에서 이는 '大貌利太尼亞及意而蘭土'로 표기되었다.

각 항구에 영사(領事)를 파견하여 상인을 관리하고 무역 사무를 처리하게 한다. 공사와 영사는 영국 국내를 자유롭게 다닐 수 있다.

영국 여왕은 공사를 파견하여 에도(江戶)에 주재하게 하고, 아울러 이 조약에 따라 개항하기로 한 각 항구에는 영사 혹은 대리인(代理人)을 명을 받들어 거주하게 한다. 공사와 영사는 모두 일본 국내를 자유롭게 다닐 수 있다.

제3조 가나가와(神奈川)·나가사키(長崎)·하코다테(箱館) 및 그 지역은 안세이(安政) 6년 기미(己未) 6월 2일, 서력 1859년 7월 1일에 영국 신민을 위하여 개항한다. 기타 아래 기재한 여러 항구는 기한에 맞춰 영국 신민을 위해 개항한다.

효고(兵庫)는 무오(戊午) 7월부터 52개월 후, 1863년 1월 1일에 개항한다. 니가타(新潟)는 만약 사정이 있어서 개항하지 못할 경우, 별도로 일본 북해안(北海岸)에 무오(戊午) 7월부터 16개월 후, 1860년 1월 1일에 개항한다.

이상 기재된 각 항구 및 그 지역에는 영국인의 거주를 허가한다. 이들은 일정한 구역의 땅을 빌릴 수 있는데, 그 땅에 건축된 가옥을 구입할 수도 있고, 빌린 땅에 집과 창고를 지을 수

---

63 영국(英國)은 'England'의 음차로 브리튼 섬 내의 잉글랜드 지역/왕국을 뜻하는 단어이지만, 당대 그리고 현재까지도 일본과 한국에서 정식 국호 명칭(United Kingdom)을 대신하는 말로 쓰이므로, 번역문에서 국호나 왕호(王號) 등의 특별한 경우 이외에, 일반적 용례에 대해서 조약 본문에서 쓰이는 브리타니아(貌利太尼亞)라는 명칭 대신, 일괄적으로 '영국'으로 표기하기로 한다.

있다. 다만 집의 건축을 핑계로 요해지에 건물을 짓는 것은 불
가하다. 이 규정을 준수할 수 있도록, 집을 건축하거나 건물을
지을 때에는 일본 관리로 하여금 가서 검사하게 한다.

영국인이 가옥을 건축할 수 있는 장소 및 여러 항구의 규칙은,
각 항구의 일본 관리가 영국 영사와 의논하여 정한다. 만약 합
의되지 못하면, 일본 정부에 안건을 보고하고 일본 정부가 영
국 공사와 임의로 처리한다. 영국인 주거지의 둘레에는 문과
담장을 설치하지 않고 자유롭게 출입할 수 있다.

일본 개항지의 영국인의 유보(遊步) 규정은 아래와 같다.

가나가와(神奈川)는 로쿠고가와(六鄕川)로 한정하고 그 나머지는 사방
10리.

하코다테(箱館)는 사방 10리.

효고(兵庫)는 교토(京都)로부터 10리 거리 지역 내에는 영국인이 들어
갈 수 없다. 따라서 그곳을 제외하고 각 방면 10리이다. 또 배는 이나가
와(猪名川) 강을 건너 바다로 통하는 하천(河川)으로 갈 수 없다.

모든 이수(里數)는 각 항의 관청(官廳)에서 계산한 육로(陸路)의 정도(程
度)이다.

나가사키(長崎)는 거리[街] 주위에서 공령(公領: 조정의 영지(領地))까지
를 한계로 정한다.

니가타(新瀉)는 의논을 거친 뒤 경계를 정한다.

에도는 무오(戊午)년 7월부터 42개월 후, 1862년 1월 1일에 개항한다.

오사카(大坂)는 무오(戊午)년 7월부터 52개월 후, 1863년 1월 1일에 개
항한다.

에도와 오사카 두 지역은 영국인이 상업의 목적으로만 거주할

수 있다. 영국 신민이 이 두 지역에서 적당한 땅을 임차해 집을 짓는 것과 산보(散步)에 대한 규정은 일본 관리가 영국 공사와 정한다.

제4조 일본에 있는 영국인이 분쟁을 일으키면 영국 법관이 재정(裁定)한다.

제5조 일본인이 영국인에게 범죄를 저지르면 일본 법관이 규찰(糾察)하여 일본 법률로 처벌하고, 영국인이 일본인 혹은 외국인에게 범죄를 저지르면 영사 혹은 다른 관리가 영국 법률로 처벌한다. 재판은 공평하게 하여 편파적이지 않도록 한다.

제6조 영국인이 일본인에게 소송을 제기하는 일은 영사관(領事館)에 가서 고지하는데, 영사는 그 사안을 심사하여 되도록 좋은 방향으로 처리한다. 일본인이 만약 영국인을 고소하게 되면 영사가 되도록 우호의 뜻으로 처리한다. 만약 영사가 영국인과 일본인 사이에서 일어난 쟁송(爭訟)을 결정하지 못하면 일본 법관에게 도움을 청할 수 있고, 이 경우에는 공동으로 심리하여 공평하게 재결(裁決)한다.

제7조 영국인이 일본인에게 부채가 있는데 상환을 게을리 하거나 부정한 행위를 하면, 영사가 재판하되 반드시 상환하게 한다. 일본 상인이 영국인에게 부채가 있으면 일본 법관이 처리한다. 일본 정부 및 영국 정부는, 양국 신민이 갚지 않은 빚을 대신 배상하지 않는다.

제8조 일본에 거주하는 영국인은 일본의 천민을 고용하여 일을 시킬 수 있다.

제9조 일본에 거주하는 영국인은 자유롭게 자기 나라의 종교를 믿을

수 있고, 예배당(禮拜堂)을 설립하는 것도 모두 무방하다.

제10조 　외국의 여러 화폐는 일본의 화폐와 동종(同種)·동량(同量)으로 통용한다. 양국의 사람들이 서로 물건 값을 갚을 때 일본과 외국의 화폐를 함께 사용해도 무방하다. 일본인은 외국의 화폐를 사용하는 데 익숙하지 않기 때문에, 개항한 후 1년은 각 항구의 관청에서 일본의 화폐로 영국인의 요청에 따라 교환해 준다. 이 경우에 개주(改鑄)하는 데 드는 비용은 내지 않는다.

　　　　일본의 여러 화폐는 동전(銅錢)을 제외하고는 수출할 수 있다. 외국의 금은(金銀)은 화폐로 주조한 것이든 혹 화폐로 주조하지 않은 것이든 모두 수출할 수 있다.

제11조 　영국 해군이 비축하는 물품은 가나가와·나가사키·하코다테 등에 내려 여러 창고에 보관하고 영국인이 지키는데, 거기에는 세금을 거두지 않는다. 만약 그 물품을 판매하게 되면 구매한 사람이 규정된 세금을 일본 관청에 납부한다.

제12조 　영국 선박이 일본 해안에서 난파되거나, 혹은 폭풍을 만나 표류하거나, 혹은 위난(危難)을 피하여 온 경우에, 일본 관리가 인지하게 되면 되도록 신속하게 구조하여 후하게 돕고, 근처 항구의 영사에게 보낸다.

제13조 　영국 상선이 일본에 입항할 때에는 자유롭게 도선사(導船士)를 고용할 수 있고, 아울러 출항할 때도 부채를 모두 상환했다면 자유롭게 도선사를 고용할 수 있다.

제14조 　영국인은 개항한 각 항구에 자유롭게 여러 물품을 수입할 수 있고, 아울러 매매와 수출을 자유롭게 할 수 있다. 금지하지 않는 물품은, 규정된 세금을 이미 납부했다면 다른 세금을 내

지 않는다.

군수용 제반 물품은 일본 정부에 판매하는 것 외에는 판매할 수 없다. 다만 외국인이 외국인과 매매하는 것은 무방하다. 양국의 사람들이 매매할 수 있는 물품은 일본 관리가 입회하여 살피지 않는다. 일본인이 영국인에게서 산 물품을 매매하거나 보관하거나 버리는 것 모두 무방하다.

제15조 일본 세관(稅關) 관리가 만약 화주(貨主)가 보고한 가격에 부정이 있는 것을 적발하면 적당한 값을 매겨 그 물건을 매입한다. 화주가 이를 거부하면 화주는 세관에서 매긴 값에 따라 세금을 납부해야 하고, 화주가 이를 받아들일 경우에는 세관에서 그 값으로 매입하고 다시 가격을 깎지 않는다.

제16조 수입한 화물이 정해진 규례대로 세금을 완납한 것이라면, 일본인이 국내로 수송하더라도 이중으로 세금을 내지 않는다.

제17조 영국 상선이 개항한 항구를 통해 수입한 물품은, 이미 정해진 규례대로 세금을 완납하고 증서(證書)를 첨부하였다면 비록 다른 항구로 옮기더라도 이중으로 세금을 내지 않는다.

제18조 개항한 각 항구에는 일본 관리가 적당한 규칙을 설립하여 부정한 밀거래를 예방한다.

제19조 벌금 및 몰수품은 모두 일본 정부에서 거둔다.

제20조 교역의 조건(條件)으로서 이 조약에 부가(附加)된 것은 양국 국민들이 본서(本書)와 동일하게 준수한다.

일본 귀관(貴官)과 위임된 관리는 영국 흠차공사(欽差公使)와 다시 규칙 증설을 상의하여, 이 조약 및 교역 조건을 완성한다.

제21조 이 조약은 일본어와 영어 및 네덜란드어로 기록한다. 그 번역

문은 모두 같은 뜻으로 작성하되, 네덜란드어 번역문을 원본으로 삼는다.

영국 흠차공사 및 영사가 일본 귀관에게 증여하는 일체의 공문서는 영어로 작성할 수 있다. 다만 조약을 날인(捺印)하는 날로부터 5년 동안은 일본어와 네덜란드어 번역문을 덧붙인다.

제22조 지금부터 14년 뒤 실제로 경험하면서 발생한 불편들을 고치고자 하면, 양국 전부가 1년 전에 고지하고 정한 때에 이르러 서로 상의하여 개정한다.

제23조 일본 정부가 향후 다른 나라 및 신민(臣民)들에게 특전을 허가하게 되면, 영국 정부와 신민들 모두 동일하게 적용을 받는다.

제24조 이 본서(本書)는 일본 대군(大君)이 주명(主名)을 쓰고 날인하며, 권미(卷尾)에 영국 여왕이 직접 이름을 적고 날인하여 1년 안에 에도에서 교환한다. 안세이(安政) 5년 무오(戊午) 7월 18일에 에도에서 양국의 전권 관리가 이름을 기록하고 날인한다.

미즈노 지쿠고노카미(水野 筑後守)	화압(花押)
나가이 겐바노카미(永井 玄蕃頭)	화압
이노우에 시나노카미(井上 信濃守)	화압
호리 오리베마사(堀 織部正)	화압
이와세 히고노카미(巖瀨 肥後守)	화압
쓰다 한자부로(津田 半三郎)	화압
액이금(額爾金)[64]	수기(手記)

---

[64] 額爾金: 당대 흠차전권(欽差全權), 제임스 브루스, 8대 얼 오브 엘긴(James Bruce, 8th

금가이전(金加爾田)[65]   수기

영국 런던[倫敦] 약정[66]

분큐(文久) 2년 임술(壬戌) 5월 9일, 서력 1862년 6월 6일에 런던에서 날인하였다.

일본 국내에 외국과의 교제를 방해하는 일당(一黨)이 대군(大君)과 집정(執政)에 역의(逆意)를 품은 바, 일본이 외국과 맺은 교의(交誼)를 보호하기 어려울 것을 염려하여, 대군의 집정이 이 사실을 일본에 주재하는 영국 여왕의【관명 번역생략】에게 고지하고, 대군은 영국에 사절(使節)을 파견하여 여왕의 정부에 보고하였다. 여왕의 정부는 이 보고에 대해 숙고하여 미리 의논하여 결정하였으니 그 내용은 다음과 같다.

1858년 8월 26일에 대브리튼[大不列顚](the Great Britain)과 일본 사이에 정한 조약 제3조에서 영국인을 위해 1860년 1월 1일부터 개항하기로 한 니가타(新瀉)항, 또 일본 서해안의 다른 한 항구, 1863년 1월 1일부터 개항하기로 한 효고(兵庫)항, 또 영국인의 거류를 위해 1862년 1월 1일에 개방하기로 한 에도부(江戶府) 및 1863년 1월 1일에 개방하기로 한 오사카부(大坂府)에 대한 사건(事件)을 1863년 1월 1일부터 계산하여 5년 동안

Earl of Elgin)가 영국측 서명자였다. '액이금'은 엘긴의 음차이다.

65 金加爾田: '금가이전'은 서명자인 제임스 브루스의 다른 작명(爵命), 12대 얼 오브 킨카르딘(12th Earl of Kincardine)에서 킨카르딘의 음차인데, 한문 번역자가 이를 다른 서명자로 착각하였다.

66 본 약정의 본명칭은 '런던각서(倫敦覺書)'이고, 영문으로는 'London Protocol'이다.

개항하는 시기를 연기한다.

영국 정부는 현재 일본 내의 반역자들을 진압하기 위해, 일본 집정이 현재 필요로 하는 시간을 감안하여, 조약에서 규정한 당연한 권리의 시행을 지연(遲延)하는 대사(大事)를 용인한다. 그러나 영국 정부는 일본 대군 및 그의 집정으로 나가사키(長崎)·하코다테(箱館)·가나가와(神奈川)의 항구에서는 위 내용을 제외하고는 조약에서 결정한 각 사항을 엄정하게 시행하게 한다. 또 외국인을 배척하는 옛 법을 폐지하고, 아울러 아래의 각 조의 폐단을 제거하기로 한다.

첫 번째, 1858년 8월 26일에 맺은 조약 제14조에 근거하여, 여러 종류의 상업 물품을 일본인이 외국인에게 판매할 때, 외국인이 판매원에게 가서 값을 헤아려 보는 것을 거부하는 일.

두 번째, 여러 직인(職人), 즉 장인[工匠], 선부(船夫), 각종 배에 쓰이는 인부, 교사(敎師) 및 종복(從僕) 등 직명(職名)이 무엇이든 간에 외국인에게 종사하는 것을 거부하는 일.

세 번째, 제후(諸侯)가 산물(産物)을 시장으로 내보내고, 가인(家人)을 시켜 직매(直賣)하는 것을 막는 일.

네 번째, 조소(租所)의 관리 및 사인(士人)이 상(賞)을 욕심내어 이것저것 막는 일.

다섯 번째, 나가사키·하코다테·가나가와의 항구에서 외국인과 교역하는 사람에게 신분의 제약을 두고 교역 허가를 거부하는 일.

여섯 번째, 일본인과 외국인 사이 절친한 무리의 자유로운 교제를 막는 일.

위의 결정은 조약과 관련되므로 대군 및 집정이 준수해야 한다. 만약 이 결정을 엄히 준수하지 않으면 영국 정부는 앞서 서술한 바, 원래 1858

년 1월 1일부터 계산한 5년의 기한 안에, 언제라도 이 약정에 기재한 바의 항구와 도시에 관한 허가를 중단할 수 있다. 곧 1858년 8월 26일에 맺은 조약에서 게재한 조항을 연기해주지 않고 즉시 시행 할 수 있다. 그리고 앞에서 말한, 영국인의 거류를 위해 개방하는 도시와 항구 등에 관한 건에 대하여 대군 및 집정에게 재촉할 권리가 있다. 일본 대군이 영국 여왕에게 파견한 사절은, 일본으로 돌아간 뒤에 외국과의 교역을 위해 쓰시마(對馬)항을 개항하는 조치가 대군 및 집정에게 이익이 되고 현 일본의 이익을 진전시키는 일임을 설득해야 한다. 또 사절은 대군 및 집정으로 하여금 유럽[歐羅巴] 사람들에게 호의를 보일 수 있도록, 일본이 수입하는 주류(酒類)에 부과하는 세금을 줄이게 하고, 5%의 세금을 거두는 여러 물품에 유리(琉璃) 기물을 포함시키며, 일본이 유럽과 교역을 더욱 왕성하게 하고자 하는 뜻을 보이도록 설득해야 한다. 이를 통해 양국이 조약 체결 시 부족했던 부분을 보충할 수 있다. 사절은 대군 및 집정에게 요코하마(橫濱)와 나가사키에 대납사(貸納舍)를 건설하는 조치를 건의할 수 있다. 이 대납사는 일본 사관(士官)이 관할하고, 해안에 내린 물품을 받아 보관하는데, 화물의 주인이 구매자에게 물품을 옮겨줄 때 세금을 내야 한다. 판매가 아닌 다른 곳으로 옮기기 위하여 준비하는 물품은 세금을 내지 않고 보관할 수 있다.

영국 여왕의 외국사무특파(外國事務特派)【인명 번역생략】는 일본 대군의 사절과 이 약정을 수기로 작성하였다. 영국은【인명 번역생략】를 통해 이 약정을 영국 여왕이 일본에 주재시킨 공사에게 전달하고, 일본은 사절을 통해 대군 및 집정에게 전달하여 1862년 6월 6일에 양국이 협의하였음을 증명한다.

다케우치 시모노카미(竹內 下野守)	화압(花押)
마쓰다이라 이와미노카미(松平 石見守)	화압
교고쿠 노토노카미(京極 能登守)	화압
【인명 번역생략】[67]	수기(手記)

프랑스[佛蘭西] 조약[68]

안세이(安政) 5년 무오(戊午) 9월 3일, 서력 1858년 10월 9일에 에도(江戶)에서 날인하였다. 안세이 6년 기미(己未) 8월 26일, 서력 1859년 9월 22일에 본서를 교환하였다.

프랑스 황제와 일본 대군은 함께 신의를 맺어 양국의 인민(人民)들이 교역을 하고 영구히 친목을 돈독히 하여 양국이 함께 이익을 얻기 위한 목적으로 조약을 정한다. 프랑스 황제는 전권사절(全權使節)【인명 번역생략】를 파견하고, 일본 대군은 미즈노 지쿠고노카미(水野 筑後守) · 나가이 겐바노카미(永井 玄番頭) · 이노우에 시나노카미(井上 信濃守) · 호리(堀) 오리베마사(堀 織部正) · 이와세 히고노카미(巖瀨 肥後守) · 노노야마 쇼조(野野山 鉦藏)에게 명령하였으니, 각각은 위임서에 조응(照應)하여 아래와 같이 조약을 결정하였다.

---

67 영국 측에서는 외무장관 존 러셀(John Russell)이 서명하였다.

68 본 조약의 정식 명칭은 '일불수호통상조약(日仏修好通商條約)', 프랑스어로 'Traité d'amitié et de commerce entre la France et le Japon'이다.

제1조 일본국과 프랑스국은 함께 대대로 친목을 돈독히 한다.

일본에 거주하는 프랑스인에 대해 일본 정부는 신실하게 대우해야 하고, 프랑스에 거주하는 일본인에 대해 프랑스 정부 또한 신실하게 대우해야 한다.

제2조 프랑스는 일본 에도(江戶)에 공사(公使)를 차견하고 아울러 영사(領事) 혹은 대리인을 개항항구에 차견한다. 프랑스 공사 및 영사는 모두 일본 국내를 자유롭게 다닐 수 있다.

일본은 파리[巴里]에 공사를 파견하고 또 프랑스의 여러 항구에 영사를 파견하여 일본 상인을 관리하고 교역에 관한 일을 처리하게 한다. 일본 관리는 모두 프랑스 국내를 자유롭게 다닐 수 있다.

제3조 가나가와(神奈川)·나가사키(長崎)·하코다테(箱館)의 항구 및 그 지역은, 안세이(安政) 6년 기미(己未) 7월 17일, 서력 1859년 8월 15일에 프랑스인을 위하여 개항한다. 니가타(新潟)항은, 만약 개항하기 어려운 사정이 있다면 일본의 서쪽 방향에 한 항구 및 그 지역을 개항할 수 있는데 무오년(戊午年) 8월부터 15개월 후, 서력 1860년 1월 1일에 개항한다. 효고(兵庫)항 및 그 지역은, 무오년(戊午年) 8월부터 51개월 후, 서력 1863년 1월 1일에 개항한다. 개항하는 모든 항구는 프랑스인의 거류를 허가하는데, 그 거류지는 다만 한 구역으로 한정하고 돈을 내고 빌린 땅에 가택과 창고를 지을 수 있다. 다만 집의 건축을 핑계로 요해지에 건물을 짓는 것은 허가하지 않는다. 이 규정을 준수할 수 있도록 집을 건축하거나 건물을 지을 때에는 수시로 일본 관리에게 검사하게 한다.

프랑스인이 가택과 창고를 지을 수 있는 지역은, 일본 관리가 프랑스 영사와 상의하여 정해야 한다.

여러 항구의 규칙을 정하는 것은, 일본 관리와 프랑스 영사가 상의하여 정한다.

만약 의논하여 정하기 어려운 사항이 있다면, 프랑스 공사가 일본 정부에 알려서 서로 상의하여 정한다.

프랑스인이 거주하는 곳에는 담이나 가리개 등을 설치하여 주위를 둘러싸지 않고, 출입은 자유롭게 할 수 있다.

프랑스인의 유보(遊步) 규정은 아래와 같다.

가나가와(神奈川)부터 로쿠고가와(六鄕川)까지. 가와사키(川崎)와 이시카와(品川) 사이에 있는 하천과 그 밖 10리를 걸어 다닐 수 있다.

하코다테(箱館)는 사방 10리를 걸어 다닐 수 있다.

효고(兵庫)는 하코다테와 같으나 교토(京都) 방면으로 간다면, 어디서부터를 불문하고 교토에서 10리 이내 지역에서는 멈춘다.

프랑스인 탑승객은 이나가와(猪名川) 강을 건널 수 없는데, 이나가와 강은 효고(兵庫)와 오사카(大坂) 사이에 있는 하천(川)으로서 세쓰(攝津)로 흘러간다. 이수(里數)는 관청에서 계산한 육로(陸路)의 정도(程度)이다.

나가사키(長崎)는 그 거리[街] 주위에서 공령(公領: 조정의 영지(領地))까지를 한계로 정한다.

니가타(新潟), 혹은 니가타항 대체지(代替地)의 유보 규칙은 일본 정부와 프랑스 공사의 상의(商議)를 기다려 결정한다.

프랑스인이 일본에 거주하는 것은 다만 상업의 목적일 때로 한정하는데, 1862년 1월 1일부터 에도에 거주할 수 있으며, 1863년 1월 1일부터 오사카에 거주할 수 있다.

프랑스인은 에도와 오사카에서 일정한 지역에 돈을 지불하고 집을 빌릴 수 있다. 산보(散步)에 대한 규정은 일본 정부가 프랑스 공사와 상의하기를 기다린 뒤에 정한다.

제4조 일본에 있는 프랑스인은 자유롭게 자기 나라의 종교를 믿을 수 있고, 또 거류지에 전당(殿堂)을 건축하는 것도 무방하다. 일본은 도회(蹈繪)의 구법(舊法)을 이미 폐지하였으니, 이를 다시 시행하지 않는다.【도회(蹈繪)는 외국인에게 자기 종교의 교조(教祖)가 그려진 그림을 밟도록 하는 것이다.】

제5조 일본에 있는 프랑스인끼리 논쟁이 생기면 공사 혹은 영사가 재판한다.

제6조 프랑스인이 일본인을 상대로 법을 위반하거나 무례한 행동을 하면 프랑스 영사가 국문(鞫問)한 뒤 자기 나라의 법률로 처벌하고, 일본인이 프랑스인을 상대로 법을 위반하거나 무례한 행동을 하면 일본 관리가 국문한 뒤 일본의 법률로 처벌하는데, 모두 편파적이지 않게 시행해야 한다.

제7조 프랑스인이 일본인에게 소송을 제기하게 되면 영사에 알린다. 영사는 그 일의 전말(顚末)을 심사하되 성실하고 공정하게 재판한다. 일본인이 프랑스인에게 소송을 제기하게 되면 관청에 알린다. 관청에서는 그 일의 전말을 심사하되 성실하고 공정하게 재판한다. 만약 프랑스 영사가 결정하기 어려운 일이 생기면, 일본 고관의 보조(輔助)를 받아 서로 상의하여 해결한다.

제8조 프랑스인은 일본의 개항한 모든 항구에서 자국의 물품 또는 다른 나라의 물품을 판매할 수 있다. 다만 일본에서 금지하는 물품의 판매는 허가하지 않는다. 또 일본의 개항한 항구에서 물

품을 휴대하고 자국 및 다른 나라로 갈 수도 있다. 다만 마땅히
규정대로 세은(稅銀)을 납부해야 한다.

병기(兵器)는 일본 정부 및 외국인을 제외하고 판매할 수 없다.
어떤 물품이든지 프랑스인이 일본인에게 판매할 수 있는 것은
일본 관리가 입회하여 살피지 않으며 값을 지불할 때에도 마찬
가지이다.

일본인은 프랑스인에게 물품을 매매할 수 있고, 일본에 거주하
는 프랑스인은 일본의 천민을 고용하여 일을 시켜도 무방하다.

제9조　이 조약에서 정한 상법(商法)은 조약과 동일하게 준수해야 한
다. 이 조약과 교역의 방법을 시행하기 위해 다시 규정과 법률
을 완비할 필요가 있으면, 프랑스 공사와 일본 고관이 상의하
여 정한다.

제10조　일본 정부는 각 항구에 규법(規法)을 세운다. 조약에서 정한 무
역 규칙을 위배하는 사람이 있으면 처벌하여 은(銀)으로 벌금
을 매기고 물품을 관에서 몰수한다. 이를 통해 일본에서 금지
하는 물품이 항구로 들어오는 것을 막고, 사기와 위조 및 탈세
(脫稅)를 예방한다.

제11조　일본의 개항한 항구로 온 프랑스 선박은 임의대로 인수인(引水
人 : 도선사(導船士))을 고용할 수 있다. 프랑스인이 출항할 때 부
채를 모두 상환하고 세금을 완납했다면, 임의대로 인수인을 고
용하여 항구 밖으로 나갈 수 있다.

제12조　프랑스인이 가져온 물품은, 이미 정례(定例)대로 세금을 납부하
였다면 일본 관리가 영수증[收畢]을 발급한다. 이와 같이 하면,
다시 그 물품을 가지고 다른 항구에 가더라도 이중으로 세금을

내지 않는다.

제13조 프랑스인이 일본의 개항한 항구로 가져온 물품은, 이미 정례대로 세금을 납부하였다면, 구매한 일본인이 그 물품을 국내에서 운송하더라도 이중으로 세금을 내지 않는다.

제14조 외국 화폐는 일본에서 통용할 수 있는데, 다만 양국의 화폐를 통용할 때는 금(金)은 금과 무게를 비교하고 은(銀)은 은과 무게를 비교하여 사용한다.

일본인은 외국의 화폐를 사용하는 데 익숙하지 않기 때문에, 개항한 초기에는 각 항구의 관청에서 일본의 화폐로 외국의 화폐와 그 가격을 균등하게 해서 프랑스인에게 교환해 준다.

평상시에 쓰는 금은(金銀)과 외국 금은은 해외로 가져가는 것은 허가한다. 일본의 동전(銅錢) 및 화폐로 주조하지 않은 금은을 해외로 가져가는 것은 금지한다.

제15조 프랑스인이 가져 온 물품에 붙는 세금을 적게 내려는 의도로 물품의 가격을 낮추는 경우에, 일본 관리가 적발하게 되면 적당한 값을 더한다. 화주(貨主)인 프랑스인이 이를 받아들이면 일본 관청에서 더해진 값으로 물품을 매입하고 그 값을 감(減)하지 않으며, 만약 받아들이지 않으면 더해진 값에 준하여 세금을 징수한다.

제16조 프랑스 선박이 위난을 당하거나 혹 폭풍을 만나 일본에 표착(漂着)하고 일본 관리가 인지하게 되면, 되도록 그 사람의 죄를 용서하고 도와주어, 근처 항구의 프랑스 영사에게 보낸다.

제17조 프랑스 해군 군함에 필수적인 물품에는 세금을 매기지 않으며, 가나가와·나가사키·하코다테에 있는 창고에 보관하고 프랑

스인이 관리하고 지킨다. 만약 그 물품을 일본인 혹은 외국인에게 판매하려면, 그 물품을 매입하는 사람이 정해진 액수대로 세금을 납부한다.

제18조 일본인이 프랑스인에게 부채를 갚지 않고 도망가면, 일본 관리가 마땅히 조사하고 밝힌 뒤 갚지 않은 금액을 배상한다. 프랑스인이 일본인에게 부채를 갚지 않고 도망가면, 영사가 마땅히 조사하고 밝힌 뒤에 갚지 않은 금액을 배상한다.

제19조 이 조약을 확정한 이후 다른 외국인에게 허가하는 모든 사항은, 프랑스 정부 및 프랑스인이 동일하게 허가를 받는다.

제20조 지금 이후로 14년이 지나기 전, 조약 안에 개정하고자 하는 조항이 있다면, 일본 정부 및 프랑스 정부는 1년 전에 미리 고지한 후 양국이 서로 상의하여 개정한다.

제21조 프랑스 공사 및 영사가 문서로 일본 고관에게 조회(照會)할 일이 있으면 프랑스어로 적는다. 다만 일본인이 빠르게 그 뜻을 이해할 수 있도록 5년 동안은 일본어를 덧붙인다.

제22조 이 조약의 본서(本書)는 프랑스 황제가 직접 자신의 이름을 쓰고 날인하며, 일본 대군은 권미(卷尾)에 날인한다. 본서는 지금 이후로 1년 안에 프랑스 사절(使節)이, 일본이 위임한 관원과 에도(江戶)에서 교환하기로 한다. 이 조약은, 프랑스는 프랑스어로 기록하고 일본의 가타카나[片假名]를 덧붙이며, 일본은 일본어로 기록하고 가타카나를 덧붙인다. 양국이 작성한 조약문은 뜻이 비록 동일하지만 양국은 함께 네덜란드어 번역문을 덧붙인다. 만약 조약 중에 난해한 점이 있으면 네덜란드어 번역문을 이 조약문의 증거로 삼는다. 이 조약문은 러시아[魯西亞]·영

국[英吉利]·미국[亞黑利加]과 맺은 조약에 네덜란드어 번역문을 덧붙인 것과 동일한 목적이다. 비록 본서를 교환하지 못하더라도, 안세이(安政) 6년 기미(己未) 7월 17일, 서력 1859년 8월 15일이 되면 이 조약의 내용이 시행된다.

안세이(安政) 5년 무오(戊午) 9월 3일, 에도(江戶)에서 양국의 전권 관리가 이 조약에 이름을 기록하고 날인하여 증거로 삼는다.

미즈노 지쿠고노카미(水野 筑後守)	화압(花押)
나가이 겐바노카미(永井 玄蕃頭)	화압
이노우에 시나노카미(井上 信濃守)	화압
호리 오리베마사(堀 織部正)	화압
이와세 히고노카미(巖瀨 肥後守)	화압
노노야마 쇼조(野野山鉦藏)	화압
【인명 번역생략】[69]	수기(手記)

---

[69] 이 조약은 당시 프랑스의 대중국 원정 사령관이던, 쟝 밥티스트 루이 그로(Jean-Baptiste Louis Gros)가 프랑스측 서명인이었다.

파리[巴里斯] 약정(約定)[70]

겐지(元治) 원년 갑자(甲子) 5월 22일, 서력 1864년 6월 25일에 파리에서 압인하였다.

프랑스[佛國] 외무(外務) 집정(執政)은 일본 사절(使節)과 아래의 조약을 결정하였다.

프랑스 황제 폐하는 일본 대군(大君)과 서로의 신임(信任)을 밝게 확인하여, 양국 간에 존재하는 우애 및 무역의 소통을 견고히 하고자 한다. 서로가 협의한 뒤에 특별한 결정을 통해, 1862년 이래로 양국 정부 사이에 발생한 해결하기 곤란했던 일들을 결단하여 바로잡는다.

그러므로 프랑스 황제 폐하의 외무 집정【인명 번역생략】합하(閤下)와 대군의 사절 곧, 이 일을 위임받은 이케다 지쿠고노카미(池田 筑後守)·가와즈 이즈노카미(河津 伊豆守)·가와다 사가미노카미(河田 相模守)와 동의하여 다음 조약을 결정하였다.

제1조   1863년 7월 나가사키(長崎)에서 프랑스 해군【선명(船名) 번역생략】함(艦)을 향하여 발포(發砲)하였던 사건의 배상을 위하여 대군의 사절 합하가 일본으로 돌아가고 3개월 뒤에, 일본 정부는 프랑스 황제 폐하가 에도(江戶)에 주재시킨 공사(公使)에게 배

---

70 이 약정의 정식명칭은 파리약정(巴里約定), 프랑스어로 'La Convention de Paris'이다. 이는 당시 요코하마(橫浜) 쇄항 담판사로 보낸 이케다 나가오키(池田長發)가 파리에서 맺은 협약으로, 본래 목적인 쇄항은 실패하였고, 일본 측에 시모노세키 사건(1863)의 배상금 청구, 프랑스 상품 관세 인하 등을 명기하게 되었다. 막부는 이 조약에 격노해 이케다 등을 견책했다.

상금으로 멕시코 은화 14만 불(弗)을 상환하기로 약속한다. 다만 10만 불은 정부에서 내고, 4만 불은 쵸슈후(長州侯)가 낸다.

제2조 대군의 사절 합하가 일본에 도착한 후 3개월 안에, 일본 정부에서 시모노세키(下關) 해협을 지나는 프랑스 선박이 만나게 되는 방해 요소를 제거하기로 약속한다. 부득이한 사정으로 그렇게 하지 못하면 병력을 사용하고 또 상황에 맞게 프랑스 해군의 분대(分隊) 지휘관과 함께 항해하여, 항상 통행의 막힘이 없도록 허가한다.

제3조 프랑스와 일본 간에 무역의 교통을 점차 활성화시키기 위해 1858년 10월 9일에 에도(江戶)에서 체결한 양국 간의 조약의 시행 중에, 프랑스 상인 혹은 프랑스 국기가 표시된 수입 물품에 대해서, 대군 전하(殿下)가 교역하는 외국에게 허가한 가장 최근의 감세(減稅) 표목(表目) 적용을 허가한다.

따라서 정밀하게 이 조약 내용의 준수를 위해 차(茶)를 포장하는 데 사용되는 아래의 물품은 세관에서 세금을 거두지 않고 통과시킨다. 여기에는 엽연(葉鉛)·연랍(鉛蠟)·깔개[席子]·그림용 유화 물감[畫用油]·쪽[藍]·유산(油酸)·석회(石灰)·냄비[平鍋]·대그릇[籠]이 해당한다.

또 일본 세관는 수입하는 아래의 물건에 대하여 5%의 세금을 징수하는데, 술·주정물(酒精物)·백설탕·철(鐵)·철엽(鐵葉)·기계부속품·마직물(麻織物)·시계[時辰器]·회중시계[時辰表]·태엽[鎖鍊]·유리그릇[硝子器]·약(藥)이 이에 해당한다.

그리고 유리·거울·도기(陶器)·옥으로 장식한 물건[飾裝玉物]·화장도구·비누·병기(兵器)·작은 칼 종류[小刀類]·서적·종이

· 조각품 · 그림은 6%의 세금을 징수한다.

제4조 위의 약정은 1858년 10월에 프랑스와 일본 간에 체결한, 위반할 수 없는 조약의 부분 중 하나로 간주하며, 양국의 군주가 본서를 교환할 필요 없이 곧바로 시행한다.

위 조항의 증빙을 위해, 위에 이름이 기록된 여러 전권 관리는 이 조약에 이름을 적고 또 검인(鈐印)한다.

1864년 12월에 파리에서 원서(原書) 2통을 기록하였다.

이케다 지쿠고노카미(池田 筑後守)　　　화압(花押)

가와즈 이즈노카미(河津 伊豆守)　　　화압

가와다 사가미노카미(河田 相模守)　　　화압

【인명 번역생략】　　　수기(手記)

外務省一

外務省者, 專管各國交際, 事務旣繁且大, 而官制連年頻改, 簿書式日斯生, 許多事務, 莫究其源。所謂條約, 有本假之說, 而兩國官吏所定者, 謂之假條約; 兩國君主批准者 謂之本條約, 擬以金石之重, 而猶有改正之論。國內常行事務雖有規則, 而未免增減之弊, 或捨舊而從新; 或朝變而夕改。然而本省則自交際以來, 猶存遵守之意, 比諸他省, 尙可說也。彼言曰: "交際之經法, 必從《萬國公法》; 使聘之節次, 莫過《星軺指掌》。心雖在玆, 事或有差, 以其國勢各異, 風俗不同故也, 隨機變更, 槩略參互"云, 蓋彼國好煩變新之風, 槩可知矣。其曰交際事務, 係是公使、領事之來往, 而日本公使、領事之去於各國者, 參列於本省職制中, 各國領事之來留日本各港者, 專爲通商一款, 而交易章程及多少稅則, 雖是本省所定, 係是海關事務, 故不必贅論。各國公使之來留日本 江戶者, 專爲交聘一款, 則是乃本省中事務, 故臚列如左。至若交聘各國公使來留江戶者曰, 英吉利國特命全權公使兼總領事, 而來於戊辰, 今以一等書記官代理。白耳義國特命全權公使來於癸酉。米利堅國特命全權公使來於甲戌。秘魯國特命全權公使來於甲戌, 而今不在。魯西亞國特命全權公使來於丙子。佛蘭西國特命全權公使來於丁丑, 今以一等書記官代理。伊太利國特命全權公使來於丁丑, 今以一等書記官代理。大淸國特命全權公使來於丁丑。和蘭國辨

理公使來於己酉。澳地利國辨理公使來於己卯。西班牙國代理公使兼
總領事, 而來於己卯。獨逸國全權公使兼總領事, 而來於庚辰。葡萄牙
國特命全權公使在於瑪港, 瑞典、諾威國事務代理則和蘭公使兼之矣,
今始定館而公使未來。丁抹國事務代理則和蘭公使兼之矣, 今始定館,
而公使未來。孛漏生屬於獨逸聯邦中。瑞西、布哇兩國, 無公使焉。
且於各國公使之來泊內港, 則先放礮視敬, 自海軍省亦放礮答禮, 而雖
知某國公使到某港, 本無迎接之官, 又無供億之例。公使若奉國書以
來, 則到館之日, 先送國書副本于外務省, 自外務省, 報知宮內省太政
官, 以定引謁之日, 當其日外務省只送雙馬車于公使館, 使之引導而
已。如非奉國書則亦無此例, 新公使到外務省, 親接外務卿, 傳照會、
公幹而已。無國書而或有引見, 出於特禮也。且非但公使各國軍艦中
水師提督之等官, 若欲見君主, 則先請外務省後, 亦有許引之例。至若
捧呈國書節次, 則駐箚公使擧行, 而無論慶、吊與何等事, 自本國使其
屬官齎來, 又或郵船便, 傳致公使館, 使之捧呈。若有講和、失和等,
意外事端之國書, 則特定別使臣矣。其所以答國書, 則有卽付回使之
例, 而若前來之公使駐箚而無回, 則自本國不必派使而傳之, 付于來往
公使, 自可信付。若無公使國, 則以付近駐領事亦無妨, 兩國皆有本國
駐箚公使, 則互相付之, 他無可論。大凡國書送答, 貴在迅速, 而若有
事故, 則稍晚無傷。且其國書所重自別, 故每當來往之時, 自古有禮幣
之物, 今則陸地輪車, 水程汽船, 萬里咫尺, 各國交際, 逐年頻繁, 國書
來往無年無之, 則隨价備幣, 還涉煩弊, 近皆廢之。且宴饗則無論何公
使, 皆設於延遼館, 外務卿以下爲主管, 邀接致款, 各省官員幾人參宴,
備儀無他定規。每年賜宴有三次, 日曆一月五日, 稱以宴會日, 而春之
花節, 秋之楓辰, 亦有賜宴也。至於各國公使定館之法, 無論何區、何

町目、何番地, 先定可容家第, 或占基址建築, 往覆外務省, 得其認可
然後, 始乃定館。其餘許多節次, 一依公法所載, 而外各國公館, 歲支
酬應, 非但隨其等級也, 亦從所住國之物價高低·道路遠近, 皆定給,
而公館歲支八十二萬一千圓, 省中歲支二十萬一千圓, 合爲一百二萬
二千圓, 皆自大藏省劃來。且其所謂繙譯之法, 卽字繙、義繙之別, 而
以字繙而看之, 則字以義殊; 以義繙而看之, 則義與字異, 而條約他國
重大之文也, 仍用字繙, 不得已或有附義, 而至若外他事務, 參互見聞
而多用義繙, 雖附己意, 於字於義, 證攷眩亂; 以本以譯, 辭意未暢, 又
或有泰西文字, 日人亦未能盡解, 其譯漢字故。但書以地名、港名、官
名、人名、物名、量名, 而考諸書籍, 質之外省, 有條約、規則之可以
繙漢文者, 搜輯各項, 冊子撫其要義。謹具本省事務, 而幷列書于左。

日本國外務省事務目錄

卷之一
職制沿革
職制章程
事務章程
該省規則
該省處務順序
公信局事務章程
取調局事務章程
記錄局事務章程

庶務局事務章程

會計局事務章程

檢查課事務章程

書記課事務章程

遣外使臣訓令

日本領事訓令

卷之二

內國人旅行外國規則

外國人內地旅行規則

旅行許狀之雛刑

奇遇于東京外國人遊步場區畫及規則

外國人漂着及 我國漂着人所扱規則

外國船漂着接遇方

外國航海規則

外國航海出願規則

外國人接待規則

傭外人規則

關于外國人貸借事物規則

外國人公使館警察規則

國書式

答國書式

照會式

照覆式

領事官委任狀

各國領事官證認狀式

答露國公使館設置之節往復

各國公使奉呈國書及拜謁順序

卷之三

亞米利加國條約

亞墨利加國條約

米利堅合衆國規則書

日本帝國與亞墨利加合衆國所約郵便交換條約

和蘭國條約

和蘭國追加條約

日本國全權與和蘭國全權所約追加條約附錄

和蘭國條約

魯西亞國條約

魯西亞國條約附錄

卷之四

魯西亞國追加條約

魯西亞國條約

魯西亞國新定約書

魯西亞國交換千島樺太島之條約

英吉利國約定

英吉利國條約

布告

大坂開港規則

新瀉天渡船約定

請以橫濱山手爲公園地書

記臆書第十箇條

神奈川縣權知事所與山手公園地券

外國人東京居留規則附錄

東京外國人居留地區競賣條款

東京外國人居留地地券案

新瀉外國人墓地約定書

箱館外國人墳墓地證書

長崎地所規則

地所貸渡卷書

地所規則添書

地所規則第二之附錄

日本國外務省事務 卷之一

外務省【麴町區霞關一丁目一番地】

該省總理各國交際事務, 監督我國駐箚各外司交官吏, 以保國權之處所。

職制沿革

交際一款專係於幕府, 老中奉行等職分掌外務矣。廢幕府後多有沿革。

置外國事務局, 定官制。【戊辰二月日】

　督一人【議定】 輔一人【議定】 權一人【參與】 權一人【議定】 判事七人【參與】

廢外國事務局, 置外國官, 定職制。【戊辰閏四月日】

　知官事一人【掌總判外國交際, 督監貿易, 開拓彊土。】副知官事一人 判官事六人 權判官事 書記 筆生【右分執行法之權。】

　建通商司管轄貿易事務。【己巳二月日】

　濱殿石室稱以延遼館, 付之外國官, 以爲各國使臣宴饗之所。【己巳二月日】

　通商司付屬於會計官。【今大藏省 己巳五月日】

　廢外國官, 置外務省, 定官制。【己巳七月日】

　卿一人 大輔一人 少輔一人 大丞 權大丞 少丞 權少丞 大錄 權大錄 少錄 權少錄 大譯官 中譯官 小譯官 史生 省掌 使部

　設領客使。【待尊賓權設仍罷 己巳七月日】

特例辨務使遣英國。【庚午六月日】

置大·中·少辨務使, 正權大·小記。【庚午閏十月】

大辨務使【相當從三位】 中辨務使【相當正四位】 少辨務使【相當從四位】
大記【相當正五位】 權大記【相當正六位】 少記【相當正七位】 權少記【相當從
七位】

置領事官【辛未十一月日】

總領事【五等官】 領事【六等官】 副領事【七等官】 代領事【八等官】

設欽差全權大臣遣淸國。【辛未四月日】

定書記官等級。【辛未七月日】

一等書記官【四等】 二等書記官【五等】 三等書記官【六等】 四等書記官
【七等】 五等書記官【八等】

置理事官, 遣于歐米各國。【全權大臣 辛未十月日 附屬】

置漢洋語學所。【辛未二月日】

改定外務省相當官位。【辛未八月日】

設特命全權大臣及副使, 遣于歐米各國。【辛未十月日】

改定外務省官。【壬申正月日】

置書記生。【壬申九月日】

一等書記生【八等】 二等書記生【九等】 三等書記生【十等】 四等書記生
【十一等】 五等書記生【十二等】 六等書記生【十三等】 七等書記生【十四等】
八等書記生【十五等】

外務省官員使之在勤琉球。【壬申九月日】

廢辨務使, 置全權公使。【壬申十月日】

特命全權公使【二等】 辨理公使【三等】 代理公使【四等】 一等書記官【五
等】 二等書記官【六等】 三等書記官【七等】

漢洋語學所移屬於文部省。【癸酉五月日】

置全權辨理大臣, 遣淸國。【甲戌八月日】

特命全權辨理大臣, 遣我國。【乙亥十二月日】

特命副全權辨理大臣, 遣我國。【乙亥十二月日】

改定職制, 而管理外國交際事務, 款接國內在留外國交際官吏, 暢達內外交涉訴訟, 保護所在我國之人。【丙子五月日】

卿一人 大輔 少輔 大丞 權大丞 少丞 權少丞 大錄 權大錄 小錄 權小錄 筆生 省掌

特命全權公使 辨理公使 代理公使 總領事 領事 副領事 書記官 書記生

廢大·小丞、大·中·小錄、書記生、筆生、省掌等職, 變通官制, 又置五局十課。【丁丑正月日】

一省失火, 移設飯廳于宮內省用地內。【丁丑二月日 辛巳六月還入于霞關內本省】

改定領事等級。【丁丑九月日】

總領事【四等】領事【六等】副領事【八等】

廢領客使、特命辨理使、欽差全權大臣, 特命全權大臣、同副使、理事官、全權辨理大臣、特命全權辨理大臣、同副大臣 等爵名【丁丑九月日】

職制章程

卿一人【正四位】
一統率合部官吏, 凡百事務, 歸卿主理。

一凡進退黜陟部下官吏, 其於奏任各官, 具奏請旨, 至判任諸吏, 自得專行。

一凡有國書, 發送外國, 卿亦署名加印。

一其所主務事務, 遇有擬設法律文告, 或須補正, 俱可陳其意見奏請。

一凡有法案, 係爲主任施行, 可列在元老院議席, 辯論其利害。

大輔【從四位】

輔弼卿之職掌, 卿有事故, 隨時署理。

少輔【正五位】

所掌亞於大輔。

大書記官四人【從五位】

權大書記官五人【正六位】

少書記官三人【從六位】

權少書記官六人【正七位】

各奉卿命, 主辦事務。

一等屬五人 二等屬六人 三等屬四人 四等屬四人 五等屬一人 六等屬六人 七等屬七人 八等屬十人 九等屬七人 十等屬六人

各從事庶務。

官員錄中, 有三等出仕一人, 七等出仕一人, 御用掛一人, 同奏任所扱十二人, 御用掛判任四人, 此是事務煩劇時, 權付之職名也, 不入於職制中。

派遣各國特命全權公使九人

駐在外各國, 擔任兩國交際事務, 從掌締約條款, 保全好
誼。全權、辨理、代理三等, 皆隨事之輕重, 爵之尊卑, 隨時稱
之, 各有訓令。

獨逸國 伯林【甲戌九月】 米利堅國 華盛頓【甲戌九月】

佛蘭西國 巴里【戊寅一月】 淸國 北京【己卯三月】

英吉利國 倫敦【己卯十一月】 伊太利國 羅馬【庚辰三月】

和蘭國【庚辰三月】 露西亞國 比德堡【庚辰三月】

澳地利國 維也納【庚辰三月】

辨理公使一人
我國京城

兼察公使
瑞典、諾威【駐露國公使兼】 白耳義、丁抹【駐佛國公使兼】 葡萄牙、瑞
西、西班牙【駐和蘭國公使兼】

派送各國領事官十九人【總領事三人領事十五人副領事一人】

駐在外各國, 管理締約條款, 及貿易事務, 兼掌保庇我國人
在留其國者。總領事、領事、副領事三等 亦隨事之輕重, 爵之
尊卑 隨時稱之, 各有訓令, 又有委任狀。

和蘭國 海牙【乙亥五月】 淸國 上海【乙亥十月總領】

英吉利國 倫敦【丙子五月】 米利堅國 桑港【丙子十月】

淸國 香港【丁丑十一月】 伊太利國 那不勒【戊寅三月】

露西亞國 哥爾薩【己卯三月日副領】 米利堅國[1] 未蘭【己卯十月】

白耳義國 阿尼伐【己卯十月】 澳地利國 麥普尼【己卯十一月】

米利堅國 紐育【庚辰二月】 我國 釜山【庚辰二月】

我國 元山【庚辰二月總領】 澳國 的里也斯德【庚辰五月】

淸國 天津【庚辰五月】 伊太利國 威尼斯【庚辰九月】

獨逸國 伯林【庚辰五月】 佛蘭西國 馬耳塞【辛巳四月】

佛蘭西國 巴里【庚辰十月總領】 淸國 厦門【庚辰七月廢之】

露國 浦塩斯德【現時無住】 布哇國 布哇【以米國人爲貿易事務官】

英國 新嘉坡【庚辰十二月廢之】

兼察領事

淸國 芝果 牛莊【駐天津領事兼】 鎭江 漢江 九江 寧波 厦門 福州 臺灣 淡水【駐上海領事兼】 廣劦 汕頭 瓊劦【駐香港領事兼】

公使、領事之屬官, 則自該省奏判書記官幾人、書記生幾人、陸軍省官僚中一二人, 派給而原無定額。

公使者, 駐箚外國, 聽外務卿指揮, 擔任與各該國交際事務。

領事者, 駐留外國, 聽候外務大藏兩卿之指揮, 管理貿易事務, 並保庇本國人民在各該邦者。

一二三等書記官者, 隨屬公使, 掌理庶務。

一二三等書記生者, 隨屬公使及領事, 從事庶務。

五局十課

公信局【附修好課 通商課】

長一人 書記官五人 御用掛五人 屬官十三人

---

1 米利堅國: '伊太利國'의 오기이다.

取調局

　　　長一人　書記官二人　御用掛二人　屬官一人

記錄局【附編輯課　受付課】

　　　長一人　書記官二人　御用掛二人　屬官十五人

庶務局【附儀式課　用度課】

　　　長一人　書記官一人　御用掛一人　屬官十一人

會計局【附出納課　支給課】

　　　長一人　屬官五人

檢查課

　　　長一人　屬官四人

書記課

　　　長一人　七等出仕人一人　屬官四人

局·課之職, 大書記官以下分掌兼察事務, 其所主管事務, 由卿進達意見, 准旨施行。

事務章程

一各國公使及別外人, 公覿私覿各等事。

一凡作訓條, 給付派往外國之司交官吏。

一凡作委辨官, 憑及認准各單。

一廢置駐外各國之公使、領事等館。

一因辨其所管事務, 派遣所屬官吏, 前往外國。

一於外國建設公使館及領事館, 或購現成。

一喚回公使及領事, 准其請歸國。

一廢置各局, 及任免局長。

一制定公使、領事等館, 及各分局, 應辨事務章程。

一因辨其所主管事務, 諭告官民。

一在該省及駐外國公使、領事等館, 聘辭外國人。

一創立事務, 及變更舊規。

該省規則【己巳七月】

外國交際者, 關本國家之興廢, 至大至重之件也。奉職於外務省者, 各同心戮力, 長短相濟, 建確然不拔之卓識, 體認我邦之大典, 基宇內之通義, 不失信于外國爲主, 且應期輝皇威於外務域。

奉職於該省, 各分課定業, 來自諸官廳公文, 其擔當吏, 專任之, 首尾要相貫徹。該省以朝九時爲出省時, 午後非卒事則不得退, 故服勞時各竭心勵力, 互協議, 所不慊則宜討議, 敢面從而勿有後言。

定

一大事件非要卿、大輔及大・小書記官之鈐印, 敢不可施行。

但要之, 凡要得全員之鈐印。

一不要卿及大輔之鈐印件者, 非得大・小書記官之鈐印, 不可施行。

但金銀出納之件者, 會計局長鈐印。

一卿及大輔專決事件者, 必傳告大・小記官。

一諸官員諸所請事, 皆係其局書記官, 所可指出事。

一休暇之日, 大·小書記官、其外官員, 自宅出他之除, 具其所行地,
使家隸或族類一一先告。

一當省三町內, 或省中失火之際, 直集該省擧措, 凡隨大·小書記官
之命, 可周旋矣。盖失火之地, 近接自己之家, 則不要集該省。

一官員中有疾病或事故, 不能出務者, 委曲其事由, 可稟告該省。若
病篤, 不能執筆, 則使人代筆而可矣。

但大·小書記官以下, 每日出省, 押印于姓名薄。七月十二月, 兩回
點檢薄, 稟告諸辨官。

該省處務順序

一凡處本省所管之事務, 大·小輔各可定其掌管之區域。例何國或
何件者大輔, 何國或何件者小輔, 各定之。又可請卿之決裁者, 與大·
小輔決之等, 各異之, 故以外務卿署名, 或代任署名, 可指令、照會、
照復者, 悉定之, 故接到於中外, 又發遣于中外文書, 先以附大·小輔
之一閱爲則。

一凡自內外諸方, 以卿、輔及書記官之名, 所來之公文, 先記錄局受
之, 受之年、月、日及記名事件記號等, 如式記之, 直出諸所關之輔,
經一閱後, 從其指令, 如式記之, 隨事之種類, 各配諸主任之局·課。

一因前章所受之公文, 若有機密信之印, 乃記其署名, 不披而達其
人。但以卿、輔表記者, 所關之輔, 先閱之而後呈卿。

一就前章機密信書, 要回答時, 應時宜, 使公信局, 又書記課, 起其
草案。

一又機密信等之文書, 不聽外見者, 別編之, 與他書不可混焉。

一各局·課各備名簿, 授受公文, 則略記其號、年、月、日, 及件目等, 互可證授受。

一主任之局·課, 接受於記錄局者, 皆記公文之事件及月、日, 有前規定例者, 草其回答。若指令之案事件, 新而無定例者, 受管輔之令而起案, 經書記課, 而可呈諸外務省卿。

一凡致諸中外, 又來於中外公信文, 係法律或國憲, 或《萬國公法》者, 各應案法爲答焉。故卿附諸調查局, 得卿之裁決, 而附諸主任之局·課, 可計指令回答或照會等之序。

一凡致諸中外公文, 皆卿押印, 而再附諸主任之局·課, 淨寫之。其要卿之記名、押印者, 副原稿而復致諸書記課。不要記名、押印者, 主任之局·課, 直致諸受付課, 可送諸指名之場。

一記錄局受付課, 受自主任之局·課, 可致諸中外, 公文則倣第一章之例, 記公文之記名、月、日及件目。但其公文之初到於中外, 而係指令式回答者, 則記諸初之條下, 而各配焉。

一凡來於中外一切之公文, 要回答。指令之處分者, 其主任之局·課, 勉速草其案, 要事之不滯, 故各局·課接受公文, 呈諸卿其間限五日, 若有遷延, 則豫告諸卿。但呈卿後五日則促之。

一凡來於中外, 又致諸中外一切之公文, 主任之局·課, 隨前數條, 各處分之, 直可致原書, 又原稿于記錄局。

一記錄局原書並公文之原稿, 並受之, 則編輯課直謄寫之, 而該各國又省, 使各隨其部編之, 供便覽之用。但原書又原稿存諸庫中, 有局·課求之, 則以寫應需。

一省中之事務者, 各局·課主任雖定之, 其事涉各局者, 協議後仰卿之決。

一各局·課事務中，關預金錢案，皆附諸檢查課，檢查課決其議，直捺印而呈卿。得卿之檢印，則附標與案，附諸會計局處之。若有無定例者，則仰卿之決。但標者記事之大略。

一會計局受標及按[2]，則詳記其番號、月、日及件目後，通諸其局·課，使爲授受之序。

一中外一切經費，其簿者檢查課受之，詳檢之，呈卿而覽，有違例者，則令其局·課爲之辨解。

一會計局統計檢之簿，照規則，而製本省之簿，送致諸檢查課。

一檢查課依于中外所發諸簿，製翌年之定額豫算表。但製之，必與主任之局·課商議焉。

一各局·課中，各編纂日記、簿、事務之要旨，並局·課員之應對皆記之。

一各局·課關其事務，政府之法令類，可供參考者，無遺漏。記錄局蒐輯之，以應各局·課之需用。

一各局·課管掌之事務，其長使屬員起其案，涉其機密者，長親草之，而可防其漏泄。

一各局·課管掌之事務，皆有定例，而別其長官親爲之者，揭其事而受卿之允可。

一關於官員之勤惰及黜陟者，其長封緘之，而呈諸卿。

一凡中外之官吏，就其身而有請或告等，直呈諸卿而受其令。

一凡中外之官吏，有任免黜陟，則必通諸庶務局，及會計局檢查課。

---

2 按: '案'의 오기이다.

一退省後, 以電報或急使有報者, 則宿直者告諸其管掌官.

一各輔所關之事務, 一週間有未決者, 次週開會議, 請卿之決.

公信局事務章程

本局者, 理外國交際及通商一切之事務. 本國公使、領事及駐箚外國公使等, 相照會、調復書信, 又關前項而與各官、省、院、府、縣、士民等通信等之起文案, 皆管之.

修好課

一體卿之訓諭、本國使臣之旨, 又本國使臣之稟告于卿事件等, 擔任之, 力致中外一致.

一我使臣有稟申事, 則照例審其可否, 起之回答之草案.

一所致於本邦駐在外國使臣之公文, 皆受之, 起其回答之草.

一爲使在外國本國使臣, 知本邦外交之事情. 故卿、其外國使臣論議事件, 皆報告諸本國使臣.

一檢所來於在外本國使臣之書, 甄別之, 隨其種類, 配諸適當之官省.

一在外本國使臣與本國他官省所授受之文書, 悉檢之, 無妨者配焉.

一本國使臣, 若外國政府若人民, 以書籍、圖畵等, 贈諸本國政府者, 配諸適當官・省, 而本國政府贈于外國政府者, 必經本國使臣而配焉.

一外國軍艦或商船, 有救我人民於洋海, 則速可爲報謝之計.

一訓令使臣之質問, 若改正等 受卿之命而議之. 但關于訓令領事者, 通商課爲之。

一自在外公使、領事送符號電信于我, 則譯之, 又自我發之際, 製符
號。

一所至於在外使臣文書者, 關于機密者, 皆受卿之命而草回答, 不然
者直草之。

通商課

一理關于本國領事之事件, 猶修好課於本國公使之事件。

取調局事務章程

本局者, 調查條約之釋義、內外之法律, 及關于《萬國公法》之疑問。且每緊要
之事件, 述其所見, 呈諸外務卿。

一關于外交上, 以可要諸外國政府者, 其順序、方法、及訓令使臣之案, 皆草之。
一彼我條約中, 關于文義有疑, 則作之解釋書, 供卿之參考。
一內外之法律又關於《萬國公法》之案, 他局旣雖檢之者, 本局再調
之後呈卿。
一關內外之新誌, 而關我外交, 及外國政略之事件, 皆摘錄之, 而供
卿之參考。

記錄局事務章程

本局者, 內外諸信之受授及配賦, 各因君主之批准國書, 其餘公信書籍畵類, 皆管之。且爲可歷覽外交之事件, 編纂史傳, 印刷公文書冊。

受付課

一凡自中外諸方, 記卿輔及書記官之名, 所至之公信, 一切披之, 記其番號及年、月、日共簿, 呈諸所關之輔, 得檢印, 而各隨其類, 配諸所管之局·課, 復受其檢印。

一自本省所發遣之公信、指令, 又係于回答者, 皆記其番號、年、月、日及要旨, 以郵便或使人, 送附之。

編輯課

一隨事務之順序, 還納於各局·課, 中外一切之公信原書, 皆類別編纂焉, 供參觀之便。例外國使臣或外國政府所送于公信, 皆每國編纂之。

一卿所發遣于本邦駐箚外國使臣, 若經使臣, 而外國政府之公信, 亦每國編纂其原稿。

一所來於外國駐箚本國公使、領事之公信, 亦每國編纂其原稿。外務卿所發遣于外國駐箚本國公使、領事之公信, 亦每國編纂其原稿。

一以如前條序所編纂信書, 藏諸庫中, 而排列之際, 隨其類, 輒要便搜索。例所來於英國政府, 若其使臣信書, 藏諸右, 又關之而外務卿及所發之信書原稿, 藏諸左, 其他皆倣之。

一凡省中所送致於各主任局·課之公文、其他之文書, 若有要之, 則以其謄寫應需。

一本局所管之文書，總其部類事件年、月、日、人名等，製所記之目錄，輒供搜索之便方。

一書籍、圖書，亦倣前章，記其書目部門，製目錄，應各局·課之要，貸與，嚴其出納。

一新購書籍或被寄贈者，記本省之記號，記其書目於適當之簿冊，每新納，報諸各局·課。

一本局所管書籍、圖書，定適當之時月，照諸簿冊，點檢焉。且爲防蠹蝕可設其方。

一所來於在外公使、領事之諸報告中，於外交際生障碍者，擇爲公衆之穆益者，修正其文字，編緝雜誌，可刊行。

一在外本國使臣，又本邦駐箚外國使臣，與外務卿，互所授受之諸信，除妨外交者，蒐其要件，題外交始末，每年一回刊行之。

庶務局事務章程

本局者，官記、勳章、旅券、儀式、賓客之接待，在外公使館之需用，供給官舍之營繕，監護備品修理，使人、馬丁等，一切之事務，皆管之。

儀式課

一國書與認可狀及解任狀，皆起草，又淨書條約，本書訓狀。

一附本省官員辭令、口宣皆淨寫之，徵其請狀，管門鑑，及詳本省所屬官員之履歷，每一月乃止二月，編製本省官員錄。

一外國使臣若縉紳請朝謁, 則照例規、儀式, 會其所管而爲之序。

一本邦駐在外交官及特典者, 並審其姓名, 每年一次達諸內務省, 此時刊行日本在外外交官人名表。

一本省接待外國使臣若紳士等時, 設之順序, 幹其事, 先導、紹介等, 皆擔任之。

一中外人求旅券, 則照例規而附之, 明記其事由, 製之表。

用度課

一凡本省各局·課及在外公使、領事館所要事件, 計前年所費之平均, 豫定本年之事, 每半年又每三月, 得卿之允可購之, 各應需而配焉。

一公使、領事有請物品於本邦, 則作之書, 得卿之允可, 而供給焉。

一本省及所屬之官舍, 常監視之。要修繕若新築, 則算其費額, 共簿呈卿, 得其允可而爲之。但要急者不在此例。

一凡用度支給諸品, 則雖日常之諸具, 製簿授之, 日可徵檢印, 而日常諸具之外, 總因卿之命, 可購而給。

一本省及所管之官舍, 諸室之門扉等, 管其鎖鑰, 室內庭園之灑掃, 及使人、馬丁等之進退, 皆管之。

一諸營繕及購物品或賣却之際, 或投標, 或行他法, 皆任便宜。

一所屬本省監護修補諸物, 製其目錄, 並記購之年、月、日及修補等之事由, 時時照諸目錄而檢之。

一諸官令及新誌, 可供在外使臣之覽觀者, 可輸送之。

一有接待饗應賓客, 則其飲食品, 並一切之需用, 皆供給之。

會計局事務章程

本局者, 本省及在外公使館之定額金, 及收納金一切之出納, 皆管之。且中外官員月俸供給, 滿年賜金、旅費、賄費、弔祭、負傷療費, 皆按規則而給焉。且作之簿。

支給課

一中外官吏年俸、月俸、 旅費供給, 及滿年賜金等, 皆照規則而製之簿。

一凡中外官員月俸、年俸、旅費、公館費等, 支給之, 則所管之局·課, 公使館、領事館等皆得其通報而製之簿, 經檢查課, 呈諸卿, 可受其許可。

一在外官員之年俸、旅費、公館費等, 方送之際, 其金受諸出納課, 爲通商交換遞送之序。

出納課

一凡所管之金圓, 出納之, 則證之以卿所檢之傳標, 而可授受之。

一中外之諸經費計算簿, 各其局·課自製之, 經檢查課之點檢, 統計之, 而仍規則, 隨大藏省所定之記簿法, 製簿, 爲呈檢查院之序。

一本省定額金, 自大藏省受之際, 常與主任之局·課, 協議可受之。

一每月下旬, 製出納計算簿, 翌月五日呈之卿, 盖方年度之月, 可呈一歲之出納表。且收入金與定額金, 區其科目, 附諸充銀局, 時作之計表, 報檢查課。

一遞送于各地金圓, 依主任局·課之便宜, 以交換券或現金可授之。

若有望之, 則換外國貨幣授之。

一每月下旬計算其所受之傳標, 報諸檢査課, 與所發傳標之員, 相對照。

一出納課之金錢, 附諸<u>三井充銀局</u>, 隨大藏省之規則, 共檢査課任其責。且抵當品, 及附金之數, 與檢査課連署, 每月報諸卿。

檢査課事務章程

本課者, 監視金銀出納, 本省及在外公使館等之費額, 皆照規則檢査之, 製簿而發行之, 整豫算表, 而涉例外者稟請之。及關于此事, 各公事[3]、領事等有所問, 則草其指令、回答之案。

一凡各局·課要金錢之支出, 則其主任之局·課製之簿, 回送本課, 則照諸例規, 審査其當否。且爲之精算附傳標呈卿。

一要其支出金錢, 涉例外則附意見, 呈卿。

一據各局·課所出精算簿, 而製次年所要之豫算簿。盖爲定其費額之增減, 得求各主任之辨。

一本省在外公使·領事館之經費簿等, 踐右之序, 本課精計之。若有例外, 則草其回答文案而呈卿。

一會計局所受於充銀局之抵當證券, 能檢其當否, 共會計局任保管之責。

---

3 事: '使'의 오기이다.

書記課事務章程

一本課員者常侍卿之左右, 承其命令而草文案, 隨時直管, 致諸諸方等。

一各局·課所呈卿之議案, 悉理之, 又檢卿之檢印有無, 旣畢則付諸主任之局·課。

一不經記錄局授受課[4], 而卿直所往復於諸方公信者, 付于其原稿若原書。

一爲要卿之鈐印記名, 各局·課送致之者, 則照其原稿與淨寫, 檢其當否。

一太政官之布告、布達, 及諸省之回文等, 到則使回覽諸各局·課。

一諸局·課所呈之諸官員出勤簿等, 皆管之。官員出務時間, 調査其遲速, 每月及每半年製之勤怠表而呈卿。

一專不屬于各局·課事務, 而卿建議太政官, 或所上奏文案, 皆草之。

一諸府縣之請伺, 若各省使之照會等, 而專不屬于各局·課者, 皆起指令回答之按[5]。

---

4 授受課: '受付課'의 오기이다.

5 按: '案'의 오기이다.

修好課

公信局

通商課

調査局

外 大 書	編輯課	來信
務 小 記	記錄局	
卿 輔 課		往信

檢	儀式課
査	庶務局
課	用度課

出納課

會計局

支給課

遣外使臣訓令

第一款 【職制】

遣外使臣, 以特命全權大使、特命全權公使、辨理公使【皆携帶日主與外國君主及統領之信書】、常任代理公使【特有外務卿所贈外國之總理外務大臣之信書】, 及臨時代理公使【自公使贈信書者】, 爲交際主任官, 書記官、其輔佐書記生以下, 次之共爲附屬官。

第二款【委任狀】

各等使臣陳於上款, 信書之他, 有天皇政府可對外國君主、統領及臣民, 別商辦事件, 則可受其委任狀。

第三款【到着報知】

使臣始至任所, 大使遣書記官, 公使以書束, 可致信書謄本, 告到着於其國外務大臣, 併請信書奉呈之謁見。此際公使以諮問與該大臣相見之便宜爲通則, 而大使以先禮問其國外務大臣爲例。代理公使可報到着於該大臣, 致信書謄本, 請其引見。

第四款【交際規則】

見外務大臣, 則可陳其被差遣之主旨, 開親交之端, 諮問謁見便宜。又可就在留各國使臣之老成者, 質在任中應任國王室諸官員, 及各國同僚之敬禮, 特與慣習例格。凡從此等慣習例格及歐米各國之交際規則, 雖固所認許, 宜謹愼周慮, 莫辱國權。

第五款【休暇】

使臣一行官員, 各國事務便宜, 每年日數不過六十日之間, 可得歸休。但付屬官要得其長官允準, 而各員滿三年在任後, 可得六月間歸休。

第六款【告別】

使臣當由解任去任地, 有信書, 則可致其謄本於其國外務大臣, 請告別之謁。後任使臣旣至, 則帶見之於該大臣, 行請信書奉呈謁之手續【行事次序】與之共至朝, 先呈已解任之信書, 告別然後披露新任使臣, 可令擧行信書奉呈式。又前任使臣去任地後, 解其任, 則新任使臣有, 先呈其解任信書, 以是時爲前任使臣解其職, 新任使臣代之之期。但新任使臣比前任使臣高等, 則前任使臣不要披露之, 而前任使臣詳傳後任使臣任地之交除規程·習例, 爲官書授受, 退於公務而後, 可行告別禮於任國王室, 及諸官員、各國同僚。

第七款【臨時代理】

使臣欲以歸休或他事故離其任地, 自非有急迫事情, 可預開陳其事由於本國外務卿。且受使高等書記官, 辨理主任之認可, 此爲臨時代理公使。是時付以公書, 告之於其國外務大臣, 請其款接。且使臣親帶見之於大臣爲其常例, 若無書記官之可當代理者, 不得不托之於他人, 則以信書詳報其事情, 及可爲代任者之身位性行, 可特受許可。然而事甚急, 則以電信可也, 而臨時代理公使之職務, 可始於主任公使離臨地之日, 終於復任之日。

使臣當客行于在留國內及國外, 其距離接近, 且不帶特別事務, 可容易往還之地, 使臣仍可自帶其主務, 令在館屬員之高等者, 辨理其常務。但客行中主務者, 不得不現在, 則可以前款手續, 命代理公使。

第八款【發着報知】

使臣至任所, 可直以電信報其到訖月、日與居處, 當歸朝或自任地客行於遠地, 可預以書, 報發程日時。若不得其暇, 可以電報。

第九款【使臣丞令】

爲使臣者, 關凡百交際事務, 不論大小, 要經外務卿, 奉承國主指令, 故使臣不可有係其職掌, 自他命令。

第十款【事務施行制限】

使臣之行職務, 要每事奉承精密命令。於陳考案、答疑問、取舍、許否事, 一在本國政府, 故使臣但以體政府意, 不誤其方向, 投時機, 盡手段, 以辨明其理由, 發行其已決事爲其責, 又自非預有詳密示令者, 縱令關爲何事件受質問, 不要直答之, 可必告本國政府待其命。

第十一款【形勢視察報告】

使臣常細察其在留國形勢、意向, 加之考察, 可報之外務卿。又有認在留國政府之行爲不利於本國者, 則探問其實否及意匠, 報其情實於本國, 可乞設之方略。

第十二款【雜報】

使臣由上款所陳之事件, 贈答書簡之他, 於其國與他國之交際, 有係本國利害者, 則可每使報之。其國政府之狀態、法律、軍務、會計及其國民之職業、商事之實況、盛衰原因之類, 可凡爲政府參考者, 不問其事之爲何精細, 調查明其顚末, 三月間一回以上, 可必申報外務省。

第十三款【書記官以下報告】

使臣自爲報告之他, 係切要於國政事項, 可令書記官、書記生, 每年致一回報告書於外務省。

第十四款【使臣領事官監視】

使臣可常就駐箚其在留國領事官之報知, 熟各部事情, 直監視領事官之事務。又有總領事之地, 可由總領事監視之, 要彼是贊和事務, 流通方向無支離。

第十五款【旅券及國民保護】

於旅券附與, 關係領事官及代領事官之事務, 可從領事官訓令所定。當無該官, 則同書所載人民保庇事務, 可爲公使館所管。

第十六款【付屬官進退】

使臣遇付屬官中有背其令指, 或身行不正者, 則書記官眞狀之於外務省, 待政府之命。書記生以下, 使臣先斷送還之本國, 可直具申其事狀。

第十七款【贈答信柬及文書類處分】

使臣之與本國官員以其職務通信者, 以外務卿爲第一, 其他可與通信者, 止於駐箚在留國諸領事官及理事官、本國軍艦艦長、【爲保護本國之利, 備緩急事故, 滯泊近港】本國使臣之駐在他國者,【使臣相與通信, 特止於有要知會時、宜時】故與本國諸官、院、省、使、府、藩、縣所贈答之信書, 總可開封,【言不封信書】, 經由外務省, 使臣不得直相贈答。公

信總可與別紙,【猶謂副本所添本信之文書也】共寫定式, 罫紙各束, 止一
事件, 細事一章, 限一事條擧之, 要無混同之患。有別紙者, 本信中可
陳其大意, 又附其目錄。與其任國政府所贈答之書束, 及其他緊要文
書、新聞紙類, 總可譯送之。若要其原文, 可添之書籍及刊本, 可務郵
送二部。公信數字號, 可每年始自第一別紙, 至二札以上者, 可附甲乙
等記號, 便本信參考, 而用特信者, 可爲本公信次號。係會計公信, 可
特表會計二字, 而別附數字號, 從本信例。又報道樞密事件信束, 要記
親披二字於封面, 別附數二號。有要急報事件, 則用電信, 次便可書送
其謄本。又用秘號電信報道樞密事, 獨使臣發行受收之, 次便可以親
披書束, 書送其意旨。凡電信、文書第[6]一切書類之謄本, 可必同其樣
式於本書藏之, 而當每年末製本, 年中所發出之書束, 數字號、月、日
之目錄, 十二月盡日後, 可速郵致外務省。

　使臣自外務省所受之書束, 可記其數字號、月、日, 悉回報領受月、
日。且與外務省及他官府在留國外務省所贈答之公信秘束, 其他一切
書類及其謄本, 可製所記其書大意、月、日、數字號、名宛【信書所指之
人名】之檢出目錄要無錯雜。

第十八款【書類受授】

　使臣以解任, 解任或歸朝、其他事故, 當傳其職於後任或代理公使
時, 製公使館印章、諸器具, 及公信、秘書之類目錄二本, 照之受授與
新任使臣, 共記名捺印於其各本之末, 可送一本於外務省, 留一本於本
館。

---

6 第: '諸'의 오기이다.

日本領事官訓令

置領事官於外國者, 於爲航海貿易工業, 爲日本人民保護, 擴張其權利利益之主意, 而執【施也行也】其事也, 不可不從法律及條約也。是故爲之領事官者, 要在通知其諸法規諸條約, 而其地方之商業及慣例,【從其地方因襲爲俗, 凡皆有其慣例】最爲不可忽者。

前文之外, 自日本政府就其地方, 所諸命事, 收拾結局, 亦爲其任。

就任之事

一領事官有總領事、領事、副領事、代領事分之四等, 皆非得其任國政府之認可, 則不得執其事。

一前項所謂於得認可, 總領事及領事則致所受本國政府宜旨於其國京城駐箚公使 而轉請要受認可狀於任國君主若統領。

一副領事、代領事則不要得通商如前項認可狀矣。但以其受任辭令書, 報告之任地地方官, 而爲就任者盖其措辨之,【處置分辨之以下倣之】各國自有異同例規。

一總領事、領事至任地, 則報告其受任於地方官, 未得認可狀之間, 則依便宜, 請地方官, 而可得權措辨事務之許可矣。盖是所以請特惠, 而非我權利, 應得要求焉者。

一領事官因職務與海陸武官, 列座席則其次序可從左矣, 而如禮衣則宜用本官當着服之章也。

總領事【少將次席】

領事【中佐次席】

副領事【大尉次席】

代領事【中尉次席】

一在其任地與他國同僚, 會列一處, 則照准澳地利外八國所嘗約定遣外使臣席序之旨趣,【千八百十五年第六月於墺國 維也納所條約】從其官等及到任報告公書所載月、日之先后, 而可列席矣。

領事官特典之事

一領事官固無如使臣本義, 結條約之初, 自從非盟定者, 則無復治外保權之權理, 而於自己及親屬及其所有物等, 雖則不有, 與使臣均要求特典之權。任國政府付與之認可狀, 認爲外國一官吏, 則是公法, 已受特別保護者, 而國章、國旗皆得標揚於門戶也。又領事館書類及記錄, 共得免任國政府之稽查也。又領事官本在庇日本國民, 而不在於營産。【山澤、水、陸田等是也】於其任國若營産業者之外, 則爲欲立自己之義, 務於其地方官府, 有妨碍 其公職務亦得免之也。凡任國政府, 旣所許與前領事官權利, 及此特典與公令而停止之間, 一是皆依舊可繼承也。又已所准與他國領事官之特典, 非有他特約, 是爲可得要求焉者。

領事官與同僚若公使有關係之事

一總領事及領事, 皆宜旨拜命爲主任官, 而將要置副領事、代領事於其管內, 則有明稟其由, 薦擧其人之權也。副領事、代領事則主任官不在, 若在任外地, 權執其事之外, 依主任官執其事, 而責任爲歸總領事及領事者也。

一總領事直管地方外, 因本國政府之命, 在其任國全部, 若一分部內, 領事官能遵守其成規否, 監察而指導之權, 皆有在焉。若總領事不在, 若在任外國, 則在留國公使權當其任, 而總領事待公使, 猶可如領事以下於總領事。

一領事官與本國公使之在其國者, 常共商議, 認爲有利益者, 必可相通問焉。或公使所要求事亦可努力從事也矣。

一領事官雖從外務卿, 輔若代理之命, 而可施行職務者, 事屬緊急不遑, 俟外務省之指令, 則稟議本國公使駐箚其國者, 可以請其命也。又公使自認爲有利自國, 若緊要事, 而所特命者亦須服從也。

有離任處若事[7]亡若事故置代理官之事

一領事官有告暇, 若事故, 請離任處, 則宜自陳其事由, 撰可代理者。盖總領事則離[8]公使, 領事以下則依公使、總領事, 申稟外務省, 副代領事則申稟其本屬總領事, 若領事官, 可以請其允可矣, 而如其代理該領事官爲可命焉者。但巡歷轄內, 若在轄外而相居近, 及無別有事務, 可暫時而得往還者, 則本官仍自執主務, 常務命之於在館屬員高等者, 使以辨理之。

一如前項所謂命代理於屬員高等者, 則稱之臨時副領事、代領事, 若囑付他締盟國領事官, 則以代辦之名, 可以報道其地方官府也。

一領事官死亡, 則屬員高等者權代理其事, 總領事則依公使, 領事以下則依公使、總領事, 申稟外務省, 可以請其指揮, 若有主任官者, 則可請其官而待措辨。

---

7 事: '死'의 오기이다.
8 則離: '離則'의 오기이다.

領事官海軍士官相關係之事

一本國軍艦, 至領事官所在港口, 其司令將官艦隊措揮官, 及艦長指揮軍艦二艘而上者, 則遣士官一人, 報該官, 是爲定規矣, 而該官則禮問之, 有用需則可替辨焉。【替代也。辨具也。言代人而具所需者也。】 若長一艦者, 則總領事待其自訪問, 可以答禮焉。領事以下則聞士官之報, 我先禮問焉。當是時領事官可得請端船, 而便來往矣。凡於答禮尋問, 以軍艦投錨後二十四時間, 爲其定時。

一當其禮問時, 軍艦放巨砲而爲答禮, 總領事則九發焉。領事則七發焉。其皆滯港中, 限以一回時, 領事官在艦上則正而立矣, 旣下則面該艦, 駐端船皆脫帽, 可以表敬意矣。

一所謂軍艦入港時, 其地方如有傳染病, 則速報道, 固不俟論焉。他國軍艦所在諸事格式, 及土地之慣例等, 亦可詳報之其艦長。

海軍所奉號令, 本有一定之法, 然若當國事變故, 萬不得已之時, 領事官具告其顚末艦隊長, 若艦長, 得請其停泊。但其許不許之權, 一在艦隊司令官。

領事官俸祿館廳經費

一領事官一歲俸祿, 及館費等一切用度, 都倚循條令, 自政府交付之。其受俸祿者, 不得營商業, 然或從地方便宜, 命內外國人駐住於此地者, 因以爲領事官。於如是時, 其人本商, 則營商亦可也。但政府給之之用度, 唯以其倚法所收之手數料而已。或給至當之俸, 以補手數料之不足, 或爲償館內文具、電信、郵便稅等之諸費, 都是顧事宜如何耳。本文所謂手數料目, 今商議未決, 異日當班示之。

領事館建設及領事官交代

一領事官受政府之正俸者, 若到無館之地, 則自卜便宜之地, 設館以措辨公事, 其地方尋常作業時間中, 開廳視事.

一領事官新赴任於有館之地, 得於其國政府之允許, 從前任領事官若主管人, 領受印章、書籍、器具等, 其時新·舊領事官, 必相對, 製物具目錄, 捺印以呈其一本於外務省. 然後新任領事官, 始得爲館中所備諸物具之主. 又自前任所傳承之金幣亦視此例.

一領事官新執事務, 或承前任之後, 皆直申告之於外務省. 又告其國公使、總領事、領事之駐箚該國者, 及各國領事之駐箚其國者.

一旣執事務之後, 不得無允許, 出外迄十日以上. 但每年於便宜之時, 許日數六十日之休暇, 不得過此日數. 又在任滿三年之後, 得請歸國, 以具陳赴任以來所關歷之狀況, 及將來當施行之意, 見其賜暇日數, 爲六月間, 而不筭往返旅行之日子.

海外旅券及其保護

一旅券惟日本人民付與之, 不許付與外國人民.

一旅券元係于外務省之付與, 而行旅之公單與其船載貨物之數相符合, 則其爲日本人民之確證也. 故若值旅券規則第三條所揭之時, 使其人筆其姓名鄕貫年齡職業等, 以自證明. 又尙查其履歷事實, 然後付與之. 旅券收金二圓, 若外國金錢相當者, 以爲手數料. 又人若亡其旅券, 則審査其事由, 券面揭記付與及二次事, 以更付之.

一旣携帶旅券者, 其地政府若求領事官之認証, 領事官必應其請求, 不置領事官之地, 公使代之.

一旅券一人限一葉, 但五歲以下小兒, 從行其父母者, 附記之於父母券中而足。

一領事官所付與及所証明之旅券號數、行旅之姓名、鄕貫、年齡、職業等, 凡記載之之報告書, 及手數料計算書, 每三年一回呈之於外務省。其所收金錢一循外務省之指揮, 處置之。其所付與及所証明之旅券, 領事館廳自起初逐次立號數。

一凡付與旅券於諸官吏以公使旅行者, 及官費外國留學生徒, 不收手數料。

一有人携帶旅券, 如成規者, 領事官雖據本條第二節審度之, 而本籍瞭然無可疑, 如是人, 若請其保護紹介, 領事官審檢其事由, 可以應其請求。又當其有事告訴, 領事官認其有理, 當極力助成之。

一外國官吏聽斷此訴者, 若措辨失其宜, 或怠忽, 則領事官告之於本國公使駐箚其國者。且不論所經由爲何等方法。凡其關繫書類及其報告書, 皆呈之外務省。

一領事官務簿記, <u>日本</u>人民在已管下者之姓名, 立便宜方法, 使其盡通曉本國政府所新制諸法律、規則, 若有事繫關其安全利益者, 常加保助戒示, 諸附托物、貨幣、証券、物貨類懇篤監視之。嬰疾病、船難等之災, 貧困若漂泊者, 照法救助等, 都屬已權限內之事, 當極力加保護。

領事官公信

一凡公信及附書, 書之於定制罫紙, 一簡以一事爲限。如繁細事件則每章各一事, 皆以一字起章, 使無混雜之患。若有附書, 本信中陳其大意, 並附目錄。其他文章新聞紙中最緊要之處, 都譯出送之, 若以原文爲緊要, 則附送之。書籍及新刊書類務郵送二部, 公信號數每年更始, 附書過二通者以甲乙記號, 以便本信之參考。如其特別公信, 則爲本信之次號。公信之關會計上者, 特表出會計二字, 亦倣本信之例附號數。凡公信膽寫以藏之, 其體裁必要與本書同一。每年歲晚, 製目錄, 具載一歲間公信之號數、日、月, 十一月盡日後, 速郵送之於外務省。

一書信所署日、月, 不許豫記。每四半期、半期及一期之報告書等, 有不能以定日, 書了之事情, 先申告其緣由於外務省, 要無不遷延。

一四半期之報告定日, 一曰三月盡日, 二曰六月盡日, 三曰九月盡日, 四曰十二月盡日。半期定日曰六月盡日, 十二月盡日。一年以十二月盡日爲其終期。

一此訓令中所揭者之外, 特命所徵之報告書, 全爲別種, 不在尋常報告書之例。

一與官、省、院、使、藩、府、縣書翰之往復, 都要露封不緘, 以徑由外務省。但有事故不得不直往復者, 當豫請得其許可。

一此外以官事, 與各地日本領事官書信交酬, 及有非常事故, 與近港所停泊日本軍艦長書信交酬, 皆得不輕許直可行之。

當報告事件

一領事官得其地各國人貿易狀況之新報, 最確實昭明者, 卽申告之於外務省。

一其地政府貿易方法之改良、貿易條約及其規則、燈臺、浮標報告, 而課稅法, 倉庫規則、噸稅、郵便稅等之諸規則, 及此等之改革, 凡百布令、班告類, 凡其關係日本貿易、工業、農業、礦業等之利害者, 皆速申告之於外務省。

一其地所消用日本物産, 及外國船所輸入日本物産之額數, 其地通
商所輸出之商品, 係于報告日本稅關局者, 凡百之物價, 及各國金錢之
交換時價, 此供大藏省之參考者等, 皆製其明細表, 郵送之於外務省。

一關農業工業等、諸器械諸學術之新工夫、及其改良, 用之於日本
而有益者, 或日本未曾有之種菓草木等, 頗有功益者, 皆申告之。若有
無費可送致之機會, 可送致其實物, 若其一端, 足以供參觀者。且事係
外國普通之統計上者, 及領事官管內所生之事件, 關係日本航海、貿
易之利害得失者、新創工藝之開業、從來所有工藝者之盛衰、其餘波
連及我貿易狀況者, 及其妨害除却之方法等, 皆申告之。

一我外交上所生之事件及館中未決之事件, 不得發言之及通報於新
聞雜誌等。然若受外務省之命, 一時出於不得已之計, 發言通報, 以解
其地方人民之疑惑者。不在此限, 然要之當務避發言與通報。但文學
上之事, 固不妨發言通報。

一言談通報等主禮讓, 與其地方官民, 交主親厚。凡論說之涉政事
及使其人民, 起不快之念者, 常留意, 不吐露之。

日本國外務省事務 卷之二

內國人旅行外國規則【己巳四月】

一各國條約書中所記載規則, 一一可注意。

一不問何事發見, 爲國益, 則可細心究之, 筆諸書, 申報于官廳。若無由寄書, 則歸國後可以聞。

一離生國航海外, 各加警戒, 且要不毁損國光。又無質而不可假財, 若逢變財蕩盡假財, 則及歸國之期, 必可償還焉。或有人貧困, 而逃遁等, 則族類被譴, 責不敢辭。

一凡於外國際會, 日本人則平時雖無一面之識, 相親當互相忠告, 若逢病疴, 或艱難, 則相救濟。

一若與外人, 雖構怨, 敢不爭果, 到于不得止, 則訴外國之官衙, 而可乞裁判決, 不可以暴迫焉。

一所被交付之印章, 歸國後可還納, 或依上陸之便宜, 納諸該地方亦爲可。

一入他國之籍, 又改本國之敎, 並禁之。

一旅行年限, 令雖不定, 凡允十年許。

一歸國後, 旅行中之事情, 可具以聞。

外國人內地旅行【己巳三月】

一途逢于外人, 可避道路之牛, 旣布國內. 然而近時有不遵守之者, 是雖似微事, 實關于國威大矣. 要自今, 對外人無暴行而若有不遵守者, 告諸藩主又主宰者, 而可責罰之.

一凡有外國公使旅行內地, 宿於城下, 又陣營, 則官員一名, 着時服就旅館, 可以知事之命尋問之. 但非公使則止, 旅館幕臺、提燈、盛砂等, 凡屬饗應者, 不要之.

一凡外人旅行之際, 村吏可嚮導之, 不要地方官廳, 使其吏員送迎之.

一外國人旅行之際, 人民縱覽, 不敢禁之. 雖然外人貴顯者常微服, 且彼我異禮, 今也我人民, 不慣泰西之事情, 故地方官可使諭人民, 莫失待外人之禮敬.

一待外人, 或失禮, 或失宜, 則所管吏又村吏, 申告其所屬吏而處諸法, 直申報其事由于外務省, 或附近之開場所.

一外人宿賃及役夫賃, 皆以相互約辦之, 故豫自外務省又開港場、縣廳、案所發之通牒, 可便宜行之, 而所休泊宿驛吏員, 可細心警之, 夜間最嚴之. 盖關于外人事件者, 於外務省又附近開港場, 別可案問.

一公私所雇外人, 自今據職務又疾病等, 不得已而旅行于各地者, 則申報其事故於外務省, 可受旅行之許券.

一外人誘於止宿, 而假家屋, 或爲商業者, 速令去其地.

一旅行外人雖有官位者, 非官命, 則殊不要設其禮. 但認許券所記載之官位而可待之.

一官私雇外人旅行之際, 隨時有與旅行許券事, 豫當留心。

一所齎測水許券外人, 或因事業之景光, 雖上沿岸之陸, 及歸其舊地, 則不付旅行許狀而允旅行。

一外人爲學業或養疴, 旅行內地者, 因其公使或領事之申牒外務省, 允之, 告諸沿道府縣, 是先例也。這般改此例, 非顯高官位殊禮者, 則不告焉。故齎普通之許券, 檢其外人許券之眞僞, 可允旅行或止泊。

一外人於遊步期程內限, 業于逆舍者, 允諾其止泊, 故每止泊逆舍, 主人告諸戶長, 若有病疴療養而止宿, 涉數日則每七日, 申報諸管轄廳。

一這般於外務省, 如圖製證牌, 領諸各國公使, 其他有望證牌者, 當授之, 因告諸中外人民。

(堅五寸)

第(何)號

一國名 一職名

一人名 一任所

○○何年何月外務省印章

(橫三寸五分)

一旅行內地外國人, 可遵各地方之規程。

一自此許狀所記日期三十日以前, 必可發送。

一此許狀雖定旅行之日數, 有事故而日數中不能歸着, 外國人豫可飛郵書, 而自其國公使館, 報事故于外務省。

一歸着後不出五日, 而此許狀可還納外務省。但發自長崎、函館[9]等之遠地而歸舊地者, 三十日以內可自其國公使館, 遞送于外務省。

一旅行中每舍, 必示此許狀于旅舍主人, 可請投宿。又道上有警吏或區戶長, 請許狀之檢閱, 則可示焉。若有構辭柄拒之外國人, 則抑留之。

一此許狀爲自己一軀之用, 而不許貸與諸他人。

一雖以此許狀旅行內地, 外國人不許於各地方, 與日本人民, 賣買及約定諸事。

一依此許狀, 得旅行外國。於內地不許貸日本人民之居屋, 又寄留。

一雖所持遊獵免許鑑札, 外國人在于日本內地則不許發砲遊獵。

一旅行中有事故, 自半道歸着者, 再欲往于殘地, 則更雖得許狀, 還納之而後, 更可請許狀。

一犯本文及此許狀中所揭載條例, 外國人逐一, 告訴自外務省, 其所保證公使館。

旅行許狀之雛形

第(何)號 外國人旅行許狀

國籍 姓名 身分

寄留之名 旅行趣意 旅行地名及道途

旅行期限

---

9 縮: '館'의 오기이다.

右者依(何某)之保證, 旅行于前段記載之地事, 外務省允許之, 沿道
宿驛須領承之。

　許狀之裏面

　第何號

　何省使府縣雇

　何國人何某

　姓名召仕 奴僕

　外國人

　印章

右何省使府縣雇何國人何某, 以官務自何地遣何地, 旅行之沿道, 不
可拒旅行者也。

寄寓于東京外國人遊步場區畵及規則【庚午閏十月】

　一北自利根川限金杉町, 西自千住宿大橋限隅田川近鄉, 其他小室
村、高倉、小矢部、荻原、宮寺、三本、田中等之諸村落, 皆爲外人逍
遙之地。今夫我邦人, 不慣海外之風俗, 彼我異禮故, 於接遇之際, 要
不失禮敬。

　一凡外人遊步中, 方休憩或薄暮, 有乞宿止, 則通其事由于里區, 擇
其所可以應需。盖宿錢以相互約辨之。

　一外國人於道途乞役夫, 則擇出所正者可以應需。盖夫錢以相互約
辨之。

　一外國人非應其主人招之 則不可踰門墻入人家, 是條約所定也。盖

有乞覽其園庭, 則際秘密之場, 可以副望。

一外人欲觀神祠佛閣, 不拒之, 其他廟墓靈場, 非秘密之地, 悉皆縱覽焉。

一雖開市場之外, 與外人禁買賣, 允買僅僅可携提物品。雖然犯禁密賣者處刑, 又有探知他人之密賣者, 速可訴東京府。

一宗敎遵舊例, 不可奉異敎。若有强勸之, 當訴諸官廳。

一依舊規, 決不可用阿片烟。若有買外人所齎阿片烟者, 可速訴官廳。

一不可加危害于外人, 輒事或關於國威之伸縮, 爲細民篤軆焉。若有嘯聚黨類, 欲可危害于外人者, 可速縛之, 不用命者, 殺之可矣。有逃者, 可速訴官廳, 其功著者褒之。

記被害外人之姓名, 申報諸官廳, 而可受命令。右之條件, 可固相守焉。若有恐他日之連帶, 隱匿事情者處刑。自今以條一年一回, 村町吏員, 會部下之小民, 當懇諭此條件。

一這般於東京開市, 準外人以市街之徘徊。雖許神祠、佛龕, 其他廟墓、靈場, 不涉於秘密者, 可使外人縱覽焉。

外國人漂着 我 國漂着人取扱規則

一韓人有漂着日地者, 則自其地方達于長崎, 長崎府卽記其漂着之事項, 給與衣糧, 修理船舶, 附請對州之吏員而後, 以長崎府之命, 可送附于該地。盖稱長崎府之命令者, 謂韓人薪水欠乏, 風波危險之際, 可給需用品也。

一韓之漂流人, 自長崎達對州, 則自對州更可遣人, 使護送于韓地。

一韓之漂流人, 在內地死, 則棺斂而送諸韓地, 不可葬于內地。

外國船漂着接遇方

一條約各國船舶, 逢危險漂着者, 雖小舟令加修繕, 副歸航之望, 照諸規則第二、第九兩條, 而可處之。

一破船難供航海, 且舟子少數而可輒處者, 則照諸規則第六條, 可送于海陸便宜之地。

一與淸國條約將成於近, 在雖其未成之時, 若有淸船之漂着, 宜給與衣糧。且令可修繕, 副舟子歸國之望懇切, 可處之。盖費金有, 舟子不能辦之者, 則以地方之官金辦之。

一接遇韓人之破船, 無異於淸。

一淸之破船難供航海者, 則以送附在于長崎, 淸人稱總代者爲例, 故自今隨海陸便宜之地, 自藩縣附諸長崎縣, 可附諸淸之總代。

一韓船逢難也, 亦如淸。

右之件若有一實施, 則可告附近開市場及外務省。

一旣壞而有難修補者, 賣却船材, 或焚毀之。漂民雖拒之, 不可還給。

一毀損未到于甚, 副漂民之望, 而有加修繕, 則告示諸費額槪算, 而令漂民誓書, 歸國後納費額于東萊府和館之事而後, 加修繕送還焉。盖漂民不解文字, 則令日本文誓書拇印。

一除五島、平戶、壹歧、對馬, 於韓地遠處有浮船, 則其船雖不毀

損, 若有願送還, 則先示其費額 而令誓書, 歸國後納費額于東萊府和
館之事而後, 便宜送還之。

一非漂流而隨一時風浪之景狀, 着我之韓船, 直可允歸帆。若有乞
修繕, 則照前條而處之。盖費額有, 以公費辦之者, 則一時出準備金,
而辦之後, 添誣書類具狀, 以聞內務省。

一韓人有漂到于日地, 則求釜山港之便船, 而附諸和館管理官。若
不得便船, 則送附諸長崎縣, 或對州 嚴原同縣支廳, 自同縣更輸送諸
釜山港。

一漂民之衣缺乏, 則以公費給時服一襲。

一漂民在我地, 而所費及輸送之費等, 有彼政府每一日出金十錢之
約, 故接遇漂民, 要節儉, 若費額不足, 則以公費補之。

一漂民健康, 則在我之間, 可令執便宜之職業, 而如其役賃, 則與彼
政府所出給錢相交換。

一溺死及死亡者, 不及諸棺送, 即埋葬諸我地, 稟告其事故于外務、
內務二省。

一韓人漂着之規則旣定之, 今定沈沒之條如左。

一韓民漂着于我地者, 有乞修補船舶者, 則其費額者, 彼政府辦之約
也, 故通牒諸駐箚釜山 日本官, 報諸彼政府而受之。

一若有船舶毀損甚, 難修補者, 則地方官諭其主, 令沽之, 給其錢。
若其船無價, 或無人買之者, 則於其船主之面前, 焚燬之, 令斷念。

一若漂着于我孤島, 欲修補其船舶, 而如不得工材, 或欲移他場, 爲
風浪被碍, 則地方官諭船主沽之, 或棄之等, 便宜處之。

外國航海規則

一航海外者, 受印章及改印章之事。

一欲赴條約各國者, 請諸官, 官聽之後, 可授改正之印章。故請之者
經府、藩、縣, 而可請<u>東京</u>外國官, 及<u>大阪</u>、<u>長崎</u>、<u>箱館</u>、<u>兵庫</u>、<u>新</u>
<u>瀉</u>、<u>神奈川</u>外國官廳。

外國航海出願規則

一士卒族請航海者 則管轄府、藩、縣案問其事由, 具申諸外務省,
果無違規則, 則授印章可允, 自開港場乘船。

一其餘非士者, 管轄府、藩、縣案問其事由, 無違規則, 則記載其事
由于紙上, 附諸本人, 本人齎諸開市場裁判所, 裁判所更案問之, 果無
違規則, 則裁判所附印于本人而後, 裁判所更申報諸外務省。

右之外, 曩所普告, 府、藩、縣, 可遵守之。【印章形略】

外國人接待規則

各國之中, 佛、英、蘭公使愈來, 隨嘗所普告以《萬國公法》, 行交際
時, 庶臣體其旨。且諸藩各可申嚴法令。

但途上往來之際, 彼若有加暴于我躬, 勿責之, 必可告諸諸藩警衛之
士, 以公法必可判決焉。今也交際日尙淺矣, 且內地多難, 篤計較始

終, 而不可輕擧妄動。

一滯京中、洛中、洛外隨意許徘徊。

一宴於茶店、酒樓, 並禁之, 夜外遊行亦禁之。

一道逢于國旗, 則可避路傍, 逢于諸侯, 則可讓道之半。逢國旗, 而縱者告諸公使, 公使禮之, 應答禮。

一買物於市, 並使醜狀於市等, 皆禁之。

外國交際之事, 結約旣成, 故待外人及有妄動, 則生妨害不尠, 自今後, 道上逢遇之際, 不可輕擧, 更可令兵士嚴守之。

但近頃, 將開市於築地, 故外人之徘徊頻多, 細民悉體此旨, 不可妄動。

傭外人規則

接外人, 信義爲第一, 且不瀆國威爲心。盖方傭之, 當檢本人學術之深淺, 人物之可否。所來于東洋外人, 無非誕妄輕浮之徒。凡委傳聞, 信彼自負, 傭之, 而有不勝任, 如此則徒費給錢不尠, 故傭之之際, 深可探其實。

一及傭外人, 則外務省又開市場官吏, 可報諸侯國之吏, 故解傭之日, 亦可報諸官。【廢侯國而今爲府縣】

一就諸學術所傭外人, 不可用諸他事。外人往往貪私利, 專業之外, 雖與日本人請買賣物品, 不許焉。若有密商之者, 責在主人, 傍及外人。

一傭之, 確定年數及俸金等, 他日以無紛議爲要。

一凡外國之慣習, 不及旣定之年數, 而解之者皆給俸金之全額, 故以多數之年不可傭之.【附錄將解傭者必於半年前告諸外人】

一傭外人際, 家賃 、 食料, 其他一切之器具及金錢, 其所屬外人與所屬主人, 判然可定之矣. 不然則主人所費多.

一俸金及其他授外人物品, 皆要歐文之左券, 以爲後日之證.

一年數未滿而彼若乞暇, 則深糺其事由, 勘査俸金而可授之.

一傭之間曠其職者, 及耽酒色, 妨本業等, 皆雖年數未滿, 解之可也. 雖然非證瑕瑾不能矣, 故初傭之際, 可揭諸條約書中.【附錄結約之際, 本人休業及病疴等, 可處之之方等並記載之。】

一解約之際, 送還于舊所傭之地等, 亦記載之. 此本人解約後, 不還本國地, 而雖止日本之地, 解約後不與其費額等, 亦記之.

一因外人官等之高卑, 接遇亦有差, 故初約之際, 當以某人爲證之之人, 立其約束.

一年月當據日本之曆, 彼若不稱, 則傍書西曆.【用陽曆後此條自革】

一爲住雖貸家屋, 不許允地矣. 是因解約後, 避生紛議.

一所傭外人, 若死沒則當以禮葬之, 外人孤獨而無證之者, 則豫臨病床, 令認遺書. 且其服器悉著爲目錄, 附諸舊所媒之人, 或外務省命其處置.

一凡事關于民政開拓, 申告于民部省, 關于銃砲練兵者, 申告于兵部省, 得允而可處之也.

一傭外人, 有屬發明利用等事, 則申告諸其所管省.

一所傭外人輒雖禁其自爲出行, 不得止而使旅行, 則其地管轄廳以護衛.

一彼獨信異教, 雖委其意, 關于異教, 而不可不論議之.

傭外人之件, 雖普告之, 往往生紛議, 爲交際上之妨害不尠矣, 故自今傚左之式可結約。

何學 何國人

　與　譯文

　何術　何某

　　　歐文

　　　何國人

　　　　何某

　　　　何歲

一俸給每一月幾何, 及授之該月之前或後。

一食料 、旅費, 屬外人乎將傭主乎。

一傭年數幾何。

一日本曆自何年、何月、日, 至何年、何月、日。【用陽曆從此條自革】

一陽曆同前。

一傭地名。

一年數未滿而彼乞暇, 則解約後, 不給俸金。

一日數曠其業 或耽酒色, 妨本業者, 則雖年數未滿, 直解約。

關于外國人貸借事物規則

貸于外人以家屋 、土地際, 以約束不密, 中外人民之間, 往往生紛糾, 則交際上爲之生不便, 故自今後傭外人於學校及他事, 而使居諸所定地外者。又公使館附屬書記官等, 有約貸家 、貸地者, 先副其草案, 請諸管轄廳, 官已許之後可結約。

但現地所在家屋等, 毀之或賣之等, 皆定日數而約之, 旣行之日復告之官。

外國人公使館警察規則【事係司法省】

一外國公使以我憲法, 不可羈縻之, 通義也, 故其所屬屬官及家屋、車馬皆然。

一內國人爲公使被傭, 在其名籍, 與其屬隷相同, 若有逮捕糾問等之事, 則外務省諭旨于公使, 公使諾之而後行之。盖行之之事, 公使不得關與焉。

一內國人被傭, 則告其名籍于外務省, 告諸司法警察官, 警察官常記其姓名, 若有可捕者而逢此人, 則與其簿記照焉, 見其眞, 則送諸公使館, 詳告事于公使, 而後行之。

外國公使館

一入公使館, 非得其諾, 則不許焉。若犯重科者逃而入館, 則告諸門者, 得館主之諾而捕之。

一公使館並書記官宅者, 例雖其車馬家畜, 不容觸焉。若有不得已, 則請諸外務省, 後處之。

公使屬員犯罪, 並犯罪內國人, 住於公使館內者

一公使附屬外國人, 現行殺傷、剽盜等之大罪者, 若得其證跡, 則拘置其人于現場, 直告諸公使館, 送附諸公使館後, 告諸外務省。

一聞犯法之事, 或因他之露暴, 明省罪科者, 內國人而住于公使館內, 則遮斷其周圍後, 告諸外務省。外務省請諸館主後, 要其人待之。若館主拒之, 則復告諸外務省而處之。

國書式【用漢文, 則書中當尊處或高一字, 或越一字, 而和洋之文無論卑尊, 皆連書無高越之例。】

保有天祐, 踐萬世一系帝祚,

大日本國

大皇帝【主名】敬白

大淸國

大皇帝陛下。【各國隨所稱】

朕, 念派遣使節於

貴國, 求敦存在兩國間之友愛, 懇親情宜爲要, 特簡朕所信愛某, 爲欽差大臣, 着將此書, 躬親遞報

陛下。朕知某爲人忠誠明敏, 縱公電勉, 辦事練達, 必蒙

陛下寵眷, 不復容疑。某以朕命, 有所陳述於

陛下者, 望爲

聽約信用焉。茲祝

陛下康寧, 並祈

貴國臣民榮福。

<u>神武天皇</u>卽位記[10]元二千五百三十幾年　<u>明治</u>幾年月日，於<u>東京</u>宮中

親署名鈐璽

　　主名　國璽

　　　奉勅　　　　　　外務卿　姓名

答國書式

保有天祐，踐萬世一系之帝祚，

<u>大日本</u>國

大皇帝【主名】敬復。朕親友威望隆盛

<u>大淸</u>國，

大皇帝陛下第一世。

陛下玆報告，

陛下繼，

貴國，

皇帝之大統，行

踐祚之盛典。朕聞之，不勝欣喜之至。且祈皇天諭使

陛下之承運于久遠，福祉無量矣。

陛下又望，

貴國與，

10　記：'紀'의 오기이다.

日本國所結約, 使親睦, 交際益敦厚, 是固朕所希, 而所存於兩國政
府間, 使好誼愈周密, 朕所確 保諸

陛下也矣。

神武天皇卽位記[11]元二千五百三十幾年 明治幾年

月、日於東京宮中親署名鈐璽

　　　奉勅　　　　　　外務卿 姓名印

照會式

明治 某年 某月 某日 起章

同　　　同　　　同　　　同　　　　發遣

卿姓名印　　　　　　　　　　主任姓名幾等屬

　　　　　公信局 【姓名】 書記官印

公第(何)號

以尺牘啓告, 關于某港貴國領事館地, 旣以明治幾年幾月幾日第何
號【以下隨時辭意】敢俟回鱗, 敬具。

明治某年某月某日

　　　　　　外務卿姓名印

【若外務卿有故, 則大輔代行書式云。上面卿姓名印處, 大輔姓名印, 書末外
務卿姓名印處, 外務卿代理外務大輔姓名印云】

　　　　　　外務卿代理

---

11 記: '紀'의 오기이다.

　　　　外務大輔姓名印
某國全權公使
姓名閣下
【若代理公使，則姓名下稱貴下】

照覆式

明治　某年　某月　某日　起章
同　　　同　　　同　　　同　　　　發遣
卿姓名印【卿有故則輔姓名印】　　　主任姓名幾等屬
公信局【姓名】書記官印
公第何號
以書簡致啓上候陳者，貴國某港領事館地，佇見可被遊旨，仰被出
候，條幾年幾月幾日第何號以下隨時辭意，此段得貴意候敬具。
明治某年某月某日
　　　　外務卿姓名印
　　　　某國全權公使
　　　　姓名閣下

領事委任狀

保有天祐，踐萬世一系帝祚，日本國皇帝，宣示見此書之有衆。朕以

派駐領事於何國何港爲要。茲信愛【姓名】，黽勉誠實，任爲駐箚何港領事，卽遵兩國條約，授與保護到該地我國臣民之權理，以及商舶、貸財、貿易等事，並遇有訴訟，應照律例判決各等權宜。體朕旨，諭告到該地之我國臣民，咸使遵奉此命令，爲此冀望。

某國君主暨官民等。允認【姓名】， 是領事如有應當之需， 予爲輔助焉。

神武天皇卽位紀元二千五百四十年， 乃明治幾年幾月幾日，於東京宮中親署名鈐璽

主名　　國璽

奉勅外務卿某位某等姓名印

各國領事官證認狀式

保有天祐，踐萬世一系帝祚，

日本國皇帝【主名】

某國皇帝【主名】陛下，迪以貴國人【姓名】氏，【或以他國人代行，則書其人之國名】任于駐箚日本國某國總領事之件，閱千八百八十幾年幾月幾日所記委任狀，而悉其旨矣。因之認許，關其職務上殊典特遇，乃命所關之諸有司， 而證認同氏爲駐在日本某國總領事。【領事副領事隨時稱之】且以其職掌上，可與適當之補翼。

神武天皇卽位紀元二千五百四十幾年，明治十幾年幾月幾日，於東京宮中親署名鈐璽

主名　　國璽

奉勅外務卿何位何等姓名印

答露國公使館設置之節往復【辭意隨時有殊往復之節各國一例】

爲設貴國公使館，前日被請假虎之門，舊宮津邸地。因之吾儕已調查，該地現今之景況，現存家屋價金，及貸賃如別錄。

且其地價比諸周圍之地價，將不日而定之，其他如區賃亦可要若干金。

貴下若諾此數事，則與東京府可議焉。

又其地如別錄地圖，計三千四百三十八步，而圖中赤色之地，已爲伊太利公使館屬地，今雖不分其經界，要他日不生紛議。

略圖一葉，今呈之敬具。

年號六年九月十三日，外務大承宮本小一

露西亞國代理公使

姓名

閣下

各國公使奉呈國書及拜謁順序

一該日何時公使參朝之事。

一管掌官吏着大禮服事。

一公使到于停車場而下車昇殿事。

一式部寮官吏迎公使誘休憩所事。

一外務卿宮內卿式部頭接之。

一式部頭奏公使參朝。

一日主出正殿親王扈從。

一主召公使, 式部頭告諸外務卿, 外務卿誘公使進御前。

一立御。

一公使奏本國主之命。【譯官譯奏之】

一公使奉呈國書, 此際日主少進御座而受國書。

一有勅語。【譯官譯傳之】

一事畢而公使退于休憩所。

新年賀班依例參朝

外務省二

日本國外務省事務 卷之三

亞米利加條約[1]

安政五年戊午六月十九日, 西曆一千八百五十八年第七月二十九日, 於江戶調印。萬延元年庚申四月三日, 卽西曆一千八百六十年第四月十二日於華盛頓, 本書交換。

大日本帝國大君與亞米利加合衆國大統領, 堅親睦之意, 處兩國人民交易, 欲厚其交際, 決懇親及貿易之條約。日本大君, 以井上 信濃守、巖瀨 肥後守, 合衆國大統領, 以官名人名【未繙】, 官名人名【未繙】任之, 雙方照其委任證, 合議決定如左文。

第一條

自今後, 日本大君與亞米利加合衆國, 可親睦。

---

1 본서 목차에 이 표목은 '亞米利加國條約'으로 되어 있다. 아래에도 본서 목차와 비교해 다소간의 글자의 출입이 있는 경우가 있다.

日本政府, 使駐在公使及領事官於華盛頓, 此等官使可歷行合衆國內地。

合衆國大統領, 亦命公使及領事官駐紮日本, 此等人亦可歷行日本國內地。

第二條

日本國與歐羅巴中之某國生隙, 則應日本政府之請, 合衆國大統領, 可爲和親之媒。

合衆國船與日本船, 逢于大洋, 則以平等之交誼相接, 且亞米利加領事官所在之港, 日本船若入此, 則因各國之規則, 以交誼接之。

第三條

下田、箱館港之外, 下項地, 以所揭之期限開之。

長崎, 自午三月, 凡十五箇月之後。 西洋紀元, 一千八百五十九年七月四日。
神奈川, 自午三月, 凡十五箇月之後。西洋紀元一千八百五十九年七月四日。
新潟, 自午三月, 凡二十箇月之後。 西洋紀元一千八百六十年一月一日。
兵庫, 自午三月, 凡五十六箇月之後。西洋紀元一千八百六十三年一月一日。

若不得開新潟港, 則以與近地代之, 開他之一港。

開神奈川港之後六箇月, 而可鎖下田港。此箇條中之各地, 可許亞米利加人之居住, 故居住者出價而借一箇之地, 又於其地建屋舍, 則買之亦無妨。且雖許建家屋倉庫, 然托建築之事, 而占有要害之地, 決不允之。且有欲新築改造修補其屋舍時, 日本官吏檢之。

亞米利加人, 爲家屋得借之地, 幷諸港之法, 則各港之官吏與亞米利加領事官議之。若不得議定, 則日本政府與亞米利加領事官, 共裁決之。

其居住之周回, 不設門墻, 出入皆任其意。

江戶, 自午三月, 凡四十四箇月之後。西洋紀元, 一千八百六十二年一月一日。

大坂, 自午三月, 凡五十六箇月之後。西洋紀元, 一千八百六十三年一月一日。

此二箇之地, 亞米利加人營商賣間, 許留於此兩地。

亞米利加人建家, 借適當之地, 以建家屋, 許其散步, 其規程, 自今後, 日本官吏與亞米利加公使定之。

兩國人買賣之事, 都關于其買賣等, 日本官吏者不照查之。

軍用諸物, 除日本官府之外可賣, 但外人與外人買賣之, 則非所問。

米及麥, 爲日本駐在之亞米利加人及乘船者及船中旅客之食料者予之, 而不許拾載而輸出於外。

日本所産之銅有餘, 則日本官府, 以投票法公賣之。

居住之亞米利加人, 得備日本賤民, 充諸使役。

第四條

凡輸入輸出國地品物, 從別冊規則, 日本官府收其稅。

日本稅關察有奸, 則稅關以適當之價買貨物, 若貨主不承允, 則稅關定適當之價以收稅, 否則以其價買之。

合衆國海軍必需之品, 於神奈川、長崎、箱館等上陸, 則臧之庫中, 而亞米利加人爲之守護, 不要收稅。若賣其品, 則買人以規定之稅, 納諸日本官府。

所禁之阿片, 亞米利加商船輸其三斤以上, 則其過量之品物, 日本官吏沒收之。

輸入之貨物, 納稅後, 日本人雖輸送于國中, 不要納稅。亞米利加人所輸入之貨物, 此條約所定之外, 無收他稅。又以日本船若他國之商船, 自外國輸入物品, 皆與之同額。

第五條

外國諸貨幣, 以日本貨幣, 同種同量以通之, 金與金, 銀與銀, 以量目爲比較云。雙方之國人, 互償物價, 及用日本與外國之貨幣, 非所問。

日本人不慣用外國之貨幣, 則開港之後一箇年, 各港之官吏, 以日本之貨幣, 任亞米利加人之意而交換之。自今後, 爲改鑄, 不及分割日本諸貨幣者, 除銅錢, 得輸出之。及外國之金銀鑄貨幣, 或不鑄爲貨幣者, 皆得輸出之。

第六條

亞米利加人構惡於日本人, 則於亞米利加領事官, 以亞米利加之法罰之, 日本人構惡於亞米利加人, 日本官吏糾明之, 以日本之法罰之。

條約中之規定及所記別冊之法, 有犯之者, 則傳達于其領事官, 沒收其物品, 而日本官吏更課罰金。

第七條

於日本開港之地, 亞米利加人遊步規程如左。

神奈川, 限六卿²川, 其他四方十里。

箱館, 四方十里。

兵庫, 距京都十里之地, 亞米利加人不得入之, 故除之外, 各方十里。且船不
得濟猪名川, 至海灣之川

　　　凡里數, 自各港官廳算之爲陸路里程, 我一里, 當亞米利加之四千二百
　　　七十五【尺名未繙】。日本凡三十三町四十八間一尺二十五分。

長崎, 以大君所管地內爲限。

新瀉, 未議定。

亞米利加人有大惡事而請裁斷, 又不出行而再犯罪者, 不許出於居
留地之一里以外。犯之者, 日本官署可退去之, 皆告諸亞米利加領事
官以行之。若有負債, 則日本官署及亞米利加領事官按驗之, 或有延
其期, 延期不可超一年。

第八條

在日本 亞米利加人, 尊崇其國之敎法, 雖設禮拜堂可也, 破壞其現
時之屋舍, 亞米利加人, 皆無妨尊崇敎法。亞米利加人, 勿毀傷日本人
之堂宇, 又決不可妨日本人神佛之禮拜, 又不可毀神佛之像。

兩國人民, 不得以敎法之事爭論。

日本政府, 旣廢踏籍屬敎儀物之舊慣。

第九條

日本政府, 以亞米利加領事官之請, 捕出奔者若脫法廷者, 或繫囚領

---

2 卿: '鄕'의 오기이다. 이하 조약문에서도 같다.

事官所捕之罪人, 亦允之。又助領事官, 警戒亞米利加人違法者, 使其遵守規則, 又以領事官之請, 或捕之, 其際所費之金額及繫囚雜費, 皆亞米利加領事官償之。

第十條

日本政府, 隨意得買合衆國之軍艦、蒸汽船、商船、鯨漁船、大砲軍用器物之類。且託器具製作, 亦備學士, 海陸軍學士, 諸職人船夫等。

凡日本政府所約之物, 合衆國輸送之日本, 所備亞美利加人亦可送之日本。日本與合衆國之友國戰爭, 則軍中所禁之物, 合衆國不輸出之日本, 不得備其軍法敎師等。

第十一條

此條約所副商法之別冊, 雙方兩國人民可遵守之。

第十二條

安政元年甲寅三月三日, 卽一千八百五十四年三月三十一日, 於神奈川所交換條約之中齟齬者, 皆廢之。同四年丁巳五月二十六日, 卽一千八百五十七年六月十七日, 於下田所交換之條約, 今盡廢之。日本貴官及委任之官吏與合衆國全權公使到日本者, 協議使此條約之規則及別冊之條件完全。

第十三條

自今後, 凡百七十一月之後, 卽當千八百七十二年七月四日, 以雙方政府之意, 通達于一年前, 此條約及神奈川條約之內, 存置若干條及此書所副別冊, 兩國委任官吏, 實驗之, 合議之, 而得補之或改之。

第十四條

右條約者, 以己未年六月五日, 卽一千八百五十九年七月四日, 可實施之。其前日本政府遣使節於亞米利加 華盛頓府, 可交換本書, 若有不得止事故, 則不交換本書, 然至此期限, 則施行此條約。

本條約, 日本署大君之御名及印, 又記高官者之名印以爲證。合衆國記大統領之名, 及書記官某之名, 鈐合衆國之印而爲證。日本語英語蘭語本書四冊, 而其譯文皆同義, 而以蘭語譯文爲標準。

安政五年六月十九日, 卽一千八百五十八年, 亞米利加合衆國獨立之八十三年七月二十九日, 於江戶記兩國官吏等之名併捺印。

井上 信濃守 花押
巖瀨 肥厚守 花押

亞黑利加條約

嘉永七年甲寅三月三日, 西曆千八百五十四年第三月三十一日於神奈川調印, 安政二年乙卯正月五日, 西曆千八百五十五年第二月廿一日, 於下田交換本書。

亞黑利加合衆國、日本帝國, 共欲締堅久懇切之交, 俾兩國人民相

親交, 因願設自今當相循從之章程。是以合衆國大統領差遣其全權公
使馬塞加爾伯列斯彼理於日本, 日本國大君命其全權林大學頭、井戶
對馬守、伊澤 美作守、鵜殿民部少輔等, 協議商量, 謹制定條約如
左。

第一條
日本國及合衆國兩國人民, 締結和親, 當世世不渝, 無問人與地。

第二條
日本政府許合衆國船入於下田港及箱館港, 取薪水食料煤炭等, 凡
船中所乏, 日本所有物給之。下田港, 俟條約書捺印, 卽日可開之, 箱
館港以明年三月, 可開之。
所給之物, 日本官吏錄其値價而付之, 船人當以金銀貨償之。

第三條
合衆國船漂着於日本海濱, 則日本官吏發船救之, 護送船中之人於
下田若箱館港, 以交付之在港合衆國有司, 船人所齎之什物亦同。但
救漂一切諸費, 兩國互不相償。

第四條
漂民及餘外之合衆國人民, 日本待之, 應與各國一樣優寬, 不得幽閉
之, 然得使其遵守正法。

第五條

合衆國漂民及餘外合衆國人民，一時住在下田及箱館者，日本政府不得幽閉拘制之，與於支那人、和蘭人之在長崎者。合衆國人民，得隨意行步之地，於下田則以港上小嶼以外方七里爲限。箱館港則須後日議定之。

第六條

有別須用之什物及有要調理之事件，則兩國官吏，審議以決之。

第七條

合衆國船入此兩港者，得倚循日本政府臨時所設之規則，以金銀貨及貨物，易其需要物。且合衆國船所輸之貨物，日本人不欲而返之，則可收受。

第八條

合衆國船需薪水糧食煤炭，其他所缺之物，則其地日本官吏必調辦之，不許私相受授。

第九條

特許若便宜，日本政府未許合衆國人民者，若許之他外國人，則須亦直許之合衆國人民，無用相商議。

第十條

合衆國船自非遇颶風，則除下田、箱館外，不許濫入他日本港。

第十一條

從此條約調印之日, 閱十八月後, <u>日本</u>政府或<u>合衆國</u>政府, 若以此爲
急務, 則<u>合衆國</u>政府可命其領事置之<u>下田</u>港。

第十二條

今回所議定之條約, 兩國政府及人民所當遵守者也。<u>日本</u>國大君、
<u>合衆國</u>大統領及其上院議官, 各批準此條約於自今十八月以內, 當互
交換所其批準書。

本條<u>日本</u> <u>亞黑利加</u>兩國, 全權之所捺印也。

<u>嘉永</u>七月³<u>甲寅</u>三月三日。

<u>林</u> 大學頭	花押
<u>井戸</u> 對馬守	花押
<u>伊澤</u> 美作守	花押
<u>鵜殿</u> 民部少輔	花押

米利堅合衆國規則書

<u>安政</u>四年丁巳五月廿六日, 西曆千八百五十七年六月十七日, 於<u>下田</u>港押印。

---

3 月: '年'의 오기이다.

亞米利加合衆國人民交通日本帝國之法, 今以調理之於將來之故,
下田奉行井上 信濃守、中村 出羽守, 與合衆國官名人名【未繙】, 各任
其政府之全權協議商量, 所定之條約, 具於下。

第一條

日本國 肥前 長崎港, 今爲亞米利加船開之, 自今修船其破船, 給薪
水糧食石炭及諸所缺乏之物, 皆當給予之。

第二條

亞米利加船入下田及箱館港者, 須用物品而日本無之, 則甚不便。
因使亞米利加人住此二港, 以給須用物。且許置合衆國副領事官于箱
館港。

但此條至日本 安政五年戊午六月中旬, 合衆國千八百五十八年七月
四日始施行。

第三條

亞米利加人計算所輸來之貨幣, 其法以日本國壹分金若一分銀爲
本。金銀各分類稱之, 以定亞米利加貨幣之量目然後改鑄。亞米利加
人更出其貨額百分之六, 以爲改鑄經費之償。

第四條

日本人對亞米利加人犯法, 則以日本法律, 日本政府罰之, 亞米利加
人對日本人犯法, 則以亞米利加法律罰之, 務在公評, 可無偏頗。

第五條

亞米利加人, 於長崎、下田若箱館港, 修繕其破船及購求所缺乏之
日本物等, 皆當以金若銀貨償之, 若金銀幷不帶, 當可以貨物辨償之.

第六條

合衆國敬稱官名, 有出境外七理之權, 是日本政府之所允可也. 雖
然自非難船等緩急之際, 務不用此權, 是下田奉行之所請求, 而官名之
所許諾也.

第七條

自日本商人, 直購求品物之事, 惟合衆國敬稱官名及其館內之人得
爲之, 而其人, 必以銀若銅錢償其價.

第八條

下田奉行, 不通英吉理語, 合衆國敬稱官名, 不通日本語, 故關兩國
交涉之文章, 一用和蘭文.

第九條

前條之中第二條, 獨從其下所記之日, 施行之, 其餘諸條, 皆從條約
交訂之日, 施行之.

以上各條日本 安政四年丁巳五月二十六日, 亞米利加合衆國千八百
五十七年六月十七日, 於下田官廳, 兩國全權押印.

井上 信濃守 花押

中村 出羽守 花押

日本帝國與亞黑利加合衆國所約郵便交換條約

明治六年, 西曆千八百六[4]十三年八月六日於華盛頓捺印。

下所載名之兩員, 各奉其政府命, 爲整修郵便交換法于帝國日本與
亞黑利加合衆國之間, 所約條件如左。

第一條

方今往返與日本間之汽船, 又以自今, 得兩郵便局允准可航海。右
兩國間之汽船, 往復日本帝國與合衆國間, 須將信書、新聞紙幷各刷
印物、其他商物之樣式、模形, 遞送交換于兩國間, 而其兩國可爲遞送
往復于他外國間, 同前郵物之媒介。

第二條

爲遞送各郵物于兩國間, 日本以橫濱郵便局, 合衆國以郵便局, 可爲
其郵物交換之本局。

別有要交換局, 則由兩郵便局協議上, 不論何時, 加得創設之。

---

4 六: '七'의 오기이다.

第三條

交換兩國間之信書遞送費, 於彼此郵便局, 不必互爲出入計算, 兩國
各須徵收, 以此條約所定郵便稅, 收入於自己國。

信書一通重量十五【稱名未繙】卽半【稱名未繙】, 或其以下之郵稅, 須定
於日本十五錢,　　於合衆國十五【財名未繙】。且十五【財[5]名未繙】以上者,
每其重量十五【稱名未繙】卽半【稱名未繙】, 或其分數, 在日本, 須納十五
錢; 在合衆國, 須納十五【財名未繙】之增稅。

其郵便稅, 不拘何時, 須以發出信書國之郵便券票前償, 若不全償郵
便稅, 或其不及一通稅之信書, 不可遞送之。然發一通以上稅之信書,
假令比其重量, 有不足, 亦須遞送之, 至其不足之稅, 由其指明之家徵
收, 納其配達局。於兩國所收受信書無不足前納其定稅者, 應當皆以
無稅配達。然此條約實行日, 閱十二月後, 信書一通定稅, 於日本十二
錢, 於合衆國十二【財名未繙】, 今約各行減稅。於合衆國郵便局發出日
本, 或收受於日本之新聞紙及各刷印物、其他商物之樣式、模形, 其重
量二【稱名未繙】, 若每其分數可收入二【財名未繙】郵稅。

在日本郵便局發出合衆國,　或收受於合衆國之新聞紙及各印刷物、
其他商物之樣式、模形, 須從日本帝國郵便成規, 徵收其郵便稅。

凡遞送新聞紙及各刷印物、其他商物之樣式、模形, 兩國各有定則,
故可從此定則。若其各種物內, 封入如信書之物, 或有違其定則所載,
則將其物, 見做信書, 可以收入其定稅。又照兩國收稅法, 課其各種物
於海關稅, 則應行收入。

---

5 財: '稱'의 오기이다.

第四條

合衆國所收受於日本之信書, 郵稅不足, 則徵收其不足稅外, 更每一通徵六【財名未繙】罰錢, 收入於合衆國郵便局, 又日本所收受於合衆國之信書, 郵稅不足, 則徵收其不足稅外, 更每一通徵六【財名未繙】⁶罰錢, 收入於日本郵便局。

第五條

由橫濱、兵庫、長崎之日本郵便局, 發出支那 上海, 合衆國郵便分遣所之信書、新聞紙及各刷印物、其他商物之樣式、模形, 又由上海發出日本之同上各物, 以刻定期往復。日本與支那之間, 卽合衆國或日本郵船, 應須遞送交換。右日本三港, 與支那 上海之間往復, 右日本三港, 與上海間之信書等遞送費, 於兩郵便局, 不必互爲出入計算, 惟彼此共以郵便券票, 如左分算徵收郵便稅, 各可收入於自己國。

上海遞送日本信書一通之郵便稅, 以其重量半【稱名未繙】, 若每其分數六【財名未繙】, 新聞紙幷物價表, 每一箇二【財名未繙】, 各刷印物、其他商物之樣式、模形之重量半【稱名未繙】, 若每其分數二【財名未繙】之分算, 應於上海、合衆國郵便支出所徵收。

日本遞送上海信書一通之郵便稅, 可定其重量十五【稱名未繙】卽半【稱名未繙】, 若每其分數六錢。而新聞紙幷各刷印物、其他商物之樣式、模形, 應從日本郵便成規, 徵收郵便稅于日本郵便局。

此第五條所定郵便稅, 若不照完之信書, 一切不可遞送。

---

6 문맥상 일본 화폐 단위 '錢'이 나와야 하므로, 잘못 부여된 주석이다.

第六條

兩國中, 甲國往復他外國之郵便封囊, 有經乙國遞送之權利, 乙國不論水陸, 以其國通常郵便遞送方法, 可當遞送右封囊之任。

日本往復海外之郵便封囊, 經合衆國陸路, 或經陸地水路者, 須以左分算, 由日本郵便局, 償於合衆國郵便局郵便稅。

第一, 送于黑斯哥及英領北亞墨利加洲, 或由其地所發郵便封囊遞送稅, 若全係陸運, 須定信書重量每三十【財[7]名未繙】一【稱名未繙】, 六【稱[8]名未繙】, 新聞紙并各刷印物、其他商物之樣式、模形, 重量每一【稱名未繙】一千【財[9]名未繙】, 三十二【稱[10]名未繙】。

第二, 送于英領北亞黑利加洲、黑斯哥、中央亞墨利加及南亞黑利加其他西印度諸島, 或由其地所發郵便封囊遞送稅, 若係海運, 則須定信書, 重量每三十【稱名未繙】, 二十五【財名未繙】, 各刷印物、其他商物之樣式、模形, 重量每一【稱名未繙】, 四十【財名未繙】。

第三, 送于大不列顚、日耳曼其他歐羅巴諸國, 或由其所發之郵便封囊遞送稅, 不論海陸運, 可償合衆國與右歐羅巴各國之間, 締結郵便交換條約所定同額之郵便稅。

因合衆國經日本陸地, 或水陸路往復海外之封囊遞送, 由合衆國郵便局, 可償日本郵便局之郵便稅. 至要日本國行之特權之時, 經兩國郵便局, 合議可定之。

兩國中經一國出郵便封囊, 或於收受之國, 就其封囊中區別信書、

---

7 財: '稱'의 오기이다.
8 稱: '財'의 오기이다.
9 財: '稱'의 오기이다.
10 稱: '財'의 오기이다.

新聞紙、各刷印物、其他商物之樣式、模形等, 可以爲計算。

第七條

從日本及合衆國兩郵便局協議上, 卽今所現行之約定, 由他外國發出, 或遞送其國之信書等, 定以郵便開囊互相遞送交換之方法, 兩國可以互爲之媒介。

右外國往復郵便稅, 都照遞送兩國間郵便稅上, 加迄遞送其外國之稅額, 徵收其所加之數, 已爲勿論。

第八條

由他外國發出, 經合衆國, 遞送日本之指明處之前, 前償信書, 每一通二【稱[11]名未繙】, 須由合衆國郵便局, 算還日本國郵便局。

第九條

以兩國往復郵船, 由日本送還合衆國旅客之信書, 俱須以合衆國郵便券票, 償每一通十【稱[12]名未繙】, 又由合衆國送還日本旅客之信書, 須以日本郵便券票, 償各一通十錢。

第十條

從此條約各條, 經太平洋, 互爲遞送交換郵便物之海運費錢, 不問開囊封囊, 每信書之重一【稱名未繙】, 六【財名未繙】, 每卽三十【稱名未繙】定

---

11 稱: '財'의 오기이다.
12 稱: '財'의 오기이다.

六錢。其他郵便物，每正量一【稱名未繙】，六【財名未繙】，每卽四百八十
【稱名未繙】六錢之分算，可以互相計算。

第十一條

兩國往復之郵便，其每發出，添付書狀目錄，記入以往復兩國，又經
兩國可送他國郵便物各種量目。因其經兩國可送他國之郵便物各種，
起於兩國間之出入計算，須每三月精算，由告借局，向肯貸局，可速計
還。但其計算，可以肯貸局所望方法爲之。

第十二條

合衆國政府以自費，維持現今每半月往返與橫濱間之郵船，遞送郵
便物間，於日本政府，亦以航海兩國海航[13]間之他郵船，所遞送郵便物
之運費，約諾全以自費償銷。

第十三條

兩國於各港，甲船移封囊于乙船，於其爲移載之國郵便局，他無失
費，則不可因其移載，徵收各等規費。

第十四條

合衆國郵便局，向日本郵便局，由日本郵便局，向合衆國郵便局，所
發公用信書往復，兩國俱應不必爲其費用計算。

---

13 航: '港'의 오기이다.

第十五條

往復兩國政府并公使館之公用信書, 應須爲期無破損, 得以安全, 細效注意, 則各無稅遞送。

第十六條

兩郵便局互經承諾, 以交換兩國間郵便, 可設遞送特書郵便之方法。

特書郵便規費, 可定於合衆國十【財名未繙】, 於日本十五錢, 但其郵便稅并特書規費, 須先照數完納。

兩局互相改正遞送特書郵便規費, 任其自由。

第十七條

經彼此郵便局承諾後, 因施行此條約, 更設瑣細規則, 或依時宜, 可有時時訂正, 改革此規則等事。

第十八條

凡無不足前償定稅信書, 於其配達局, 押日注印外, 於其信書右方上部, 以朱肉押印, 以證完償。所前償定稅不足之信書, 其不足稅之數, 亦如上文, 可以墨記。

第十九條

爲沒書之信書, 應不收稅, 兩局互相送還, 而送還之期限, 每一月, 或從兩局沒書規則, 時時送還【沒書, 因其指名處不明晳, 或違犯郵則, 留於郵便局旨】。

第二十條

將日本之貨幣與合衆國貨幣交換, 或將合衆國之貨幣, 與日本貨幣交換, 應以合衆國一弗, 當日本一圓, 以合衆國一【財名未繙】, 當日本一錢。

第二十一條

合衆國郵便局, 此條約比準後, 不論何時, 若由日本郵便局, 於六月前報告, 則應將在橫濱 合衆國郵便支所及其他現今設立于日本國內, 或嗣後可設立郵便支出所, 卽行廢止。

第二十二條

此條約各款, 應自廢止在日本 合衆國郵便支所之日, 實際施行。

第二十三條

此條約, 兩局報告于一年前, 不論何時, 可得廢止。
此條約, 應奉比準者, 而彼此共可勉速交換。

明治六年八月六日, 則紀元千八七十三年第八月六日於華盛頓府, 此條約, 記本書二通, 以確定。

在米合衆國 日本臨時代理公使 高木三郎
合衆國驛遞總長【人名未繙】

和蘭條約

安政二年乙卯十二月二十三日, 千八百五十六年第一月三十日, 於長崎捺印, 同
四年丁巳閏五月, 本書押印。

日本、和蘭兩國欲使古來之交誼益鞏固, 長崎奉行荒尾 石見守、川
村 對馬守、監察永井巖之丞、淺野一學等, 據初所贈和蘭之信牌, 與
和蘭國王之全權大使, 卽日本駐箚和蘭領事官【人名未繙】協議決。

第一條
舊來所許于和蘭國民之地, 不帶警衛人, 而自出島往之, 一任和蘭人
之意。

第二條
和蘭人犯日本法規, 則報之日本 出島駐在高官, 高官因訴和蘭政府,
使照其國法論罪。

第三條
和蘭人受害於日本人, 則日本駐箚和蘭領事官, 訴之於日本官吏, 日
本高官查覈, 倚日本國法論罪。

第四條
他日本港津若許他國開之, 則和蘭國亦當受同一之允許。

第五條

和蘭國軍艦之士官、其他同乘者及和蘭陸軍軍人，死於日本，則艦中發空砲，於墓所發空銃等，送葬之儀，各從其位階有差，一如從來所行。

第六條

和蘭商船入長崎港者，進近海岸，則宜倚舊例，揚國旗及合符之密旗，軍船則不要合符之密旗。

第七條

硫黃島，遠望者見之，則爲揭和蘭國旗，以爲彼之目標如舊例，軍艦亦同。

第八條

和蘭軍艦及商船，當依舊例，投錨高鉾島之後面。

第九條

長崎奉行所派遣之吏人，與出島 和蘭國商館之吏人，同就其處檢查，明言以爲和蘭國船，則使其船人搭汽船，若日本舸入港，如舊例而不要質人。

第十條

各船同乘者用小舟，各船皆得通行出島，又得盤廻港內，但至商船之水手等，則其小舟中，船將若按針司同乘之時，惟得然也。出島水門外，不許上陸，且禁交與日本船之人。交會又當樹和蘭國旗，以爲同標。

第十一條
出島水門外，不許以小舟上陸。

第十二條
出島住家及土庫等，依舊姿修繕，若新建若變改等，皆申告之奉行廳，得其許可之後，當以和蘭商館脇荷銀，傭日本工人及購材木。

第十三條
出島駐在和蘭人，以其小舟若日本船盤港內，亦無妨，但不許上陸。而許以其船漁釣於港內，以治攝養之道，又同揭和蘭國旗以爲表。

第十四條
水門之鑰者，和蘭商館之高官掌之。每開閉，必告之日本官吏之當直者，以拒人不得許可而入之弊。

第十五條
表門之鑰者，托之當時在任之日本官吏。

第十六條
商船之按針司以下船手等，出入表門之時，依舊例，查其身籍，然於水門本船無此事。

第十七條

自出島搬出市中, 或自市中搬入出島之貨物查之, 如舊例而和蘭往返出島者之貨物, 則不查之。如物品密買, 則當加嚴制之。

第十八條

和蘭商船長崎港內逗迫之間, 日本官吏, 常居出島而視事。

第十九條

商業處分之法, 一循舊來慣習, 和蘭貨物庫之鑰, 常托之出島駐留高官, 不要日本官吏封印之。

第二十條

倚日本法, 受允許之日本人者, 得出入出島如舊。

第二十一條

在長崎兩國人交涉辭儀, 日本人者用日本之禮, 和蘭人者用和蘭之禮。

第二十二條

在出島 和蘭人, 因時宜得托支那及外國船, 贈書翰。

第二十三條

日本同盟諸國之船, 長崎港投錨中, 其船主得與和蘭人往復書翰。

第二十四條

査和蘭船之人員, 爲其入津開帆之兩回, 而唯出島無此事。

第二十五條

和蘭商船之彈藥武器及大砲, 皆置之本船而不出。

第二十六條

貢獻及進呈於官吏之物及八朔, 皆倚舊慣。商館商業之法, 倚舊不改, 今後若欲有釐革商業法, 長崎奉行與和蘭領事官, 商量謀議而後定之。

第二十七條

欲立新法, 則長崎奉行及和蘭領事官協議制定, 要兩國之便, 其爲無用之煩累者, 務廢除之。

以上所定二十七條, 得兩國君主之許可狀, 兩國高官當其任者, 捺印之。自此條約制定之日, 不出二年, 兩國當任之高官, 於長崎互交換其許可狀然後, 卽日施行此條約。

安政二年己[14]卯十二月二十三日

荒尾 石見守　　　　　　　花押

---

14 己: '乙'의 오기이다.

川村 對馬守	花押
永井嚴之丞	花押
淺野 一學	花押

和蘭追加條約

安政四年丁巳八月二十九日, 西曆千八百五十七年第十月十六日, 於長崎押印.

日本 和蘭兩國全權官, 議定追加之條.

勘定奉行兼長崎奉行水野 筑後守, 長崎奉行荒尾 巖[15]見守, 監察巖瀨 伊賀守等, 與日本在留和蘭國使臣【官名人名未繙】, 以一千八百五十六年第一月三十日, 於長崎所訂結之和蘭 日本兩國間之條約追加.

第一條

長崎、箱館兩港, 自今許和蘭人之貿易, 特箱館港, 則此日後十閱[16]月然後, 始開貿易.

第二條

噸稅, 每一噸, 和蘭國通貨金五【財名未繙】卽八十【貨名未繙】, 入港後二日內, 可出之.

---

15 巖: '石'의 오기이다.

16 十閱: '閱十'의 오기이다.

百五十噸以下之小船, 每一噸, 課和蘭通貨【財名未繙】卽十六【財名未繙】, 可出之。

軍艦不課噸稅, 惟課可出水路導船之傭賃及挽船費。於長崎一回出噸稅, 直轉航箱館之船, 不要再出噸稅, 但在長崎時, 旣出噸稅, 而所取之契單, 記之於行李目錄。自箱館轉航長崎之船, 亦同。

自日本港, 到他國之港, 新載貨物, 而再來日本港之船, 則新出行李目錄, 以致噸稅。

上陸行李及搭載之, 或備日本船, 以爲挽船等, 皆必雇傭所豫備設之役夫。

役夫不帶鑑札者, 必勿雇使之。

第三條

商船, 雖不貿易, 然某港投錨, 過二晝夜, 則出噸稅。

商船, 要修繕, 不得已而入港, 不爲交易, 又不轉載貨物者, 不課噸稅。

第四條

商船, 入長崎港後二十八時間中, 出島駐留和蘭高官, 記其船號、船長姓名、所載貨物目錄及其船噸數, 以申告之於日本官吏。若過此時刻, 則課二十二條所定之罰金於船長。於箱館, 則船長爲此申告, 當於一晝夜以內。

於長崎, 則許日中上陸貨物, 於箱館, 則示行李目錄之後, 又經日本官吏之泣驗然後, 得上陸貨物。

長崎, 貨物查驗所建築之後, 兩國官吏, 協議當制新法以履行。

第五條

商船之數, 無定員。

交易之金額, 亦無定數。

輸入之貨物, 日本人不欲買收, 或雖欲之, 然不能付我物産以償其價, 則其貨物不賣却, 而姑留置之。

和蘭人賣却輸入之貨物, 而日本人不能償其價, 則當以外人稅關所有之外國金銀貨, 償之。

第六條

和蘭人, 賣貨物, 勿論其公賣私賣, 皆課三分五厘之稅。

稅關所購求之貨物, 不徵收此稅金。

輸出入及轉輸于他邦之貨物, 以其時之協議, 定稅額, 協議未定之前, 姑因舊例而徵收。

第七條

稅關先檢查貨物然後, 使公賣之, 其償金, 則且握之, 待買者, 實收貨物而後, 付價金於賣子。若買者, 旣收貨物, 而不能償其價, 則稅關爲出償金, 以償之。

雖然於私之買賣, 雖買主不償, 稅關不代買之。

和蘭國商人有欲爲公賣者, 不擇時日令賣之, 其人員, 無定限。

第八條

有公賣之貨物而無買者, 則且置之於出島, 後日又使出公賣之, 其法如前條。又如是貨物賣者, 私賣之, 亦任其所欲而不問。日本人償貨物之價, 都携正金, 納之稅關, 不許日本人, 直付之於和蘭商人。

　和蘭商人, 私賣其貨物于日本人, 則記其貨物目錄與價金之員數, 經出島駐留高官之手, 申告之於稅關。稅關乃使買者, 償價金, 以其貨物, 付之。

第九條

　諸商人皆得出入于出島以營業, 不止定數之賣貨人。

　於箱館, 則爲商品賣買, 當設一區之商館。

第十條

　日本人, 買收物品於和蘭人, 未納其價金于稅關之前, 旣交付貨物, 因以生爭論, 或賣者匿貨物, 或買者出奔, 或就賣者, 所要求之物, 紛議起等, 當是時稅關, 雖竭精盡力, 以調理之, 不爲償其損失。

　貨物之授受旣畢之後, 不得以其貨物之善惡、斤量、尺寸等之故訟之。

第十一條

　和蘭人, 買得貨物於日本人, 其代金, 則稅關, 以紙幣兌換之, 交付之於日本人。出島之諸費挽船費等, 則稅關以其所保管之金, 償之。

第十二條

　和蘭人, 以外國金銀貨, 償所購貨物之價, 亦可也。

　日本人欲受外國金銀貨, 則宜與和蘭人協議。

　凡金銀貨, 惟可納之於稅關, 不得付他人。

伊斯巴尼亞銀貨【財名未繙】卽【貨名未繙】， 當二【財名未繙】五十【財名未繙】， 墨西哥銀貨【財名未繙】， 當二【財名未繙】五十五【財名未繙】，皆當以此數算。

第十三條
凡兵器，必致之於日本政府，而不得付商人。
輸入物中日本有欲禁付之於商人之手者，當公然經商議然後，定之。

第十四條
禁收入阿片于日本。

第十五條
日本金銀，不許和蘭人買之，但鍍金物及幷金銀之器物，不在此限。
日本貨幣，禁輸出，其他日本欲禁輸出之貨物，當以其時，公然協議然後，定之。

第十六條
米、麥、麯、大豆、小豆、石炭、美濃紙、半紙、書籍類、繪圖類、銅工物等，惟稅關得付與之。若和蘭人自就商賣若市中買之，以供私用者，不在此限。不受日本政府之允許，而板刻若著述若發賣之書籍繪圖類，幷不許輸出。

第十七條
銅、刀劍及其附屬器、大和錦、武具、火器、弓矢、馬具，其他凡屬兵器物, 不許日本商人賣之。

日本政府, 特購求和蘭貨物, 則以前條器物, 充價金之不足, 以償之, 亦時有之。

右器具之外, 尙有可禁賣却者, 則公然商議然後, 從其便宜。

第十八條

日本人所買之貨物, 其價額, 則彼此商議, 臨時定之, 不豫設一定之價額。

凶歲, 則日本政府, 臨時禁食用之物輸出。

蠟及紙之歉歲, 亦一時或禁輸出。

第十九條

箱館在留商船, 本港投錨之間, 其船中所有之文章, 當附托之於箱館官府。

於長崎, 則其文章當附托之於出島在留和蘭高官。長崎、箱館兩港商船所投錨之近隣, 置日本之監視船, 以防密賣之弊。

監視船之員數, 因時有增減, 而其經用, 則和蘭人不出之而可也。

第二十條

私雇人以載行李, 或搬出之, 而亡貨物, 稅關不償之。然日本政府務加審按。

第二十一條

商船入港, 若僞造所載貨物目錄以呈之, 則和蘭高官按驗之, 命船司令入罰金五百【貨名未繙】于稅關。

第二十二條

船入於箱館港, 過一晝夜而不呈貨物目錄, 則算其日數, 每一日, 收罰金五十【財名未繙】, 但不問其時有何等事情。此罰金者不可超過二百【財名未繙】。

船入箱館港, 不出貨物目錄, 而搬上貨物, 則沒入之, 更課罰金三百弗【財名未繙】。

第二十三條

和蘭船與他國商船, 相議移載貨物, 則得日本政府之允許, 待日本官吏之臨場然後, 始得施行之。

不得此允許, 而移載貨物者, 稅關沒入之。

第二十四條

於開港場, 日本人爲密賣, 以日本國法罰之。

和蘭之密買人, 其所密輸出入之貨物及所照法拘抑之物品, 皆沒入之。

又於日本開港地外之海濱, 爲密賣者, 沒入其船及所載之貨物, 當是時, 日本駐紮和蘭高官, 審度之, 不得構事容異議。

第二十五條

日本人, 不得政府之允許, 則不可赴和蘭商船中, 犯此法者, 捕而交付日本官吏。

第二十六條

和蘭商船, 諸計算未成, 則出島在留和蘭高官, 不許其船之拔錨。

和蘭人, 於箱館買物, 而淸償, 或以貨物償其價, 則可也。不然, 所購之貨物, 都不許搬載。

第二十七條

不持許狀, 而竊出貨物於出島水門, 或竊入品物, 皆倚法沒入。

第二十八條

和蘭人贈須用物于日本人, 有出島在留和蘭高官之證票然後, 許出門。

第二十九條

日本訂約諸國之船入港, 則和蘭人與其入港者, 於船中若出島, 互交通, 亦可也。但監吏未明其爲何國船之前, 當看守之。

第三十條

砲臺及諸公館, 其他凡有門處及人家等, 和蘭人不得守門者之許諾, 則不許猥入。但寺院、茶店、休憩處, 不在此限。若和蘭高官, 日本在留中, 以其職務之事, 到日本官府, 非此例。

第三十一條

茶店、休憩所、寺院之休憩費, 渡船費及市中買須用物, 皆以稅關所兌換之紙幣, 償之。

第三十二條

和蘭人, 於長崎遊步規程, 如別冊圖面所示。

箱館遊步, 以日本里法五里以內, 爲限。

和蘭人不得日本政府之允許, 而出遊于五里以外之地, 則在其地者, 說諭之, 使歸。

若不從此說諭者, 直拘捕, 以交付之於和蘭高官。

第三十三條

和蘭人於其住家及埋葬地, 自行其耶蘇敎禮, 一任其意。

第三十四條

和蘭政府贈書日本政府, 出島在留和蘭高官, 輸諸長崎奉行, 日本高官以達之於政府。

日本政府贈書和蘭政府, 長崎奉行付之於出島在留和蘭高官, 達之於其政府。

和蘭國王陛下贈書日本皇帝陛下, 及日本皇帝陛下贈書和蘭國王陛下, 皆用前條之法。

第三十五條

和蘭人欲學日本語若日本學術者, 因出島在留和蘭高官, 請諸日本政府, 日本政府撰敎官, 使每日往出島敎之。

第三十六條

和蘭人與日本在留外國人爭論歐鬪, 則和蘭官吏務調理之, 不累日本政府。

第三十七條

和蘭人與日本人爭鬪，被毀傷或竊盜、放火等，則兩國官吏務公正
處置之，不使以其故至于損兩國之交義。

第三十八條

和蘭 出島在留高官，出外不在，則其次官代之，處置萬事。

第三十九條

所許他外國人之權理，亦當許之於和蘭國人。土地之規則，和蘭人
當守之。

第四十條

此條約不變革及此條約不載者，都倚舊例。

於箱舘凡事，倚此條約所揭處置。此條約中，若有不可不變更者，則
兩國高官商議以定之。

以上各條，視以爲一千八百五十六年第一月三十日，日本與和蘭所
訂結條約中之一端，當從各條所揭與前年條約，同確守之。

此追加條約，日本皇帝陛下與和蘭國王陛下，批準。本書循前條約
二十八[17]箇條之例，自此日，注一年後，當於長崎，交換施行。

勘定奉行兼長崎奉行水野　筑後守、長崎奉行荒尾　石見守、監察嚴

---

17 八：'七'의 오기이다.

瀨 伊賀守, 與日本在留和蘭使臣【官名人名未繙】, 協議決定, 手記之以
捺印爲證。

安政四年丁巳八月二十九日, 一千八百五十七年第十月十六日, 於
長崎, 記之二通。

水野 筑後守　　　　　　花押

荒尾 石見守　　　　　　花押

巖瀨 伊賀守　　　　　　花押

日本全權與和蘭國全權所結約追加條約附錄

第一條

自今後, 廢本方商賣。且銅非有約, 則爲物品償之代, 而自日本政府
致之外, 決不允輸出。故本條約第二十六條所載贈遺及八朔金, 自今
後止之。

第二條

本條約中所載第六條、第八條、第九條及第二十四條之約, 皆廢之。

自今後, 和蘭國之船舶, 得直投錨碇泊市中豫定之處。

以證確此追加條約之故, 勘定奉行兼長崎奉行水野 筑後守、長崎奉
行荒尾 石見守、御目付巖瀨 伊賀守, 與日本在留和蘭國使臣十一人
【官名人名未繙】, 爰記之幷鈐印。

安政四年丁巳八月二十九日─一千八百五十七年第十月十六日, 於<u>長</u>
<u>崎</u>, 記諸二通。

<u>水野</u> 筑後守	花押
<u>荒尾</u> 石見守	花押
<u>巖瀨</u> 伊賀守	花押

和蘭條約

安政五年戊午七月十日, 西曆一千八百五十八年八月十八日, 於<u>江戶</u>捺印。萬延
元年庚申二月九日, 西曆一千八百六十年三月一日, 交換本書。

<u>和蘭國</u>王, 與<u>日本國</u>大君, 欲厚懇親通商事之誼, 而<u>和蘭國</u>王命五人
【人名官名未繙】, <u>日本</u>大君命<u>永井</u>玄蕃頭、<u>岡部</u> 駿河守、<u>巖瀨</u> 肥後守,
各照委任證, 而合議決定, 左綠條件。

第一條

<u>阿蘭陀國</u>王, 任駐在<u>江戶</u>官【未繙】, 又載此條約書, 爲理各港交易諸
事可任。又官名幷官【未繙】旅行<u>日本</u>國內, 任其意。

<u>日本</u>政府駐在<u>和蘭</u>都府任公使, 又於<u>阿蘭陀國</u>各港, 可任領事, 此官
吏, 自到着日, 可得旅行其國內。

第二條

長崎、箱館港, 左錄地, 以左錄期限, 可開之。

神奈川, 自戊午五月凡十三箇月之後, 西洋紀元一千八百五十九年七月四日。
兵庫, 自戊午五月凡五十四月後, 西洋紀元一千八百六十三年一月一日。
　　此外於西海岸, 自今後, 凡十八箇月, 西洋紀元一千八百六十年一月一
　　日之後, 可開他一港, 其地開之前, 可報知之。

開神奈川港後六箇月, 而可鎖下田港。此箇條中各地, 可准阿蘭陀
人之居住, 居住者出價而得借一箇地, 又其地建屋舍, 或買之亦無妨。
且雖準建住宅倉庫, 托於建之而不可占有要害之地。故有欲新築改造
修補屋舍, 則使日本官吏檢之。

阿蘭陀人, 爲建屋舍所借地幷諸港定則, 各港官吏與阿蘭陀官【未
繙】, 可議之。若不得議定, 則日本政府與阿蘭陀官【未繙】, 可裁決之。
其居住地周回, 不設門墻, 而出入皆任其意。阿蘭人欲學日本語或技
藝, 依于阿蘭陀高官之請, 而日本官吏撰其人授之。

江戶, 自戊午五月凡四十二箇月後, 西洋紀元一千八百六十二年一月一日。
大坂, 自戊午五月凡五十四箇月後, 西洋紀元一千八百六十三年一月一日。

右二箇地, 阿蘭陀人只爲商賣可準留。於此兩地, 阿蘭陀人建家, 得
借適當之地, 幷爲散步, 定其規程, 自今後, 日本官吏與阿蘭陀官【未
繙】, 可定之。

雙方國人, 爲賣買, 官吏不干涉, 故關其賣買, 日本官吏不照查之。

軍需諸物, 賣日本官署之外, 不可賣之. 蓋外人與外人買賣之, 則無妨.

米幷麥, 爲日本駐在之阿蘭陀人, 幷乘船者及船中旅客之食料, 雖付之爲積荷, 而不許輸出.

所産於日本銅有餘, 則於日本官署, 以公投票可賣之.

居住阿蘭陀人, 備日本民, 得充諸使役.

第三條

總輸入輸出品物, 從別冊規則, 可收稅于日本官署.

日本稅關察有奸, 則稅關以適當之價, 買其荷物, 若荷主不肯, 則稅關定適當之價, 可收稅, 否則以其價買之.

所禁之阿片, 阿蘭陀商船, 輸來三斤以上, 則其過量之品, 日本官吏可沒收之.

輸入荷物, 納稅後, 日本人, 雖輸送諸國中, 復不收重稅. 若他國人減租稅額, 則阿蘭陀人亦同.

第四條

外國之諸貨幣與日本貨幣, 同種同量以通之, 金與金, 銀與銀, 以同量爲比較云. 雙方人民互償物價, 混用日本與外國之貨幣, 亦無妨. 日本人不慣用外國之貨幣, 則開港後一箇年間, 各港官署以日本貨幣, 任阿蘭陀人之望, 而可交換之.

日本諸貨幣, 除銅錢, 得輸出之. 幷外國之金銀者, 鑄貨幣或不鑄貨幣, 皆得輸出之.

第五條

阿蘭陀人, 對日本人而犯法 則於阿蘭陀官【未繙】裁之, 而以阿蘭陀
法可罰之, 日本人, 對阿蘭陀人而犯法, 則日本官吏裁之, 以日本法可
罰之。

條約中規定并所記別冊法, 有犯之者, 則傳達于其官【未繙】, 沒收其
物品, 而可收罰金于日本官署。

第六條

於日本港地, 阿蘭陀人遊步規程如左。

神奈川, 限六鄕川脉, 其他各方十里。
箱館, 各方十里。
兵庫, 距京都十里地, 阿蘭陀人不得入, 故除其方各方十里。船不得超猪名
川, 海灣。
　　　凡里數, 自各港官署所算陸路也。

長崎, 寺社、休憩場、砲臺、諸官署并設門墻地, 不可入焉。阿蘭陀
人有大惡事, 而有請裁斷, 又品行不方正, 而再被處判, 則自居住地,
不準出一里之外。其輩, 日本官署可令退去之, 皆告諸阿蘭陀官而行
之。若有負債, 則日本官署并阿蘭陀官糾明之後, 或有延期, 不可越一
年。

第七條

在日本 阿蘭陀人, 尊崇其宗法, 而雖設禮拜堂無妨, 并破壞現時之

屋舍, 皆無妨崇教法。阿蘭陀人勿毀傷日本之堂宇, 又決不可妨日本
人拜神佛, 又不可毀神軀佛像。雙方人民, 關宗旨而不論之。

第八條

依阿蘭陀官【未繙】之請, 凡捕逃者, 又官【未繙】所捕之罪人, 繫獄也亦
允之。且所在于陸及船阿蘭陀人, 爲戒不良, 又令遵守規則, 依官【未
繙】之請, 可捕之。其際所費金額幷依請所繫日本獄舍雜費, 皆阿蘭陀
官【未繙】償之。

第九條

所副此條約商法別冊, 雙方臣民可遵守之。

所準外國人民之事, 阿蘭陀人亦同。

安政二年乙卯十二月二十三日, 千八百五十六年一月三十日, 於長
崎所決定條約中, 有可存者, 則可存之。同四年丁巳八月二十九日, 卽
一千八百五十七年六月十七日[18], 爲附錄而交換之約書, 盡廢焉。

日本高官, 又委任官吏, 與所來日本 阿蘭陀官【未繙】, 爲使全此條約
規則幷別冊條件, 可合議之。

第十條

自今後, 凡百六十九月後, 卽當一千八百七十二年七月四日, 以雙方
政府之意, 報知于一年前, 此條約幷長崎條約內存置或箇條及所副此
書別冊, 雙方委任官吏, 實驗之, 合議之以可得補之或改之。

---

18 六月十七日: '十月十六日'의 오기이다.

第十一條

右條約, 以未¹⁹年六月五日, 卽一千八百五十九年七月四日, 可施之。蓋前日於長崎, 可交換本書。若有不得已事故, 則雖不交換本書, 至此期, 則直行。

本條約, 日本署大名御名及捺印, 又記高官名捺印以爲證。
和蘭國記國王名官名, 鈐和蘭國印, 而²⁰爲證。

如斯安政五年戊午七月十日, 卽一千八百五十八年八月十八日, 於江戶府決定, 爲證記兩國官吏名幷捺印。

井上 玄蕃頭	花押
岡部 駿河守	花押
嚴瀨 肥後守	花押

魯西亞國條約

安政元年甲寅十二月二十一日, 西曆千八百五十五年第二月七日, 魯曆第一月二十七日, 於下田, 交換²¹本書, 安政三年丙辰十一月, 捺印²²本書。

---

19 未: '己未'의 오기이다.
20 而: '以'의 오기이다.
21 交換: '捺印'의 오기이다.
22 捺印: '交換'의 오기이다.

魯西亞國與日本國, 共欲締堅久信實之交, 互無生釁隙, 魯西亞國王
差遣其全權公使【人名未繙】, 大日本大君命其全權公使筒井　肥前守、
川路左衛門尉, 相與商議, 制定條約如左。

第一條

自今以後,　兩國締交世世無絶。日本政府保護魯西亞人在日本者,
魯西亞政府亦保護日本人在魯西亞者, 勿論人之身命, 雖器具什物, 當
互務使無損害。

第二條

自今以後, 以衛多洛佛島, 與烏兒甫島之中, 爲日本、魯西亞兩國之
境界,　而衛多洛佛島屬日本,　自烏兒甫全鶴[23]以北克璃亞諸島屬魯西
亞。至加刺弗士島, 則須依從來慣例, 今不更分兩國間之境界。

第三條

日本政府, 爲魯西亞船, 開箱館、下田、長崎之三港。自今以後, 魯
西亞船遇風難破損者, 得入所開港, 而加修繕, 乏薪水糧食, 則給之,
産煤炭之地, 則給之煤炭。魯西亞船償其價, 當用金銀貨, 若無金銀
貨, 則以貨物償之。除三港外, 魯西亞船, 自非遇難, 不許入。餘外之
日本港口, 其遇難入港諸費, 須於此三港中償之。

---

23 鶴: '島'의 오기이다.

第四條

遇難漂民, 兩國須互加扶助, 送之於所開之港。其待漂民, 須務從寬厚, 亦當使之守其國之正法。

第五條

魯西亞船, 入下田、箱館者, 許以金銀若貨物, 買須用之什物。

第六條

魯西亞政府, 以此爲急務, 則可差遣官吏, 使駐紮箱館若下田之一港。

第七條

若有之事, 日本政府, 深度熟廬, 以處理之。

第八條

魯西亞人之在日本國, 日本人之在魯西亞國, 須互相待寬優, 不得幽錮之。雖然若有犯法者, 則拘執之, 各以其本國之法律論罪。

第九條

兩國比隣之國也。故向後日本國殊典所許於他國者, 亦當直許之於魯西亞人。

魯西亞國王, 與日本大君, 共確定此條約。自今以後, 至九簡月, 期兩國便宜之時, 當於下田, 交換本書。今兩國全權官互記名捺印, 無有敢違背。

安政元年甲寅十二月二十一日

筒井 肥前守　　　　　　花押

川路 左衛門尉　　　　　　花押

官名人名【未繙】　　　　　手記

魯西亞條約附錄

安政元年甲寅十二月二十一日，西曆千八百五十五年第二月七日，魯曆第一月
二十七日，於下田，交換安政三年丙辰十一月本書捺印。

魯西亞國全權官【人名未繙】與日本國委任重臣筒井　肥前守、川路左
衛門尉，所相定之條約附錄。

第三條

雖許魯西亞人，隨意徘徊於下田、箱館市街近傍，惟在下田，自犬走
島 日本里數七里，箱館亦以五里爲限，遊覽社寺市店。宜[24]迄創建旅
廛，雖至所定憩所，非受喚招，不許入人家。於長崎，可從嗣後爲他國
所結定之法。且各港，可定置埋葬地。

第五條

日本定置官廳，付與物件，幷魯西亞人所輸來金銀物件，皆於其所辦

---

24 宜: ‘且’의 오기이다.

理。魯西亞人，於市店所撰之物，應照商人賣價，以船中輸來物件買辨。但於官廳，由日本官吏管辨。

第六條

魯西亞官吏，須自安政三年，西曆千八百五十六年擬定。但官吏家屋幷地區等，須從日本政府指麾。家屋，製以自國之方法造之。

第九條

不拘何件，所許于外民者，雖魯西亞人無議，亦可一同許。

右附錄之事件，須如條約本文一同照守，勿得違失，爲此兩國全權記名押印。

安政元寅年十二月二十一日

筒井 肥前守 　　　　　　花押

川路 左衛門尉 　　　　　花押

官名人名【未繙】 　　　　手記

日本國外務省事務 卷之四

魯西亞追加條約

安政四年丁巳九月七日, 一千八百五十七年十月二十四日, 於長崎調印.

安政元年十二月二十一日,　卽一千八百五十五年第一月二十六日, 於下田之地, 日本之國與魯西亞國, 以條約追加之事會議. 日本國全權, 勘定奉行兼長崎奉行水野 筑後守、長崎奉行荒尾 石見守、監察巖瀨 伊賀守, 與魯西亞皇帝陛下之副水師提督兼【三官名三姓名未繕】, 所定之條約如左.

第一條

日本與魯西亞, 貿易及懇切交際之盆堅固, 故在箱館、長崎兩港, 日本人及魯西亞人, 爲可留心今般新議規則.

下田以爲危險之港, 只從前之條約仍舊, 新規則, 爲外國貿易於下田. 若他地求安全之一港, 於開之際, 可施行焉.

第二條

自今後, 貿易之船數及金額無定限, 以兩國之協議爲交易.

第三條

魯西亞國之商船, 到于箱館若長崎港之日, 船主及乘之者, 以魯西亞領事官, 可出船名噸數船主及乘者之名及積荷之品類、額數, 幷記之書。右領事官不駐在際者, 其船主及乘之者, 直出諸地方之官吏。此書着港之初日, 卽四十八時之內, 可必出焉。右刻限之內, 其船主, 爲碇泊稅, 百五十噸以上之船, 每一噸, 以五【財名】[25]卽四十二【財名】, 令納焉, 又百五十噸以下之船者, 每一噸, 以一【財名】卽九【財名】, 令納焉。

右碇泊稅者, 入港船雖不爲貿易, 四十八時以上, 船泊于港內者, 可納之。

爲修復船入港, 其積荷之全部或其一部, 不上諸陸, 或不移積荷于他船際, 不別出碇泊稅而可也。

稅關收碇泊稅, 則取其證書及可付積荷上陸之許狀。

第四條

商船之船主, 其船着港之後四十八時間, 不出告書, 則每怠一日, 可收六十五【財名】五十【財名】之罰金。且此罰金, 不可過二百六十六【財名】。

出僞造書, 則使其船主, 出六百五十五【財名】, 又不得許狀而爲陸上積荷者, 此罰金之外, 更沒收其荷物。

---

25 財名: 제3권 저본에는 '財名'이 원문처럼 기록되어 있으나 본서 제3권의 용례에 따라 원주(原註)로 수정하였다. 이하 '度名', '量目' 등의 단위의 경우도 같은 방식으로 수정하였다.

第五條

魯西亞之商船, 到日本之一港, 爲收納碇泊稅, 則其雖廻船于他港, 只於初之港所付使見証書, 則不再納碇泊稅而可也。

航海之途, 到于他國之港, 別積荷而再入港者, 不在此例。

第六條

爲挽船或上下荷物際, 相傭小船或諸職人者, 於爲之時, 日本地方官吏, 依所定傭之。此小船等, 豫於所定場所及止波場, 可上陸。

第七條

日本人, 自魯西亞商人所買之品物, 及自日本人償于魯西亞商人, 與之品物者, 稅關可授之。此外, 於稅關, 日本人與魯西亞人相賣買者, 稅關非所與知。

第八條

魯西亞人於日本, 爲所賣品物之代, 而自日本人所輸之品物不足償之, 則稅關從時價, 以外國之金銀貨授之。

第九條

公賣或私賣, 所賣之貨物稅, 非新定稅關規則, 隨舊來之規則, 收三分五厘之稅。

領事官或商船之船主者, 魯西亞人所賣之貨物金額等, 稅關保管之。

於稅關所買之貨物, 不收此稅。

貨物之開封及公賣, 雖幾回, 任魯西亞商人之意。又於稅關出于此公賣, 無限日本商人之員數。

第十條

凡公賣所賣之貨物, 其納金額之法, 稅關悉任其責, 私賣所賣之貨物, 不任其責。關于此事所起之訴訟, 與領事官糾其情實, 處之。

雙方所買之貨物, 旣收之, 則關于其貨物之善惡値價, 不得訴之。

第十一條

於日本商府, 魯西亞人所買之品物, 其價豫以稅關所授之紙幣, 償之。右紙幣所受之日本人, 出諸稅關, 則直與正金交換。又小船之傭金、食物及他所買品物之價, 亦同前。以魯西亞之貨幣若外國之貨幣償之際, 經稅關而授之。

第十二條

此于所買之品物, 而算他品物, 則日本金銀之一分, 與魯西亞貨幣, 若外國之貨幣, 較其稱量及品位, 卽金與金, 銀與銀, 精細照其價格, 更爲改鑄之費, 別要百分之六。又與伊斯巴亞之一【財名】, 和蘭銀貨二【財名】, 魯西亞貨幣一【財名】定之, 又墨西哥【財名】一枚, 和蘭銀貨二【財名】五十五【財名】, 魯西亞貨幣一【財名】三十五【財名】定之, 可爲計算。

稱量尺度等, 於開港各地, 兩國政府任之者, 相比較可定之。

第十三條

凡武器, 除政府之外, 一切不許賣買。

自今後, 輸入之物品, 禁賣買者, 稅關自買之。

第十四條

若魯西亞之商船, 輸入鴉片于日本國, 則隨魯西亞之法律, 論其罪。

第十五條

金銀貨幣及未鑄金銀, 禁輸出之, 所鍍之物什及金銀工物, 不在此例。

銅、武器類、馬具、大和錦, 日本政府買物, 而非爲其償, 則不許輸出。

第十六條

米、大·小麥、大·小豆、石炭、美濃紙、半殘半紙、書物、圖書、銅工物等, 稅關可自賣之。此等非所禁者, 則魯西亞人許自賣之。

食物、蠟、紙匱, 則一時禁其輸出或有之。

第十七條

爲防密商, 地方官吏置監船, 而設諸魯西亞商船之近傍。故監船之費, 魯西亞人償之。

第十八條

如前條, 爲防密商, 船之水夫及積商品之端舟者, 稅關必檢之。

第十九條

以備舟輸送商品, 若有失之, 則所失之物, 嚴探之, 若不得之, 則尙精細可竭力。於此數之時, 稅關唯探之耳, 不敢償之矣。

第二十條

魯西亞商船間, 轉移荷物, 或轉他國之商船等, 豫以船主告諸領事官, 而申告諸稅關。右報之書者, 所欲載之荷貨物類目并記其額數。於是稅關遣人于船內, 檢其眞僞, 是防密商也。若不出許狀, 不告領事官, 而所積之物, 皆沒收之。

第二十一條

魯西亞之商船, 在開港地, 企密商, 則皆沒收之。若在開港地外而爲之者, 則并其船而收之。

雖然此事, 日本官吏與魯西亞官吏, 豫審判之而後決之。

第二十二條

魯西亞之商船, 若屬其船者所贈于日本人之物品, 必副其証票而贈之。

第二十三條

所泊於港內之商船, 其船中之書類, 悉托諸魯西亞之領事館, 領事官不在, 則托之地方官吏。

第二十四條

魯西亞人欲學日本語若他技藝時, 領事官若船主請之, 地方官吏則爲所望學藝, 撰其人, 使敎授之。

第二十五條

魯西亞政府所贈日本政府之書簡, 自日本駐箚魯西亞官吏, 付之地方鎭台, 不置領事官之地, 則其所持書簡, 直付之鎭臺。如其返書, 則日本政府送之港地, 不然以第一之便船, 付之魯西亞之領事官。

第二十六條

凡開化諸國, 因局²⁶外中立之理, 有際兩國間交戰, 則魯西亞船, 與他國船, 不得於日本港內相戰。

第二十七條

常住日本國, 或一時住日本之魯西亞人, 伴其家族, 任其意。

第二十八條

自今後, 改正此條約中之箇條, 或要追加時, 兩國政府, 互有求之理。
此追加條約本書, 八月之後交換, 可行之。以魯西亞、和蘭、日本、支那之語記之, 而記書議定人之名, 而締盟雙方, 堅守之, 決不可違。

紀元一千八百五十七年, 卽魯西亞國帝二世亞歷山帝陛下卽位之三年, 第十月二十四日, 魯曆十二日, 日本曆安政四年丁巳九月七日, 於長崎記名者也。

---

26 局; '國'의 오기이다.

水野 筑後守	花押
荒尾 石見守	花押
巖瀨 伊賀守	花押
人名未繙	手記

魯西亞條約

安政五年戊午七月十一日，西曆一千八百五十八年八月七日，於江戶捺印。萬延[27]六年己未七月十日，西曆一千八百五十九年八月八日，交換本書。

魯西亞國帝與日本大君，欲厚懇親，立二國人民交易規則，全永久之基，日本大君命以永井玄蕃頭、井上 信濃守、堀織部正、巖瀨 肥後守、津田半三郎，魯西亞國帝命以【官名人名未繙】，議定次條。

第一條

安政元年甲寅十月二十一日，卽一千八百五十五年，第一月二十六[28]日，第二月七日，於下田所定條約，皆存之，同附錄幷安政四年丁巳九月七日，卽一千八百五十七年十月十二日，十月十[29]四日，於長崎所定追加條約，悉廢之。

---

27 萬延: '安政'의 오기이다.
28 六: '七'의 오기이다.
29 十: '二十'의 오기이다.

第二條

魯西亞國帝任駐在江戶【官名未繙】, 又載此條約書, 爲理各港交易諸事可任。【三官名未繙】旅行日本國內, 任其意。

日本政府, 爲駐在魯西亞都府任公使, 又所居住魯西亞各港, 可任領事。此官吏, 自倒着日, 可得旅行其國內。

第三條

下田、長崎、箱館外, 左錄地, 以左錄期可開之。

神奈川, 自戊午七月, 凡十一箇月後, 西洋紀元一千八百五十九年七月一日。

兵庫, 自戊午七月, 凡五十二箇月後, 西洋紀元一千八百六十三年一月一日。

此外於西海岸, 自今後, 凡十六箇月, 西洋紀元一千八百六十年一月一日之後, 可開他一港, 其他開之前, 可報知之。

開神奈川港後六箇月, 而可鎖下田港。

第四條

魯西亞政府可任駐在於日本港地【二官名未繙】。

於其地【二官名未繙】, 官署及附屬者, 學校病院等, 爲可設立, 日本政府, 可貸一區之地。

第五條

前文於五港地, 可准魯西亞人之居住又逗留。此居住者并逗留者, 出價而得借一箇之地, 有建屋, 則買之亦無妨。且雖準建家宅倉庫, 托于建而不可占有要害之地。有欲新築改造修補屋舍, 則使日本官吏檢之。

魯西亞人, 爲設屋舍所借之地, 幷諸港定則等, 各港官吏與魯西亞【官名未繙】可議之。若不得議定, 則日本政府與魯西亞【官名未繙】可裁決之。

第六條

魯西亞人, 只爲商賣, 可准留於江戶幷大坂。

江戶, 自戊午七月, 凡四十箇月後, 西洋紀元一千八百六十二年一月一日。

大坂, 自戊午七月, 凡五十二箇月後, 西洋紀元一千八百六十三年一月一日。

於此二箇町, 魯西亞人, 爲建家, 借適當之地, 幷允爲散步, 定其規程, 自今後, 日本官吏與魯西亞【官名未繙】可定之。

第七條

一時居住日本 魯西亞人, 可准携眷族, 又可得尊崇其宗法。

第八條

於日本港地, 魯西亞人遊步規程如左。

箱館, 各方十里。
神奈川, 限六鄉川脈, 其他四方十里。
長崎, 可定境界。
兵庫, 距京都十里地, 魯西亞人不得入, 故除其方各方十里。且船不可越猪名川海灣。

凡里數, 自各港官署所算陸路也。其一里, 當魯西亞之三尺【度名】三百
三十二尺【度名】, 卽當一萬四千百七十五尺【度名】。於西海岸所開一
港遊步規程, 定日本官吏與魯西亞【官名未繙】可議定之。

寺社、休憩場、砲臺、諸官署幷設門墻之地, 不可入焉。魯西亞人
有大惡事, 而有請裁斷, 又品行不方正, 而再被處裁判者, 自居住地,
不準出一里之外。其輩, 日本官署可令退去之, 此皆請魯西亞【官名未
繙】而行之。若有負債, 則日本官署幷魯西亞【官名未繙】糾明之後, 或有
延期, 蓋不可越一年。

第九條

雙方國人, 爲賣買, 日本官吏不干涉之, 故關于其買賣, 日本官吏不
照查之。魯西亞人備日本人, 准充諸使役。

所副此條約商法別冊, 同本書, 可遵守之。

第十條

總輸入輸出品物, 從別冊規則, 可收稅于日本官署。

日本稅關察有奸, 則稅關以適當之價, 買其荷物, 若荷主不肯, 則稅
關定適當之價, 可收稅, 否則以其價買之。

輸入荷物約[30]稅後, 日本人雖輸送諸國中, 復不收重稅。若他國人減
租稅額時, 魯西亞人亦同。

魯西亞國海軍必需品, 於神奈川、長崎、箱館等上陸, 則藏諸庫內,

---

30 約: '納'의 오기이다.

魯西亞人爲之守護，不及收稅。若賣買其品，則買人納規定稅于日本官署。

第十一條

所禁阿片，魯西亞商船，輸之三斤，魯西亞四【量目】三十六【量目】以上，則沒入過量于日本官署。

魯西亞人於日本密賣阿片，則沒收之，且每一斤，徵二十【財名】罰金。

第十二條

軍需諸物，賣日本官署之外，不可賣之。蓋外人與外人賣買之，則無妨。

米幷麥，爲駐留日本之魯西亞人，幷乘船者及船中旅客食料，雖付之爲積荷，而不准輸出。所産於日本銅有餘，則於日本官署，其時以公投票可賣之。

第十三條

外國諸貨幣，與日本貨幣，以同種同量可通之，金與金，銀與銀，以同量目爲比較云。雙方人民互償物價，混用日本與外國之貨幣，無妨。日本人，不慣外國貨幣，故開港後一箇年間，各港官署，以日本貨幣，任魯西亞人之望，而交換之。而日本諸貨幣者，除銅錢，得輸出之。幷外國金銀者，鑄貨幣，或不鑄貨幣，皆得輸出之。

第十四條

雙方國人間，起爭論，則兩國官吏裁決之。而日本人，日本官署罰
之，又魯西亞人，魯西亞【官名未繙】罰之等，蓋如所定於下田條約。

魯西亞人，關犯法，因魯西亞【官名未繙】之請，處置之，則其雜費，魯
西亞【官名未繙】可出適當之價。

魯西亞【官名未繙】，於不駐在港，魯西亞人犯法，則日本官吏捕之，而
傳達近傍之魯西亞【官名未繙】，令裁決之。

所記此條約規定幷別冊，有犯之者，則傳達魯西亞【官名未繙】裁判所，
令糾明之，而徵沒收品幷罰金于日本官署。

第十五條

自今後，欲改日本與魯西亞條約或追加，則兩國政府再驗之，自行此
條約凡十四年後，可報諸一年前。

第十六條

所准外國人民之事，魯西亞人亦同。

於魯國之日本人亦同。

第十七條

右條約，以己未年六月二日，卽西洋紀元一千八百五十九年七月一
日，於江戶，又魯西亞都府，可交換此假條約書。列記日本語、魯西亞
語、和蘭語，雙方全權各捺印。本國文、和蘭譯文，雙方記譯者名，而
交換之。

安政五戊午年七月十一日

永井 玄蕃頭	花押
井上 信濃守	花押
堀 織部	花押
巖瀨 肥後守	花押
津田半三郎	花押

魯西亞新定約書

慶應三年丁卯十一月二十八[31]日, 魯曆千八百六十七年十二月十一日, 西曆十二月二十三日, 於江戶押印交換。

日本政府與魯西亞政府, 爲便利貿易之業, 日本 安政五戊午年七月十一日, 魯西亞千八百五十八年第八月七日, 於江戶所結條約中及所附錄租稅目錄, 察要用爲之。兩國政府, 爲約書交換, 互命全權, 卽日本政府委任于外國奉行江連 加賀守, 魯西亞政府任某侯, 兩國全權互協議決定左之各條。

第一條
此新定約書所附錄之輸出入目錄, 待此約書捺印之日施行, 卽日本

---

31 二十八: '十八'의 오기이다.

安政五戊午年, 魯西亞千八百五十八年, 締結條約之目錄及其後訂約
各條, 皆可以廢。

第二條

新目錄所載日本 安政五戊午年, 魯西亞千八百五十八年締結條約,
可堅遵奉之, 至日本壬申年中, 西洋千八百七十二年第七月一日而改
之。於茶、生糸, 自此約書押印之日經六月, 不問東西各邦, 告知之,
據前三年間其平均估價之五分, 求改之。

第三條

日本 安政五戊午年, 魯西亞千八百五十八年, 條約之規則書, 第六
條所定各免狀稅, 向後廢之。但輸物搬岸搬載許狀依舊, 向後無出其
謝銀。

第四條

日本政府, 於其國內所開每港, 應商人之需輸入, 不收其租, 可創建
藏其品物之貸納舍, 受藏品物于貸納舍。日本政府, 可保其安全, 如火
難, 雖政府不保之, 要外國商人社中, 亦爲堅牢土庫, 絶罹火念。輸入
者, 若資主將收去自庫, 可出租稅目錄所定之租。本品, 就本港需, 再
輸出, 可有不納輸入稅之理。庫賃, 待出庫收之。如庫賃數幷貸庫管
理, 彼此協議以定之。

第五條

凡日本産物, 其國內不問何地, 得擅搬送所開之各港, 爲水陸兩路修

繕所, 收于諸商例租之外, 無別納送租。

第六條

欲除從來日本國內外國貨幣通行之障害, 從日本 安政五戊午年, 魯西亞千八百五十八年, 日本與魯西亞締結條約第十三條, 日本政府速可擧造新貨幣之改革。嗣後於日本銘鑄所, 其他當開之港及市, 又爲之所定之地, 外國人、日本人, 不問身種, 凡外國貨幣及金銀、地金, 算除改鑄支費, 以同量同種, 眞位兌換于日本貨幣。此兌換, 兩國議定以定之。日本政府於此處置, 自此約書押印之日, 當不出一年。然準備以其前整了, 不關期限, 可以施行。且至其時, 可布告於日本全國。

第七條

租所諸管接輸品之搬岸搬載及小船, 或傭丁夫、承局等, 於開港地, 向來所生難事及不理, 爲除去之, 任各開港奉行, 速與領事官協議, 彼此承諾後, 設要法, 令無右難事不理, 可以全買易之道及各人所務勉爲便利。右規則內, 可加書於所開各港, 爲貨物上下, 建不爲雨露所損傷之小廠於埠頭之件。

第八條

日本人, 不問尊卑, 日本開港地或海外, 得擅買收所輸送旅客若貨物, 各種帆船火輪船, 若軍艦, 不得日本政府之準狀, 不許買收。

日本人, 爲買受魯西亞船, 請求揭國旗之許狀, 其汽船, 每一噸徵一分銀三箇, 帆船, 每一噸, 徵收一分銀一箇之租金。但爲定所買收船隻噸數, 應日本長官之需, 領事官據定魯國船隻目錄, 以證其眞。

第九條

凡日本諸商人, 無政府官吏之臨場, 而日本開港地, 從此約書中第十條所載規則, 受日本政府出海外許狀, 到魯西亞, 得擅與同國商人交易。但日本人交易魯西亞人租金, 日本商人輩, 例租之外, 無收之。

諸侯伯及其使人, 得亦從右同一規則, 赴魯西亞若日本開港地若其各地, 無日本官吏臨場, 得擅與魯國商人, 營商業。

第十條

日本人把自己貨物, 從日本開港地, 若魯西亞搭載日本人之船, 若魯西亞之船, 以輸出之, 任其所欲。

此外從日本 慶應二年丙寅四月九日, 魯西亞千八百六十六年第五月十一日, 日本政府旣布告之趣意, 因其方法, 得政府印章, 准爲學術傳習若營商賣, 日本國人趣魯國, 且日本人被傭, 而從事於諸班職業, 日本政府不禁之。

魯西亞人所備日本人, 若請出海外, 而受日本政府之印章, 則各開港地奉行, 不得禁沮之。

第十一條

日本政府, 爲航海危難, 可備燈臺及浮木、澪木等於各開港旁近。

第十二條

此約條書, 待捺印之日而施行。

此約條書, 兩國政府, 決定之後, 互可以書相告。此約書交換, 以代兩國君主之保證。

此約書各二通, 互以國語書之, 兩國全權記名押印, 交換其一通。

右日本 慶應三年丁卯年十一月二十八³²日, 魯西亞千八百六十七年
十二月十一日, 於江戶交換。

江連 加賀守	花押
【人名未繙】	手記

今般與魯西亞國交換千島樺太島之條約相定如左。

保有天佑, 踐萬世一系之帝祚, 日本皇帝, 以此書宣示朕與全魯西亞
皇帝同望, 朕讓與樺太島之內, 朕所領之部分于全魯西亞皇帝陛下, 而
全魯西亞皇帝, 讓與其爲所領千島之群島全部于朕。此事以互決雙方
之全權重臣, 八年乙亥五月七日, 會于彼得堡, 締盟押印其條約, 卽其
條款如左。

樺太、千島交換條約

大日本國皇帝與全魯西亞皇帝, 從前樺太島者, 因爲兩國雜領之地,
屢次爲斷所起於其間紛議之根, 且使堅牢兩國間之交誼, 大日本皇帝
所有於領地樺太島上之權理, 全魯西亞皇帝所有於領地群島上之權理,
欲互結交換之約。故大日本國皇帝, 命海軍中將兼在魯特命全權公使
從四位榎本武揚任其全權, 全魯西亞皇帝命太政大臣, 金剛石裝飾、魯

---

32 二十八: '十八'의 오기이다.

帝照像金剛石裝飾、魯國某堡牌、某勳一等褒牌、某褒牌、白鷲褒牌、
某勳一等褒牌, 及某勳一等褒牌、佛蘭西國某勳大十字褒牌、西班牙國
金膜大十字褒牌、澳大利國某勳大十字褒牌、金剛石裝飾索[33]露生國黑
鷲褒牌, 及其他諸褒牌, 公爵某官某人, 任其全權。

　右各全權之者, 協議左之條款, 相決定。

　一, 大日本皇帝及其後胤, 以現今所領之樺太島之權理及所屬君主
一切之權理, 讓諸全魯皇帝, 而今而後, 樺太全島悉屬魯西亞, 以某海
峽爲兩國之境界。

　一, 領何何島, 第二第三, 乃至第十八, 何何島共計十八島之權理及
屬君主一切之權理, 讓諸大日本皇帝, 而今而後, 何何全島之權理, 悉
屬日本國, 以柬察加地某岬某島之間海峽, 爲二國境界。

　一, 換之日, 直屬新領主。但各地交換之式, 比準後, 自雙方選官員
一名又數名, 而爲受授官, 就實地可施之。

　一, 前條所記交換之地, 所在于其地, 公同之土地及人之所着手地,
一切公共之造築、疊壁、屯署及人民之不屬私有, 此種之建物等, 皆存
于新領主之權理。現時所屬各政府一切之建物及動産所記,　第三款雙
方受授官, 調查後, 按其價其金額, 則出自新領政府。

---

33 索: '字'의 오기이다.

一, 住於所交換之各地各民, 魯人、日本[34], 於各政府保証左之條
件。各民共得保其原籍, 欲歸國者, 常任其意得歸。或願留交換之地
者, 營生計權理及其所有物之權理及隨意信敎之權理, 悉保全之。新
領主之屬民, 不問日本、魯人, 受保護。雖然其各民并屬所受政府保護
之管下。

一, 爲應被讓樺太島之利益, 全魯皇帝, 準允次之條件。

一, 日本船來高屎舍高屎港者, 自條約交換十年間, 免港及海關稅,
及其期滿, 則全魯帝, 隨意處之。全魯皇帝, 認可日本政府于某港, 置
領事官, 又領事官兼任者。

一, 日本船及商人欲爲通商航海, 來于烏胡這巨海及東察加之海港,
又沿其海及海岸營漁業等, 皆得與魯西亞懇親之國民, 同樣之權理及
特典。

一, 海軍中將榎本武揚委任狀, 雖未到着, 以電信確定可送致之旨,
待其到而記名于條約書, 各行示全權委任之式, 別其某事, 以爲左券。

一, 此條約者, 大日本皇帝并全魯皇帝互相許可焉。但各皇帝交換
比準者, 各從全權記名之日, 於六月間, 東京行之。
爲此條約附勸力, 各全權各記姓名并鈐其印。

---

34 日本: '日本人'의 오기이다.

乙亥五月七日，則一千八百七十五年【四月二十五日，五月七日】於此³⁵
特堡府。

榎本武揚　　　　　　　　　印
魯國大臣某　　　　　　　　印

朕親通覽右條約，是其旨，故今以此書，全證認批准之，與天地期悠
久。總條約中所載之條款，正約遵行之。右爲定證，爰親記朕名，鈐國
璽。

神武天皇卽位紀元二千五百三十五年，明治八年八月二十二日

主名、國璽

奉勅外務卿 寺島宗則

明治八年五月七日，卽千八百七十五年四月二十五日，露國 聖比特
堡府，鈐印公文基其第三款，及完全同日鈐印條約第五款之旨，且爲之
施行，居于雙方卒讓與之領地就各政府臣民之權利及其身上，且兩地
土人之事，日本皇帝及露皇帝，各爲命委員，卽日本皇帝，以外務卿寺
島宗則任之，又魯皇帝，以侍從兼何何日本在留辨理公使何某任之，照
應雙方委員之書，見其確實，合議決定左之條約者也。

一住卒交換之各地，日本及露國之臣民，願住於所有之地者，得營自
己之業，且可受其保護。又於現所有地界中，爲漁業及鳥獸獵，并有
權，且生涯，可免關于自己之職業諸稅。

---

35 此: '比'의 오기이다.

一決住於樺島及何何島臣民, 各有所有之權, 又現今所收於不動産
之物件及所有之權, 證明此等証券, 付諸其人。

一在樺太島及何何島各臣民, 得崇自己之宗旨, 又不可毀禮拜堂及
墓所。

一在樺太島及何何島土人, 永住于現地, 且無爲現領主臣民之權。
故若欲爲自己政府之臣民, 則去其地, 可赴屬其領主地, 又願現地之
住, 則改其籍。政府爲土人去就決心, 以此條約附錄, 告土人。經三年
可決土人之去就, 但三年間, 無妨從前所有之權利, 又無變義務特許
等。

一樺太島及何何島之土人, 奉各自之宗旨, 全任其意, 又不可毀寺堂
及墓地。

一所記五條之件件, 明治八年五月七日, 於聖比堡,[36] 與加鈐印之條
約, 同其權。

爲確定右, 各全權委員, 作此附錄爲二牒, 各鈐其印者也。

明治八年八月二十二日

---

36 比堡: ‘比特堡’의 오기이다.

日本外務省卿　　　　　　寺島宗則

露西亞國辨理公使　　　　何某

英吉利約定

安政元年甲寅八月二十三日, 西曆千八百五十四年第十月十四日, 於長崎捺印.
同二年乙卯八月二十九日, 西曆千八百五十五年第十月九日, 於同所本書交換.

所受日本大君命長崎奉行水野 筑後守、監察永井巖之丞, 與東印度
及其近海英國軍艦指揮第三等水師提督【爵名官名人名未繙】, 同意約定
各條如左.

第一條

以長崎、箱館兩港, 爲供英國船, 修理飮水糧食, 其他設船中必須物
件, 可開之.

第二條

長崎, 因上條, 自今開箱館, 自水師提督, 本港開船之日五十日後,
可開. 右兩港之法規, 皆須聽從.

第三條

爲暴風雨所困難, 或有不得已, 則雖不得日本政府允許, 可得入前約
港外之他港.

第四條

英國船來日本港者, 宜從日本法律, 船中高官, 或指揮官, 犯右法律,
則鎖其港, 其以下各人犯之, 則交付其船指揮官, 罰處.

第五條

爲他外國船或人民, 現今所開之港, 或爾來可開之港, 英國船及人
民, 亦入其港. 且如最加恩惠之國之利益, 亦可得同受之. 然所與于舊
來與日本交際之和蘭幷支那之利益, 當不在此例.

第六條

此約書確証後, 本書, 爲日本大君, 與英國女王, 自今十二月中, 須
於長崎交換.

此約書本書交換了來日本之高官, 不問甲乙, 無變更此約.

爲右証憑, 於長崎, 手記捺印此書.

安政元年甲寅八月二十三日

水野 筑後守　　　　　　花押

永井巖之丞　　　　　　花押

英國指揮第三等水師提督【爵名官名人名未繙】

英吉利條約

安政五年戊午七月十八日, 西曆一千八百五十八年第八月二十六日, 於江戶調

印。同六年己未六月十二日, 西暦一千八百五十九年第七月十一日, 於同地, 本書交換。

帝國大日本大君、大貌利太尼亞及意而蘭土女王, 共欲永堅親睦之意, 且欲使各臣民貿易交通容易便利, 遂結此平和懇親及貿易之條約。日本大君, 命水野 筑後守、永井玄蕃頭、井上 信濃守、堀織部正、巖瀬 肥後守、津田牛三郎, 貌利太尼亞及意而蘭土女王, 命【官名未繙】, 各照委任之書, 而合議決定條件如左。

第一條

日本大君與貌利太尼亞及意而蘭土女王, 其親族及後裔并各國臣民之間, 可平和懇親, 期於永久。

第二條

日本大君可差遣公使於倫敦, 并差遣領事於貌利太尼亞各港, 管理商民及處置貿易事。公使、領事, 可得旅行貌利太尼亞國內。

貌利太尼亞及意而蘭土女王, 差遣公使駐在江戸并照此條約所開各港, 則領事或代理人, 可奉命居住。公使、領事皆得旅行日本國內, 無有障碍。

第三條

神奈川、長崎、箱館及町, 則以安政六己未年六月二日, 西洋紀元一千八百五十九年七月一日, 可爲貌利太尼亞臣民開之。其他下所言諸港, 則照期限, 可爲貌利太尼亞臣民, 開之。

兵庫, 自戊午年七月, 閱五十二箇月後, 千八百六十三年一月一日, 可開之。

新瀉, 則若有事情不得開, 則別於日本北海岸, 自戊午年七月, 閱十六箇月後, 千八百六十年一月一日, 可開之。

以上所載各港及町, 則可許貌利太尼亞人居住。役[37]等可得賃借一箇之地, 買其地所有家屋, 可得建家宅倉庫, 但不可托名建屋, 而爲要害地造築。因欲使守此定規, 凡建家築作之時, 當使日本官吏往檢視之。

貌利太尼亞臣民建家之地所及各港之規則者, 各所之日本官吏與貌利太尼亞領事, 可議而定之。若議不合, 則告其事件於日本政府與貌利太尼亞公使, 而任其處置之。其居住之處, 其周圍, 不設門墻, 可得自由出入。

日本開港之地, 貌利太尼亞臣民遊步規程如左。

神奈川, 以六卿[38]川爲限, 其他各方十里。

箱館, 各方十里。

兵庫, 去京都十里之地, 貌利太尼亞人不得入, 故除此一方, 其他各方十里。

且乘船至兵庫者, 不得越猪名川, 及至海灣之川。

凡里數, 自各港官廳算之, 陸路之程度也。

長崎, 以其街之周圍, 達于公領者爲限。

新瀉, 待議定後, 可定境界。

江戶, 自戊午年七月, 閱四十箇月後, 千八百六十二年一月一日。

大坂, 自戊午年七月, 閱五十二箇月後, 千八百六十三年一月一日。

---

37 役: '彼'의 오기이다.

38 卿: '鄕'의 오기이다.

江戶、大坂二個之地, 貌利太尼亞人, 祗限於做商賣之時, 可得居住. 貌利太尼亞臣民, 於此兩地, 賃借家屋一區適當之地所, 及散步規程, 則日本官員與貌利太尼亞公使, 行當定之。

第四條

貌利太尼亞臣民在日本者起爭, 則貌利太尼亞法官, 可裁定之。

第五條

日本人, 向貌利太尼亞臣民, 爲惡事, 則日本法官糾察之, 裁以日本法律, 可罰之, 貌利太尼亞臣民, 向日本人或外國人, 爲惡事, 則領事或他官, 以貌利太尼亞法律, 可罰之, 其裁判, 務當公道, 可無偏頗。

第六條

貌利太尼亞人, 若有向日本人起訟之事, 則可往領事館告之, 領事審究其案, 務當溫和處置之, 日本人, 若有告訴貌利太尼亞人之事, 則領事務當以友好之意, 處置之. 若領事不能定其爭訟, 則可請助於日本法官, 共同聽審, 務其秉公裁斷。

第七條

貌利太尼亞人, 負債於日本[39], 怠於償還, 又有奸曲, 則領事裁判之, 務必使償之. 日本商人負債於貌利太尼亞人, 則日本法官處置之.

日本政府及貌利太尼亞政府, 均不以二國臣民之欠債爲之賠償

---

39 日本: ‘日本人’의 오기이다.

第八條

貔利太尼亞人居住日本者, 可得雇使日本之賤民, 充其諸役。

第九條

貔利太尼亞人居住日本者, 得隨義尊崇其國之宗敎, 設造禮拜堂, 均皆無妨。

第十條

外國諸貨幣與日本貨幣, 宜以同種同量, 而通用之。兩國之人, 互償物價, 并用日本及外國貨幣, 無妨。日本人, 未慣於外國貨幣, 故開港後一箇年間, 各港官廳, 當以日本貨幣, 交付貔利太尼亞人之請, 兌換者, 改鑄之費無庸賠補。

日本諸貨幣, 除銅錢外, 得輸出之, 并外國金銀, 不論鑄貨幣與不鑄, 均得輸出之。

第十一條

貔利太尼亞海軍備用之品物, 則神奈川、長崎、箱館之內上陸而藏諸庫, 貔利太尼亞人看守之, 其品物, 無庸征稅。若賣其品物, 則買人當納規定之稅于日本官廳。

第十二條

貔利太尼亞船, 於日本海岸, 破碎或逢風漂着, 或逃危難而來, 日本官吏知悉之, 則務當速救之, 厚加扶助, 而送之於近港之領事。

第十三條

貌利太尼亞商船, 入日本港之時, 得任意雇用引水人, 并出港之時, 旣係淸還負債, 則得任意雇用引水人。

第十四條

貌利太尼亞人, 於所開之各港, 得任意輸入諸品物, 并買賣輸出, 皆可自由。不禁之品物, 旣係納規定之稅, 則不納其他稅。

軍需諸物, 則除日本政府外, 不可賣之。外國人互相買賣, 則無妨。

兩國之人可得買賣品物, 日本官吏不茈視之。日本人, 自貌利太尼亞人所得之品物, 或買賣之或藏棄之, 均皆無妨。

第十五條

日本稅關官吏, 若察貨主所報之物價有奸, 則當加之以適當之價, 且擬買其品物。貨主不承允, 則可准稅關所加之價以納稅, 若貨主承允, 則稅關輒當買之, 不復減其價。

第十六條

輸入之貨物, 已經完納定例之稅者, 則雖自日本人, 輸送於國中, 不復課稅。

第十七條

貌利太尼亞商船, 於所開之港輸入品物, 旣納定例之稅, 帶有證書, 則雖再轉致其品物於他港, 不復納稅可也。

第十八條

所開之各港, 日本官吏宜設適當之規則, 以防密商之奸曲。

第十九條

罰金及沒收品之類, 都皆收于日本政府。

第二十條

交易條件附加於此條約者, 兩國臣民可遵守之如本書。

日本貴官又委任之官吏與貌利太尼亞欽差公使, 更當相商議增設規則, 使此條約及交易條件, 歸于完全。

第二十一條

此條約, 以日本語、英吉利語及和蘭語書之, 其飜譯固爲同意, 但以和蘭飜譯爲原本。

貌利太尼亞欽差公使及領事, 所贈致于日本貴官一切公務文書, 以英語可書之。蓋自條約捺印之日五箇年間, 可副日本或和蘭譯書。

第二十二條

自今以後之十四箇年, 實地經驗, 欲改其不便者, 則兩國政府, 預當于一年前告知之而屆期, 得兩相商議改定。

第二十三條

日本政府, 向後凡有殊典所允許於外國政府及臣民, 則貌利太尼亞政府國民, 均當受其允許。

第二十四條

此本書, 日本大君書主名及捺印於卷尾, 貌利太尼亞女王自記名捺印, 一年之內, 可於江戶交換之。安政五年戊午七月十八日, 於江戶, 兩國全權記名捺印。

水野 筑後守	花押
永井 玄蕃頭	花押
井上 信濃守	花押
堀 織部正	花押
巖瀨 肥後守	花押
津田半三郎	花押
額爾金	手記
金加爾田	手記

英國倫敦約定

文久二年壬戌五月九日, 西曆千八百六十二年第六月六日, 於倫敦捺印。

日本國內, 有害與外國交際之一黨, 爲其逆意, 大君及其執政, 思難保護與日本締條約外國之交誼。大君之執政, 告之在留日本 英國女王【官名未繙】, 大君差遣英國使節, 報告之女王政府。女王政府熟考此報告, 預先議定, 肯將照行下文所開, 千八百五十八年第八月二十六日, 大不列顚與日本決定條約第三條中之件, 自千八百六十三年第一月一日起算, 五年間寬限, 各條約第三條中所定, 爲不列顚人, 自千八百六十年第一月一日, 開新瀉, 或在日本西岸他一港, 自千八百六十三年第一月一日, 開兵庫, 且爲不列顚人居留, 自千八百六十二年第一月一日, 開江戶府, 自千八百六十三年第一月一日開大坂府之件也。英國政府, 爲鎭現今在其國逆意輩, 爲今日本執政得所要之時限, 思枉條約上當然之理, 容允此大事。然英國政府, 使大君及其執政, 於長崎、箱館、神奈川港, 嚴施行除右記外條約中決定各事。且廢擯斥外國人之古法, 并除左各件。

第一, 據千八百五十八年第八月二十六日條約第十四條, 商物諸種, 日本人賣付外國人, 就員數價拒之事。

第二, 諸職人或工匠、船夫、船艇庸夫、敎師及從僕等, 不問其名, 拒傭傲事。

第三, 諸侯伯輸其産物于市場, 及以其自家人爲直賣, 拒之事。

第四, 租所吏人及士人中有貪賞意, 彼是拒之事。

第五, 於長崎、箱館、神奈川港, 與外國人爲交易者, 立身分程限, 拒許之事。

第六, 日本人外國人間懇親之徒, 拒恣交事。

右結定, 因於條約, 大君及執政所可遵守也。如不嚴守結定, 則英國政府, 以上所述千八百五十八年第一月一日起算五年期限中, 不問何時, 遏此書標所載就港都各件之允諾, 不遲延在千八百五十八年第八月二十六日條約之揭條, 立卽施行。上所謂港都可爲英人居留開之等件, 有促大君及其執政之理。大君差遣英國女王之使節, 日本歸後, 可述爲外國交易, 開對馬港之處置, 且有利益之旨于大君及執政, 此處置, 令現進步日本利益之擧也。且使節說述, 令大君及執政示其厚意

于歐羅巴人民, 減輸入日本酒類之稅, 許加入玻璃器于五分收稅諸物
中, 又可令示有欲盛日本與歐羅巴之交易之意。由此擧, 可補結締條
約時之遺落, 使節尙可上告大君及執政建納舍于橫濱、長崎之處置。
於此納舍, 日本士官爲守轄, 受藏搬岸貨物, 迄輸主得其貨物買者, 有
出稅。移之他所之準備, 爲不出稅而入藏也。英國女王外國事務特派
【人名未繙】與大君使節, 手記此書。由【人名未繙】, 將此書, 送英國女王
在留日本公使, 由使節送大君及執政, 千八百六十二年第六月六日, 以
證彼此協議。

竹內 下野守		花押
松平 石見守		花押
京極 能登守		花押
【人名未繙】		手記

佛蘭西條約

安政五年戊午九月三日, 西曆一千八百五十八年第十月九日, 於江戶捺印。同六
年己未八月二十六日, 西曆一千八百五十九年第九月二十二日, 本書交換。

佛蘭西皇帝, 日本大君, 共欲結信誼, 兩國人民通交易, 永久親睦,
兩國均受利益, 爲定條約。佛蘭西皇帝遣全權使節【人名未繙】, 日本大
君命水野 筑後守、永井玄蕃頭、井上 信濃守、堀織部正、巖瀨 肥後
守、野野山鉦藏, 各照委任之書, 決定條約如左。

第一條

日本國、佛蘭西國, 共宜世世親睦。

佛蘭西人居住於日本, 則日本當懇切待之, 日本人居住於佛蘭西國, 則佛蘭西亦當懇切待之。

第二條

佛蘭西國可差遣公使於日本 江戶, 并差遣領事或代理於日本所開之港, 又佛蘭西公使并領事, 可得旅行日本國之部內。

日本國可差遣公使於巴里, 又可差遣領事於佛蘭西諸港, 管理商民及處置交易事, 其日本官則皆得旅行佛蘭西國之部內。

第三條

神奈川、長崎、箱館港及村, 則以安政六己未年七月十七日, 西洋紀元一千八百五十九年八月十五日, 可爲佛蘭西人開之。新瀉港, 若有難開其港之事情, 則別於日本西方, 可開一港幷村, 自戊午年八月, 閱十五箇月之後, 一千八百六十年一月一日, 可開之。兵庫港幷村, 自戊午年八月, 閱五十一開月之後, 一千八百六十三年一月一日, 可開之。凡所開之港, 可許佛蘭西人居留焉。其居留之地, 則止一箇所, 而可得出價借地, 建家宅倉庫, 但不可托名建屋, 而爲要害之造築。因欲使守此定規, 佛蘭西人建家凡築作之時, 可使日本官吏, 時時往檢視。

佛蘭西人建居宅倉庫之地, 則日本官吏與佛蘭西領事, 須商議而定之。

諸港之定則者, 日本官吏與佛蘭西領事, 須商議而定之。

若有難議定者, 則佛蘭西公使, 申告之於日本政府, 相與議而定之。

佛蘭西人居住之處, 不設垣屛等墻以圍之, 可任其自由出入。

佛蘭西人遊步規程如左。

自神奈川至六鄕川, 其川在川崎 品川之間, 可得步行, 其外得行十里。

箱館, 得行十里四方。

兵庫, 亦同箱館, 俱向京都而進, 不論自何地, 宜十里以內而止。

佛蘭西搭客, 不得越猪名川, 川在兵庫、大坂之間, 入于攝津界。里數, 則自官廳所在算之同陸路之程度。

長崎, 以其街之周圍, 達于公領者爲限。

新瀉, 或可代新瀉之港, 其遊步規程, 則應待日本政府與佛蘭西公使相商議, 而後定之。

佛蘭西人住日本, 祇限於做商賣之時, 自一千八百六十二年一月一日, 可得居住於江戶, 自一千八百六十三年一月一日, 可得居住於大坂。

佛蘭西人於江戶、大坂, 可得出價借家一區之地所及散步之規程, 則應待日本政府與佛蘭西公使, 相商議而後定之。

第四條

佛蘭西人在日本者, 得隨意敬信其國之宗敎, 及得建殿堂於其居留地, 均應無妨。日本蹈繪之舊法, 則旣廢矣, 不得復行【蹈繪者, 使外人蹈彼敎祖之畫也】。

第五條

佛蘭西人在日本者, 爭論起於其間, 則公使或領事可裁判之。

第六條

佛蘭西人, 有對日本人而行踰法犯分之事, 則佛蘭西領事可鞫問之, 以自國法律而罰之, 日本人, 有對佛蘭西人而行踰法犯分之事, 則日本官吏可鞫問之, 而以日本法律而罰之, 皆當行之無偏頗。

第七條

佛蘭西人, 向日本人有起訴訟之事, 則可告之於領事, 領事當審究其事之次第, 以實意而公道裁判之。又日本人, 向佛蘭西人有起訴訟之事, 則可告之於官廳, 官廳當審究其事之次第, 以實意而公道裁判之。若佛蘭西領事, 有難決之事, 則宜借日本高官之補助, 商議而行之。

第八條

佛蘭西人, 於日本所開之港, 得商賣自國之品及他國之品物, 但不許賣日本所禁止之品物。又可得從日本所開之港, 携帶品物, 進往于自國及他國, 但當遵定規出稅銀。

兵器, 則除日本政府及外國人外, 不可賣之。

無論何品物, 佛蘭西人可得與日本人買賣, 不要日本官吏之茬視之, 其出價銀之時, 亦同此規。

日本人可得與佛蘭西人, 買賣品物, 佛蘭西人在日本者, 可得雇使日本之賤民, 均屬無妨。

第九條

此面所定商法, 當守之如條約。因欲行此條約及交易之法, 更要設規律之全備者, 則佛蘭西公使與日本高官, 當商議而定之。

第十條

日本政府, 應於各港口, 設立規法, 有違背條約交易之規則者, 則罰以科銀及收其品物入官, 所以防日本所禁品物之進口, 并防其欺僞漏稅。

第十一條

佛蘭西船至于日本所開之港, 則得任意雇用引水人。佛蘭西人離港出帆之時, 其係清還負債及完納稅銀, 則得任意雇用引水人, 以出港外。

第十二條

佛蘭西人所齎之品物, 已納規定之稅, 則日本官吏授之以收單, 如此則得再齎其品物, 進于他港以賣之, 不復納稅可也。

第十三條

佛蘭西人, 齎來品物於日本所開之港, 旣納定例之稅, 則日本人雖携帶其品物行于國中, 不再征稅。

第十四條

外國貨幣, 可得通用於日本, 但其通用兩國之貨幣, 金與金比量, 銀與銀比量。

日本人未慣於外國貨幣, 故開港之初, 宜於官廳, 豫先以日本貨幣與外國貨幣, 均其價格, 方可交付佛蘭西人。

日用通用金銀與外國金銀, 許其齎去。日本銅錢及金銀之不鑄爲貨幣者, 則禁其齎去。

第十五條

佛蘭西人齎至品物, 有欲減其稅而減其價者, 日本官吏察知之, 則當加之以適當之價, 佛蘭西人甘心聽從, 則日本官廳當以其價而買之, 不得小減其價, 若不聽從, 則當準所加之價, 而收其稅銀。

第十六條

佛蘭西船, 罹危難或逢暴風而漂着於日本之地, 日本官吏知悉之, 則務當救其人, 加以憐恤, 而送之於近港之佛蘭西領事。

第十七條

緊要品物之屬於佛蘭西軍艦者, 無庸征稅, 宜納之於神奈川、長崎、箱館之庫, 佛蘭西人管守之。若欲賣其品物於日本人或外國人, 則買品物之人, 當納其稅如其定額。

第十八條

日本人不償借財于佛蘭西人而出奔, 則日本官吏當查明而償其欠額。

佛蘭西人不償借財於日本人而出奔, 則領事當查明而償其欠額。

第十九條

自立此條約以後, 凡所允許於外國人之事, 佛蘭西政府及佛蘭西人民, 均當受其允許。

第二十條

自今以後至十四箇年，此條約之內有欲改者，則日本政府及佛蘭西政府，豫當於一年前告知之而後，得兩相商議改定。

第二十一條

佛蘭西公使及領事，有以書照會于日本高官之事，則當以佛蘭西語，但爲日本人之速了解其義，五年之間，當以日本語副之。

第二十二條

此條約本書，則佛蘭西皇帝可親自記名捺印，日本大君捺印于卷尾。今後一年之內，佛蘭西使節與日本委任之官員，於江戶可交換之。此條約，佛蘭西則用佛蘭西語，副以日本片假名，日本則用和文，副以片假名。其文意雖同，更副以和蘭譯文，則兩邦所共通也。若條約有難解，則以蘭文爲證。此文與和蘭陀語譯文之副於魯西亞、英吉利、亞黑利加條約者，同義也。本書雖未交換，而至于安政六己未年七月十七日，西洋紀元一千八百五十九年八月十五日，則此條約趣旨，可實施行。

安政五戊午年九月三日，於江戶，兩國全權，記名于此條約，捺印以爲證。

水野 筑後守　　　　　　花押

永井 玄蕃頭　　　　　　花押

井上 信濃守　　　　　　花押

堀 織部正　　　　　花押

巖瀨 肥後守　　　　花押

野野山鉦藏　　　　花押

【人名未繡】　　　　手記

巴里斯約定

元治元年甲子五月二十二日, 西曆千八百六十四年第六月二十五日, 於巴里斯
押印。

佛國外務執政與日本使節之間, 決定左條約。

佛國皇帝陛下與日本大君, 證顯彼此之信任, 欲堅固存在兩國間友
愛, 及貿易之交通。彼此協議后, 以特別結定, 決正起于千八百六十二
年來, 兩政府間之難事。

故佛國皇帝陛下, 以外務執政【人名未繡】閣下, 與大君使節卽任此事
件之池田 筑後守、河津 伊豆守、河田 相模守閣下等, 同意決定次條。

第一條

因千八百六十三年七月中, 於長崎, 向佛國海軍【船名未繡】艦, 爲發
砲一件之償, 大君使節閣下歸着日本三月後, 日本政府約還佛國皇帝
陛下之在留江戶公使, 於黑斯哥銀十四萬弗償金。但其十萬弗, 政府
自出之, 四萬弗, 長州候可出之。

第二條

大君使節閣下歸着日本後三月內, 約由日本政府, 令除欲過下關海峽佛國船所遇之防害。然不得已則用兵力, 又因時宜, 與佛國海軍分隊指揮官, 會同航行, 準常無阻。

第三條

爲使佛蘭西與日本貿易交通漸次盛大, 千八百五十八年十月九日, 於江戶結締兩國間之條約, 現行期限間, 爲佛商人, 或樹佛旗輸入品物, 可准用大君殿下政府最後許與外國交易之減稅表目。

故精密守此條約間, 用于包裝茶左物, 租所不收稅項, 令其經過, 卽葉鉛、鉛蠟、席子、畫用油、藍、油酸、石灰、平鍋、籠。

又日本租所, 有輸入左間物件, 可徵收其價五分稅, 酒、酒精物、白砂糖、鐵、鐵葉、器械部、麻織物、時辰器、計辰表及鎖鍊、硝子器、藥。

凡硝子及鏡、陶器、飾裝玉物、粧奩各具、石鹼、兵器、小刀類、書籍、紙、彫刻物、畫, 可徵收六分稅。

第四條

右約定, 看做千八百五十六年[40]十月所結締佛蘭西與日本間之條約不可犯部分之一, 不要彼此主君交換本書, 直可實行。

爲證右條, 上文記名之諸全權, 記名且鈐印於此約定。

---

40 千八百五十六年: 千八百五十八年의 오기이다.

千八百六十四年六月二十日於巴里斯，錄原書二通。

池田 筑後守	花押
河津 伊豆守	花押
河田 相模守	花押
【人名未繙】	手記

外務省
一・二

외무성 일・이

여기서부터는 영인본을 인쇄한 부분으로 맨 뒤 페이지부터 보십시오.

千八百六十四年六月二十日於巴里斯纂原書

二通

池田筑後守花押

河津伊豆守花押

河田相摸守花押

人名
末縮手記

日本國外務省事務巻之四終

202   201

年号六月二十五日。癸巳里斯押印。

佛國外務執政與日本使節之間。決定左約條。

佛國皇帝陛下。與日本大君。證顯彼此之信任。欲

堅固存在兩國間友愛及貿易之交通彼此收議。

后以特別結定犬正。起于千八百六十二年來兩

政府間之難事。

故佛國皇帝陛下外務執政未繕　人名　閣下。與大君使

節即仕此事件之池田筑後守河津伊豆守河田

相摸守。閣下等。同意決定次條。

第一條

因十八百六十三年七月中。於長州向佛國海軍艦

艟　未繕　為發砲一件之償。大君使節閣下歸著日本三

月後日本政府。約還佛國皇帝陛下之在留江戸公

使英墨斯哥銀十四萬弗價金。但其十萬弗政府自

出之四萬弗長州侯可出之。

第二條

大君使節閣下歸著日本後三月内。約由日本政府。

令余欲過下關海峽佛國艦艟過之防居。然不得已

則用兵力。又因時宜。與佛國海軍分隊指揮官。會同

航行。凖常無阻。

第三條

為使佛蘭西與日本貿易交通漸次盛大于八百五

十八年十月几日於江戸。結締兩國間之條約。現行

期間爲佛商人或樹締輸入品物。可推用大君

殿下政府最後許諾外國交易之減稅表目。

故精密守此條。約開用于包裝茶左物租再不收稅。

項令其經過即葉鉛銃席子畫用油藍油酸石灰。

平鍋籠

又日本租矬有輸入左開物件可微收其價五分稅。

酒　酒精物　白砂糖　鐵　鐵菓　器械部

麻織物　時辰器　時辰表反𤨓璭　硝子簾籠

九硝子反鏡陶器　歸裝玉物　粧盒器具　不臙

兵器　小刀類　書籍　紙　彫各物　畫可微

权六分稅

第四條

右約定着做千八百五十六年十月。所結締佛蘭西。

與日本間之條約。不可把部分之一不要彼此主君

交搋本書直可實行。

為證右條上文記名之諸全權。記名且鈴印於此約

也。

其品物关日本人或外國人則買品物之人當納其
税如其定額

第十八條

日本人不償借財于佛蘭西人而出奔則日本官吏
當查明而償其失額

佛蘭西人不償借財於日本人而出奔則領事當查
明而償其失額

第十九條

自立此條約以後凡所允許於外國人之事佛蘭西
政府及佛蘭西人民均當受其允許

194

第二十條

自今以後至十四箇年。此條約之内。有欲改之者。則日
本政府。及佛蘭西政府。豫當於一年前告知之。而後
得兩相商議改定。

第二十一條

佛蘭西公使。及領事有以書照會于日本高官之事
則當以佛蘭西語。但為日本人之速了解其義。五年
之間當以日本語副之。

第二十二條

此條約本書則佛蘭西皇帝。可親自記名捺印。日本

193

大君。捺印于卷尾。今後一年之内。佛蘭西使節與日
本委任之官員於江户。可交換之此條約佛蘭西則
用佛蘭西語。副以日本。比條約佛蘭西則和文。副以
和蘭名其文總同。更副以和蘭譯文。為證此文。與和蘭院
片假名其文。雖有難辨則以和蘭文。兩邦所共
通也。本書若條約有難辨。則以和蘭文為證此文。
語譯文之。副於魯西亞。英吉利亞墨利加條約者。同
義也。本書雖未交換。而至于安政六巳未年七月十
七日。西洋紀元一千八百五十九年八月十五日。則
安政五戊午年九月三日。於江户兩國全權記名于
此條約趣旨可實施行

195

此條約捺印以為證。

巴里斯約定

水野筑後守花押

永井玄蕃頭花押

井上信濃守花押

堀織部正花押

巖瀨肥後守花押

野野山延藏花押

人名手記

元治元年甲子五月二十二日。西曆千八百六十四

196

本者可得使日本之賤民均屬無妨

第九條

此可定商法當守之如條約因欲行此條約反交
易之法更要設規律之全備者則佛蘭西公使與日
本高官當商議而定之

第十條

日本政府應於各港口設立規法有違背條約交易
之規則者則罰以科銀反収其品物入官而以防日
本可禁品物之進口並防其欺偽漏稅

第十一條

189

佛蘭西船至于日本所開之港則得任意雇用引水
人佛蘭西人雜港出帆之時既係清邊員債及完納
稅銀則得任意雇用引水入以出港外

第十二條

佛蘭西人所齎之品物已納規定之稅則日本官吏
授之以收單如此則得再齎其品物進于他港而賣
之不復納稅可也

第十三條

佛蘭西人齎來品物於日本所開之港既納定例之
稅則日本人雖携帶其品物行於國中不再征稅

190

第十四條

外國貨幣可得通用於日本但其通用兩國之貨幣

金與金比量銀與銀比量

日本人未慣於外國貨幣故開港之初宜於官廳豫先
以日本貨幣與外國貨幣均其價格方可交付佛蘭
西人

第十五條

金銀之不鑄為貨幣者則禁其齎去

日用通用金銀與外國金銀許其齎去日本銅錢反

佛蘭西人齎至品物有欲減其稅而減其價者日本

191

第十六條

宜更察知之則高知之以通當之價佛蘭西人甘心
應從則日本官廳當以其價而買之不得少減其價
若不應從則當準而加之價而以其稅銀

第十七條

佛蘭西船舶危難或遭暴風而漂着於日本本地日
本官更知悉之則當救其人如以䘏恤而送之於
近處之佛蘭西領事

緊要品物之屬其佛蘭西軍艦者無庸征稅宜納之
於神奈川長崎箱館等之庫佛蘭西人管守之若欲賣

192

佛蘭西艦撥窖。不得越掛名川川在兵庫六坂之
間入于攝津界里數則自堂應所在等之同陸路
之程度。
長崎以其剩之周圍達于公領者為限
新潟或可代新潟之悉其遊步規程則應待日本
政府與佛蘭西公使。相商議而後定之
佛蘭西人住日本。祇限於商賣之時。自一千八百
六十二年一月一旦。可得居住於江戸自一千八百
六十三年一月一旦。可得居住於大坂。
佛蘭西人。於江戸大坂可得出價借家一區之地所

185

及散步之規程則應待日本政府與佛蘭西公使相
商議而後定之
第四條
佛蘭西人在日本者得隨意敬信其國之宗教。及得
建殿堂於其居留地均應無妨日本蹈繪之舊法則
就廢矣。不得後行(蹈繪者像畫外人踏敏祖之為也)
第五條
佛蘭西人。在日本者爭論起於其間。則公使或領事
可裁判之。
第六條

186

佛蘭西人有對日本人而行輸法犯分之事。則佛蘭
西領事。可鞫問之以自國法律而罰之日本人有對
佛蘭西人而行輸法犯分之事。則日本官吏可鞫問
之。而以日本之法律而罰之皆當行之無偏頗。
第七條
佛蘭西人向日本人有起訟之事。則可告必我領
事領事當審究其事之次。第以實意而公道裁判之
又日本人向佛蘭西人有起訟之事。則可告之於
宜廳崔應當審究其事之次。第以實意而公道裁判之
之若佛蘭西領事有難決之事。則豆借日本高官之

187

輔助商議而行之
第八條
佛蘭西人於日本所開之港。得商賣自國之品。及他
國之品物但不許賣日本所開之港。攜帶品物。
日本所開之港。攜帶品物進往于自國及他國。但當
遵定規出稅銀。
兵器則除日本政府及外國人外。不可賣之
無論何品物佛蘭西人可得與日本人買賣。不要日
本官吏之往視之其出價銀之時。亦同此規
日本人。可得與佛蘭西人買賣品物。佛蘭西人。在日

188

遣全權使節秋鍔[　]日本大君命水野筑後守永井玄
蕃頭井上信濃守堀織部正嚴頰肥後守野野山証
藏各照委任之書决定條約如左

第一條

日本國佛蘭西國共亙世世親睦
佛蘭西人居住於日本則日本當懇切待之日本人
居住於佛蘭西國則佛蘭西亦當懇切待之

第二條

佛蘭西國可差遣公使於日本江戸並差遣領事或
代理於日本所開之港又佛蘭西公使並領事可得

181

旅行日本國之部內

日本國可差遣公使於巳里又可差遣領事於佛蘭
西諸港管理商民及處置交易事其日本官則皆得

旅行佛蘭西國之部內

第三條

神奈川長崎箱館港及村則以安政六巳未年七月
十七日西洋紀元一千八百五十九年八月十五中
可為佛蘭西人間之新潟港若有難開其港之事情
則別於日本西方可開一港並村自戊午年八月閏
十五箇月之後一千八百六十年一月一日可開之

182

兵庫港並村自戊午年八月閏五十一箇月之後一
千八百六十三年一月一日可開之凡所開之港可
許佛蘭西人居留爲其居留之地則止一箇所而可
得出價借地連家宅倉庫但不可托名連屋而要
之時可造築因欲使守此定規佛蘭西人連家宅倉
庫須與日本官吏時時往撿視

佛蘭西人連居宅倉庫之地則日本官吏與佛蘭西
領事須商議而定之

諸港之定則者日本官吏與佛蘭西領事商議而
定之

183

若有難議定者則佛蘭西公使申告之於日本政府
相與議而定之

佛蘭西人居住之處不設垣屏等墻以圍之可任其
自由出入

佛蘭西人遊步規程如左

自神奈川至六鄉川其川在川崎品川之間可得
歩行其外得行十里

箱館得行十里四方

兵庫亦同箱館俱向京都而進不論自何地宜十
里以內而止

184

員數價拒之事

第二　諸職人或工匠船艇傭夫教師及從僕
等不問其名拒庸傭事

第三　諸侯伯輸此産物于市場及以其自家人爲
直賣拒之事

第四　於長崎箱館神奈川港與外國人爲交易者
租所更人及士人中有貪賞意彼是拒之事

第五　於長崎箱館神奈川港與外國人爲交易者
立身分程限拒許之事

第六　日本人外國人間親態之徒拒恣交事

右結定因於條約大君及執政所可遵守也如不嚴

177

守結定則英國政府以上所述千八百五十八年第
一月一日起美五年期限中不問何時遵此書標所
載就港都各件之允諾不遲遅在千八百五十八年
第八月二十六日條爲之鴻條立即施行上所謂港
都可爲開對馬港開之等件有促大君及其執政之
國交易開始且有利益之旨于大君及其執政此處
理大君差遣英國女王之使節日本歸后可速爲外
都可爲英人居留開之處置
執政此處置令現進步日本利益之舉也且使節說
示令大君及執政示其孚意于歐羅巳人民減輸入
日本酒類之稅許加入玻璃器于五分收稅諸物中

178

又可令示有欲盛日本與歐羅巳之交易之意由此
舉可補結締約之時之遺落使節尚可上告大君及
執政達約合于橫濱長崎之處置於此約合日本士
官爲收釋受藏搬岸貨物迄輸主得其貨物買者有
出稅移之他所之準備爲不出抗而入藏也英國女
王外國事務特派私緘與大君使節此書由私人
將此書送英國女王在雷日本公使由使節送大
君及執政千八百六十二年第六月六日以證彼此
協議

竹内下野守花押

179

佛蘭西條約

松平石見守花押

京極能登守花押

未人緒

手記

佛蘭西皇帝日本大君共欲結信誼兩國人民通交
易永久親睦兩國均受利益爲定條約佛蘭西皇帝

安政五年戊午九月三日西曆一千八百五十八年
第十月九日於江戸捺印同六年己未八月二十六
日西曆一千八百五十九年第九月二十二日本書
交換

180

兩國政府。預當于一年前豫告知之而届期得兩相商
議政定。

第二十三條

日本政府向後凡有殊典或允許於外國政府及臣
民則豁利太尼亞政府國民均當受其允許。

第二十四條

此本書日本大君署主名及搽印於卷尾豁利太尼
亞女王自記名搽印一年之內可於江戸交換之安
政五年戊午七月十八日於江戸兩國全權記名搽
印。

173

英國倫敦約定

水野筑後守花押
永井玄蕃守花押
井上信濃守花押
堀織部正花押
巌瀬肥後守花押
津田半三郎花押
額宿金　手記
金加甫田　手記

文久二年壬戌五月九日。西暦千八百六十二年簽

174

六月六日。於倫敦搽印。

日本國內有害與外國交際之一黨爲其近意大君
及其執政急難保護與日本締儉約外國之交誼大
君之執政告之在畱日本英國女王
英國使節報告之女王政府熟考此報告
預先議定肯將照行下文所開千八百五十八年簽
問寛限各條約之第三條中所定爲不列顛人自千八
八月二十六日大不列顛與日本結定條約第三條
中之件自千八百六十三年一月一日起美五年
百六十年第一月一日。開新潟或在日本西崖他一

175

奈川港嚴然行除右記外條約中結定各事且嚴擴
大君然英國政府使大君及其執政於長崎箱館神
執政得所要之時限急柱條約上當然之理容允此
伴也英國政府爲鎮現今在其國迄意董爲令日本
戸府自千八百六十三年一月一日。開大坂府之
列顛人居畱自千八百六十二年一月一日。開江
港自千八百六十三年一月一日開兵庫且爲下

第一　擬千八百五十八年八月二十六日。條約

第十四條商物諸種日本人賣付外國人就
斥外國人之古法並除左各件。

176

第十四條
頷利太尼亞人於所開之各港。得任意輸入諸品物。
並買賣輸出皆可自由。不禁之品物旣係納規定之
稅則。不納其他稅。
軍需諸物則除日本政府外。不可賣之外國人。互相
買賣則無妨。
兩國之人。可得買賣品物。日本官吏不徒視之日本
人自頷利太尼亞人。所得之品物或買賣之或藏棄
之均皆無妨。
第十五條

日本稅關官吏若察貨主所報之物價。有姦則當加
之以適當之價且擬買其品物。貨主不承允則可準
稅關所加之價而納稅若貨主承允則稅館。輒當買
之。不復減其價。
第十六條
輸入之貨物已經完納定例之稅者則雖自日本人。
輸送於國中不復課稅。
第十七條
頷利太尼亞商船於所開之港輸入品物旣納定例
之稅帶有證書則雖再將致其品物於他港不復納

稅可也
第十八條
所開之各港。日本官吏宜設適當之規則以防密商
之奸曲。
第十九條
罰金及沒收品之類都皆收于日本政府
第二十條
交易條件附加於此條約者。兩國臣民可遵守之如
本書。
日本貴官又委任之官吏。與頷利太尼亞欽差公使

更當相商議增設規則。使此條約反交易條件歸于
完全。
第二十一條
此條約以日本語英吉利語反和蘭語書之。其飜譯
固爲同意。但以和蘭飜譯爲原本。
一切公務文書以英語反書之。蓋自條約搆印之日
頷利太尼亞欽差公使反領事可贈致于日本貴官
五箇年間可副日本或和蘭之譯書
第二十二條
自今以後至十四箇年。實地經驗欲改其不便者則

亞法律可罰之其裁判務當公道可無偏頗

　第六條
頟利太尼亞人若有向日本人起訟之事則可往領
事館告之領事審究其案務當溫和處置之日本人
若有告訴頟利太尼亞人之裏則領事務當以友好
之意處置之若領事不能定其爭訟則可請助於日
本法官共同聽審務其秉公裁斷

　第七條
頟利太尼亞人員債於日本怠于償還又有奸曲則
領事裁判之務欠使償之日本商人員債於頟利太

尼亞人則日本法官處置之
日本政府及頟利太尼亞政府均不以二國臣民之
欠債爲之賠償

　第八條
頟利太尼亞人居住日本者可得雇使日本之賤民
充其諸役

　第九條
頟利太尼亞人居住日本者得隨意尊崇其國之宗
教毀造禮拜堂均皆無妨

　第十條

外國諸貨幣與日本貨幣宜以同種同量而通用之
兩國之人互償物價並用日本及外國貨幣均無妨
日本人未慣於外國貨幣故開港後一箇年間各港
官廳當以日本貨幣交付頟利太尼亞人之請兌換
者改鑄之費無庸賠補
日本諸貨幣除銅錢外得輸出之並外國金銀不論
鑄貨幣與不鑄均得輸出之

　第十一條
頟利太尼亞海軍備用之品物則神奈川長崎箱館
之內上陸而藏諸庫頟利太尼亞人看守之其品物

無庸征稅若賣其品物則買人當納規定之稅于日
本官廳

　第十二條
頟利太尼亞船於日本海岸破碎或遭風漂着或逃
危難而來日本官吏知悉之則務當速救之厚加扶
助而送之於近港之領事

　第十三條
頟利太尼亞商舩入日本港之時得任意雇用引水
人並出港之時既係清還員債則得任意雇用引水
人

為頒利太尼亞臣民開之

兵庫自戊午年七月閏五十二箇月後千八百六十
三年一月一日可開之
新潟則若有事情不得開則別於日本北海岸自戊
午年七月閏十六箇月後十八百六十年一月一日
可開之
以上所裁各港及町則可許頒利太尼亞人居住
等可得貸借一個之地買其地所有家屋可得建家
宅倉庫但不可托名建屋而為要害之造籍因欲使
守此定規允達家等作之時當使日本官吏往檢視

161

頒利太尼亞臣民達家之地所及各港之規則者各
所之日本官吏與頒利太尼亞領事可議而定之若
議不合則告其事件於日本政府與頒利太尼亞公
使而任其處置之其居住之處其周圍不設門墻可
得自由出入

日本開港之地頒利太尼亞臣民遊步規程如左
神奈川以六鄉川為限其他各方十里
箱館各方十里
兵庫距京都十里之地頒利太尼亞人不得八故

162

除此一方其他各方十里且來船至兵庫者不得
越猪名川及至海灣之川
凡里數自各港官廳算之陸路之程慶也
長崎以其街之周圍連于公領者為限
新潟得議定後可定境界
江戸自戊午年七月閏四十箇月後千八百六十
三年一月一日
大坂自戊午年七月閏五十二箇月後十八百六
二年一月一日
十三年一月一日江戸大坂二個之地頒利太尼亞人祗限於做商賣

163

之時可得居佳頒利太尼亞臣民於此兩地賞借家
屋一區適當之地所及散步規程則日本官員與頒
利太尼亞公使行當定之

第四條
頒利太尼亞臣民在日本者起爭則頒利太尼亞法
官可裁定之

第五條
日本人向頒利太尼亞臣民為惡事則日本臣民向日
察之裁以日本法律可罰之頒利太尼亞臣民向日
本人或外國人為惡事則領事或他官以頒利太尼

164

第五條

為他外國船或人民現今所開之港或後來可開之
港英國船及人民亦入其港裏如最加恩惠之國之
利益亦可得同受之然而與于舊來與日本交際之
和蘭並支那之利益常不在此例

第六條

此約壽確証後本書為日本大君與英國女王自今
十二月中須於長崎交換
此約書本書交換了來日本之高官不問甲乙無變
更此約

157

為右証愆於長崎手記捺印此書

安政元年甲寅八月二十三日

水野筑後守花押
永井巖之丞花押

英吉利條約

英國指揮第三等水師提督〔人名官名未譯〕

安政五年戊午七月十八日西曆一千八百五十八
年第八月二十六日。於江戸。調印同六年乙未六月
十二日。西曆一千八百五十九年第七月十一日。於
同地本書交換

158

帝國大日本大君太願利太尼亞及意而蘭土女王
其欲求堅親睦之意且欲使各臣民貿易交通容易
便利遂締此平和懇親及貿易之條約日本大君命
水野筑後守。井上信濃守。堀織部正嚴
瀨肥後守。津田半三郎。願利太尼亞及意而蘭土女
王命稱各國委任之書而合議夫定條件如左

第一條

日本大君與願利太尼亞及意而蘭土女王其親族
反後裔並各國臣民之間可平和懇親期於永久

第二條

159

日本大君可差遣公使於倫敦並差遣領事於願利
太尼亞各港管理商民及處置貿易事公使領事可
得旅行願利太尼亞國內
願利太尼亞及意而蘭土女王差遣公使駐在江戸
並照此條約所開各港則領事或代理人可奉命居
佳公使領事皆得旅行日本國內無有障礙

第三條

神奈川長崎箱館及町則以安政六己未年六月二
日西洋紀元一千八百五十九年七月一日可為願
利太尼亞臣民開之其他下所言諸港則照期眼可

160

153

今所收於不動産之物件及所有之權証明此等
之權利又無廢棄務特許等
一在樺太島及何何島各臣民得崇自己之宗旨又
不可毀禮拜堂及墓所
一在樺太島及何何島土人永住于現地且無為現
領主臣民之權故若欲為自己政府之臣民則去
其地可赴屬其領主地又須現地之住則改其籍
政府為土人去就夫心以此條約附錄告土人經
三年可決土人之去就但三年開無妨從前所有

154

一樺太島及何何島之上人奉各自之宗旨全任其
意又不可毀寺堂及墓地
一所記五條之件件明治八年五月七日於聖比堡
與加鈐印之條約同其權
為確定右各全權委員作此附錄為二縢各鈐
其印者也
明治八年八月二十二日　日本外務省卿
寺島宗則
魯西亞國辨理公使何禮
英吉利約定

155

安政元年甲寅八月二十三日西曆千八百五十四
年茅十月十四日於長崎搭印同二年乙卯八月二
十九日兩曆千八百五十五年十月九日於同所
本書交換
訂受日本大君命戊守筑後守監察求
并徴之差與來印度及其近海英國軍艦指揮蒙
三等水師提督人名官名本稿同意約定各條如左
第一條
以長崎箱館兩港為供英國船修理飲水糧食其他
毀船中心需物件可開之

156

第二條
長崎即上條自今開箱館自水師提督本港開船之
日五十日後可開右兩港之法規甲須聽從
第三條
為恭風雨所用船或有不得已則雖不得日本政府
允許可待入前約港外之他港
第四條
英網船來日本港若其宜從日本法律船中高官或指
揮官在在法律則領其港員以下各人化之則交付
此船將歸國應

一日本船來高佛舍古屎港者自條約交換十年
間免港及海關稅及其期滿則全魯皇帝隨意慮
之全魯皇帝認可日本政府于某港置領事官
又領事官魚任者

一日本船及商人欲為通商瓶海來于島胡遠巨
海及東案加之海港又沿其海及海岸營漁業
筭皆得與魯西亞懇親之國民同樣之權理及
特典

一海軍中將榎本武揚委任狀雖未到着以電信確
定可送致之旨待其到而記名于條約書各行示

149

全權委任之式別記某事以為左券

一此條約者。大日本皇帝並全魯皇帝互相許可為。
但各皇帝交換批准者各從全權記名之日於六
月間東京行之。

為此條約附權力各全權各記其姓名並鈐其
印。

乙亥五月七日即一千八百七十五年二月
五日五
月七日於此特堡府

榎本武揚印

魯國大臣某印

150

朕親通覽左條約是其旨故令以此書全證認
批准之與天地悠久總條約中所載之條款
正約遵行之右為定憂覯記版名鈐國璽。明
神武天皇即位紀元二千五百三十五年。
治八年八月二十二日。主名國璽

明治八年五月七日即一千八百七十五年四月
二十五日。露國聖化特堡府鈐印公文基其臣

三款及完全同日鈐印條約第五款之旨且為
之施行居于贖方卒讓與之領地就各政府臣

151

民之權利及其身上。且兩地土人之事日本皇
帝及露皇帝各為令委員即日本皇帝以外務
卿及島宗則任之。又魯皇帝以侍從魚何何任
本在雷辨理公使何其住之照應頓方委員之
書見其確實合議決定左之條約者也。

一住卒交換之各地。日本及露國之臣民願住於所
有之地者。得營自己之業。其可愛其保護又於所
兩有地界中。為漁業及島歟歟並有權且生涯。可
免閲于自己之職業諸税。

一決住於樺島及何何島臣民各有所有之權又現

152

146

岬及某勲一等褒牌佛蘭西國某勲大十字褒牌
西班牙國金膜大十字褒牌澳大利國某勲大十
字褒牌金剛石裝餙索露生國黑鷲褒牌及其他
諸褒牌公爵某官某人任其全權
右各全權之者協議左之條欽相決定。
一大日本皇帝及其後胤以現今所領之樺太島之
權理及所屬君主一功之權理讓諸全魯皇帝而
今而後樺太全島悉屬魯西亞以其海峡為兩國
之境界。
一領何何島第二第三乃至第十八何何島共計十

145

樺太千島交換條約
大日本國皇帝與全魯西亞皇帝從前樺太島者
因為兩國雜頒之地屢次為新而起於其間紛議
之根且使堅牢兩國問之交誼大日本皇帝所有
於領地樺太島上之權理全魯西亞皇帝所於
領地舉島上之權理欲互結交換之約故大日本
國皇帝命海軍中将魚在魯特命全權公使從四
位榎本武揚任其全權全魯西亞皇帝命太政大
臣金剛石裝餙魯帝照像金剛石裝餙魯國某壁
岬某勲一等褒牌某褒牌自驚褒牌某勲一等褒

148

第三款雙方受授官。調查後接其償其金領則出
自新領政府。
一住共所交換之各地各民魯人日本於各政府保
証左之條件各民共得保其原籍欲歸國者常任
其意得歸或頒囑交換之地者營生計權理及其
所有物之權理及随意信教之權理悉保全之新
領主之屬民不問日本魯人受保護雖然其各民
並屬所受政府保護之管下。
一為酬被讓樺太島之利蓋全魯皇帝准允次之條
件、

147

八島之權理及屬君主一功之權理讓諸大日本
皇帝而今而後何何全島之權理悉屬日本國以
東察加地某岬某島之間海峡為二國境界
一換之日。直奉新領主但各地交換之式批准後自
頒右撰官員一名又數名而為受授官。就實地可
施之
一前條所記交換之地所在于其地公同之土地及
人之所着于地一切公共之造等疊壁屯署及人
民之不屬私有此種之建物等。皆存于新領主之
權理。現時所屬各政府一功之建坳及動産所記

第九條

凡日本諸商人無政府官吏之臨場。而日本開港地。
從此約書中第十條之所載規則。受日本政府出海外
許状。到魯西亞。得擅與同國商人交易但日本人交
易魯西亞人租金日本商人輩例之外無收心
諸侯佃及其便人得從右同一規則赴魯西亞若
日本開港地若其各地。無日本官吏臨場得擅與魯
國商人營商業。

第十條

日本人。把自己貨物從日本開港地若魯西亞搭載
日本人之船若魯西亞之船以輸出之任其所欲。
此外從日本慶應二年丙寅四月九日。魯西亞千八
百六十六年第五月十一日。日本政府既布告之趣
意因其方法得政府印章准為學術得習若營商賣
業日本國人。赴魯國且日本人。役備而從事於諸班職
魯西亞人所備日本人。若請出海外而受日本政府
之印章則各開港地奉行不得禁沮之。

第十一條

日本政府為航海危難可備燈臺及浮木澪木等於
各開港港近

第十二條

此約書待捺印之日而施行。
此約條書。兩國政府決定之後互可以書相告此約
書交換以代兩國君主之保證
此約書交換各二通。互以國語書之。兩國全權記名押印。
交換其一通

右日本慶應三丁卯年十一月二十八日。魯西亞千八
百六十七年十二月十一日於江戶交換。

江連加賀守花押
八名
手記
賀守花押
末繡

今般與魯西亞國交換千島樺太島之條約相
定如左

宣示朕與魯西亞皇帝同堂朕讓與樺太島之
內朕所領之部分于全魯西亞皇帝陛下而全魯
西亞皇帝讓與其為所領千島之群島全部于朕
此事以互決雙方之全權重臣八年乙亥五月七
日會于彼得堡締盟押印其條約卽其條款如左

日本安政五戊午年魯西亞千八百五十八年條約

之規則書第六條所定各免状向後廳之俾輸物

搬岸搬載許状依舊而後廳之但輸物

第四條

日本政府於其國内所開毎港應商人之需納舎其品物之貸

收其租可創達藏其品物之貸

納舎日本政府可保其安全如火難雖改府不保之

若資主將收去自庫可出租税目錄所定之租本品

要本港需之再輸出可有不納輸入税之理庫貸待出

外國商人社中亦為堅牢土庫絶羅火念物輸入不

庫放之如庫賃數並貸庫管理俟此協議以定之

第五條

凡日本産物其國内外不問何地得擅搬送所開之各

送租

第六條

港為水陸両路縷修所收于諸商例租之外無別納

欲除從來日本國内外國貨幣通行之障害從日本與魯

安政五戊午年魯西亞千八百五十八年日本與魯

西亞締結條約第十三條日本政府速可擧造新貨

幣之陞革嗣後於日本鑄造所其他當開之港及市

告衣日本全國

第七條

租所諸管接輸品之搬岸搬載及小船或傜丁夫承

籌等於開港地向來所生難事及不理為除去之任

備以其前整乃不關期限可以施行且至其時可布

府術此處置自此約書押印之日當不出一年然准

允擴于日本貨幣此允擴両國議定以定之日本政

貨幣及金銀地金等條改鑄支費以同量同種真位

又為之所定之地外國人日本人不問身種凡外國

各開港奉行速與領事官協議後此承諾裁愛法

令無右難事不理可以金買易之道及各人所豫勉

為便利右規則内可加書於所開各港為貨物上下

達不爲両露所損傷之小厰於埠頭之件

第八條

日本人不問尊卑日本開港地或海外得擅買收所

輸送旅客若貨物各種帆艦火輪船若軍艦不得日

本政府之准状不許買收

日本人爲買收魯西亞船帆船毎一噸徵一分銀三箇

船毎一噸徵一分銀一

商之租金俾爲定所買收船畏噸數應日本長官之

133

自今彼改日本與魯西亞條約或逾如則兩國政
府再驗之自行此條約凡十四年後可報諸一年前

第十六條
所准外國人民之事魯西亞人亦同
於魯國之日本人亦同

第十七條
此假條約書列記日本魯西亞語和蘭語雙方全
右假條約以己未年六月二日即西洋紀元一千八百
五十九年七月一日於江戸又魯西亞都府可交換
本國文和蘭譯文雙方記譯者名而交換
權各捺印

134

之
安政五戊午年七月十一日
　永井玄蕃頭花押
　井上信濃守花押
　堀織部正花押
　巖瀬肥後守花押
　津田半三郎花押

魯西亞新定約書
慶應三年丁卯十一月二十八日魯曆十八百六十
七年十二月十一日西曆十二月二十三日於江戸

135

押印交換
日本政府與魯西亞政府為便利貿易之業日本
安政五戊午年七月十一日魯西亞千八百五十
八年第八月七日於江戸所結條約中及所附錄
租稅目錄察要用為之兩國政府為約書交換互
命全權即日本政府委任于外國奉行江連加賀
守魯西亞政府任某侯兩國全權互協議決定
之各條

第一條
此新定約書所附錄之輸出八目錄待此約書捺印

136

廠
之日施行即日本安政五戊午年魯西亞千八百五
十八年締結條約之目錄及其後訂約各條皆可以

第二條
新目錄所載日本安政五戊午年魯西亞千八百五
十八年締結條約可堅遵奉之至日本壬申年中西
洋千八百七十二年第七月一日兩改之於茲生和

據前三年間其平均估價之五分求改之
第三條

總輸入輸出品物。從別冊稅則。則可收稅于日本官署。
日本稅關察有奸則稅關以適當之價買之其荷物若
荷主不肯則稅關定適當之價。可收稅否則以其價
可買之。
輸入荷物。約稅後日本人雖輸送諸國中。復不收重
稅若他國人減租稅額時魯西亞人為之。
魯西亞國海軍必需品。於神奈川長崎箱館等上陸
則藏諸庫內魯西亞人為之守護不及收稅若賣買
其品則買人納規定稅于日本官署

第十一條

129

十六兩目以上則沒入過量于日本官署。
所禁阿片魯西亞商船輸之三斤魯西亞四兩目三
魯西亞人於日本密賣阿片。則沒收之。且每一斤徵

二十財名罰金

第十二條

軍需諸物賣日本官署之外不可賣之蓋外人與外
人賣買之則無妨。
米並麥為駐留日本魯西亞人並來船者及船中旅
客食料雖付之。為積荷而不准輸此所產於日本銅
有餘則於日本官署其時以公投票可賣之。

130

第十三條

外國諸貨幣與日本貨幣以同種同量可通之金與
金銀與銀以同量為比較云。雙方人民互償物價混
用日本貨與外國貨幣無妨。日本人不慣外國貨幣
開港後一箇年間各港官以日本貨幣任魯西亞
人之望而可交換之。而日本諸貨幣者除銅錢得輸
出之。並外國金銀者。鑄貨幣。或不鑄貨幣皆得輸出
之。

第十四條

雙方國人間起爭論則兩國官吏裁決之。而日本人

131

日本官署罰之文魯西亞人魯西亞〔官名〕罰之等皆

雜貨魯西亞官〔未繕〕可出適當之價。
魯西亞人關犯法因魯西亞〔官名未繕〕之請處置之則其
魯西亞〔未繕〕於不駐在港魯西亞人犯法則日本官
更捕之而傳達近傍之魯西亞〔官名〕令裁決之
所記此條約規定並別冊。有犯之者則傳達魯西亞。
〔未繕〕裁判若令亂明之。而徵誇收品並罰金于日本
官署。

第十五條

如所定於下田條約。

132

之。

魯西亞人。爲譲屋舍。將借之地。並諸港定則等各港
官吏與魯西亞〔官名未繕〕可議之。若不得議定則日本改
府與魯西亞〔官名未繕〕可裁決之。

　第六條

魯西亞人只爲商賣可准留於江戸並大坂。

江戸　自戌午七月。凢四十個月後。
　　　西洋紀元一千八百六十二年一月一日。

大坂　自戌午七月。凢五十二個月後。
　　　西洋紀元一千八百六十三年一月一日。

125

於此二個町魯西亞人。爲達家借通當之地。並允爲
散丞定其規程自今後日本官吏與魯西亞〔官名可
定之。

　第七條

一時居住日本魯西亞人可准携眷族又可得尋索
　其条法。

　第八條

於日本港地魯西亞人遊步規程如左。

　箱館　各方十里。

　神奈川　限六卿川脈其他各方十里。

126

長崎　可定境界。

兵庫　距京都十里地。魯西亞人不得入故除其
　方各方十里船不可越猪名川海灣。

凢里數自各港官署所算陸路之也。其一里當魯
西亞之三尺度名三百三十二尺度名於西海岸所開一港
萬四千七百七十五尺度名。度名於西海岸所開一港
遊步規程定日本官吏與魯西亞〔官名〕可議定
　之。

寺社休場砲臺諸官署並設門墻之地不可入馬。
魯西亞人有大惡事而有請裁斷又品行不方正而

127

每被裁判者自居住地不准出一里之外。其翌日
本官署可令退去之。此皆請魯西亞〔官名未繕〕而行之。若
有貟債則日本官署並魯西亞〔官名未繕〕糺明後或有延
　期蓋不可超一年。

　第九條

雙方國人爲賣買日本官吏不干涉之。故關于其賣
賣日本官吏不照査之。魯西亞人傭日本人准諸
使役。

所副此條約商法別冊同本書可遵守之。

　第十條

128

魯西亞條約

魯西亞國帝與日本國大君、欲厚懇親、立二國人民交易規則、全永久之基、日本大君命以永村玄蕃頭、井上清濃守、堀織部正、巖瀬肥後守、津田半三郎、魯西亞國帝命以（名未詳）、議定次條。

安政五年戊午七月十一日、西曆一千八百五十八年八月七日、於江戸捺印。萬延六年己未七月十日、西曆一千八百五十九年八月八日、交換本書。

第一條

安政元年甲寅十二月二十一日、即一千八百五十五年第一月二十六日、第二月七日、於下田所定條約皆存之、同附錄並安政四年丁巳九月七日、即一千八百五十七年十月十二日、十月十四日、於長崎所定延加條約悉廢之。

第二條

魯西亞國帝任駐在江戸（官名未詳）、又載此約書為理、名港交易諸事可任（官名未詳）、旅行日本國內任其意。日本政府為駐在魯西亞都府任公使、又所居住魯西亞國各港可任領事、此官吏自到着日可得旅行其國內。

第三條

下田長崎箱館外、左諸地以左期限可開之。

神奈川　自戊午七月凡十一箇月後　西洋紀元一千八百五十九年七月一日。

兵庫　自戊午七月凡五十二箇月後　西洋紀元一千八百六十三年七月一日。

此外於西海岸、自今後凡十六箇月……千八百六十年一月一日之後、可開他一港。其他聞之以前可報知之。開神奈川港之後六箇月而可鎖下田港。

第四條

魯西亞政府可任駐在於日本港地（二官名未詳）、於其地（二官名未詳）官署及附屬者學校病院等為可設立、日本政府可貸一區之地。

第五條

前文於五港地可准魯西亞人居住、又追留此居住者並遷留者、出賃而貸借一個之地、有建屋則買之亦無妨、且雖准達家宅倉庫、托于達而不可古有要害之地、有欲新等改造修補屋舍、則使日本官吏檢……

両所積之物貨沒收之。

第二十一條

魯西亞之商船在開港地企審商則皆沒收之。若在開港地外而為之者則拼其船而收之。

雖然此事日本官吏與魯西亞官吏縣審判之而後決之。

第二十三條

正副其証票而贈之。

第二十二條

魯西亞之商船若屬其船者所贈于日本之物品。

117

第二十五條

魯西亞政府所贈日本政府之書簡自日本駐劄魯西亞官吏付之地方鎮台。不置領事官之地則其所請之地方官吏則為所望學藝撰其人伐教授之。

第二十四條

魯西亞人欲學日本語若他技藝時領事官若船主之領事館領事官不在則托之地方官吏。

所泊於港內之商船其帆中之書類悉托諸魯西亞地不然以第一之便船付之魯西亞之領事官。持書簡直付之鎮台。如其遞書則日本政府送之港

118

第二十六條

凡開化諸國因局外中立之理有際兩國間交戰則魯西亞船舶與他國船不得於日本港內相戰。

第二十七條

常住日本國或一時住日本之魯西亞人伴其家族任其意。

第二十八條

自今後段正此條約中之簡條或要延加時兩國政府互有求之理。

此延加條約本書八月之後交換可行之以魯西亞

119

和蘭日本支那之語記之而記署議定人之名而稱盟雙方堅守之失不可違。

紀元一千八百五十七年即魯西亞國帝二世亞歷山帝陛下卽位之三年第十月二十四日魯曆十二日日本曆安政四年丁巳九月七日於長崎記名者也。

水野筑後守花押
荒尾石見守花押
巖瀬伊賀守花押　手記

120

114

九武器除政府之外一切不許賣買。

第十四條

自今後輸入之物品禁買賣者稅關自買之

若魯西亞之商船輸入鴉片于日本國則魯西亞
之法律論其罪。

第十五條

金銀貨幣及未鑄金銀禁輸出之所釀之物什及金
銀工物不在此例

銅武器類為具大和錦日本政府買物而非為其價
則不許輸出。

113

第十三條

可定之。

秤量尺度等於開港各地。兩國政府任之者相比較

十五財名定之可為計算

蘭銀貨二財名五十五財名魯西亞貨幣二財名三

名魯西亞貨幣一財名定之又墨西哥財名一枚和

百分之六又、與伊斯巴亞之一、財名和蘭銀貨幣一財名二

金與金銀與銀精細照其價格更為改鑄之貴別要

與魯西亞貨幣、若外國之貨幣較其秤量及品位即

此千所買之品物、而尋他品物、則日本金銀之一分

116

關字輸之

第十九條

以備舟輸送商品若有失之則所失之物嚴探之若
不得之則尚精細可竭力於此數之時稅關唯探之
耳不賠償之矣。

第二十條

魯西亞商船間轉移荷物、或轉他國之商船等須以
船主黃講領事官、而申告諸稅關右報之書者所欲
載之荷貨物類目並記其願戴於是稅關遣人于船
內檢其真偽是防客商此若不出許狀不告領事官

115

第十六條

米大小參大小豆石炭、美濃紙半殘半紙書物圖書
銅工物等稅關可自賣之此等來所禁者則魯西亞
人許自賣之

倉物擭紙置則一時禁其輸出或有之。

第十七條

為容商地方官吏置監船而設諸魯西亞商船之
近傍故監船之賞魯西亞人償之。

第十八條

如前條為防客商船之水夫及積商品之萬舟齋稅

許狀而為陸上積荷者此罰金之外更沒收其荷物

第五條
魯西亞之商船到日本之一港為收納艙泊稅則其
雖迴船于他港只於初之港所付使見証書則不更
納艙泊稅而可也。
航海之途到于他國之港別積荷而毎八港者不在
此例。

第六條
為挽艀船或上下荷物際相傭小船或諸藏人者於為
之時日本地方官吏依所定傭之此小船等豫於所

109

定場所反止淡場可上陸。

第七條
日本人自魯西亞商人所買之品物及自日本人價
于魯西亞商人與之品物者稅関可捜之此外於稅
関日本人與魯西亞人相賣買者稅関非所與知。

第八條
魯西亞人於日本為所賣品物之代而自日本人所
輸之品物不足償之則稅関従時價以外國之金銀
貨收之。

•第九條

110

公賣或私賣所賣之貨物稅非新定稅関覟則隨當
來之規則收三分五厘之稅。
領事官或商船之船主看魯西亞商人所賣之貨物金
額等稅関保管。
於稅関所買之貨物不收此稅。
貨物之開封及公賣雖幾回任魯西亞商人之意又
於稅関出于此公賣無限任日本商人之買激。

第十條
凡公賣所賣之貨物其納金額之法稅関悉任吏責。
私賣所賣之貨物不任其責関于此事所起之所以。

111

與領事官紛其情償處。

第十一條
於日本商府魯西亞人所買之品物其價稜以稅関
所捜之紙幣償之右小船之備金物及他所買品
則直與正金交換又日本人出諸稅関
雙方所買之貨物既收之則関于其貨物之善惡值
償不得薄之。

第十二條
物之價亦同前以魯西亞之貨幣若外國之貨幣償
之際經稅関而捜之。

112

105

日本國外務省事務卷之四

魯西亞追加條約

安政四年丁巳九月七日。一千八百五十七年十
月二十四日於長崎調印。

安政元年十二月二十一日。即一千八百五十五年
第一月二十六日。於下田之地。日本之國與魯西亞
國以條約追加之事會議。日本國全權勘定奉行兼
長崎奉行水野筑後守是崎。奉行荒尾石見守監察
嚴瀨伊賀守。與魯西亞皇帝陛下之副水師提督無

三官名
姓名未繕□

所定之條約如左。

106

第一條

日本與魯西亞貿易及懋功交際之益堅固故。在箱
館長崎兩港。日本人及魯西亞人爲可留心今般新
議規則。

下田以爲危險之港。只從前之條約仍舊新規則爲
外國貿易於下田若他地求安全之一港於開之際。
可施行焉。

第二條

自今後貿易之船數及金額無定限以兩國之協議
爲交易。

107

第三條

魯西亞國之商船到于箱館。若長崎港之日。船主及
衆之者。以魯西亞領事官。出船名噸數。船主及來
者之名。及積荷之品類顆數並記之書右領事官不
駐在際其船著之初日。即四十八時之內。可出諸地方之官吏此
書著港之初日。即四十二財名。令納爲右別限
之內。其船主爲艇泊稅百五十噸以上之船。每一噸
以五財名。卽四十二財名。令納。又百五十噸以下
之船者。每一噸以一財名。九財名。令納焉。

右艇泊稅者。入港船雖不爲貿易四十八時以上船

108

泊于港內者可納之。

爲修復船入港。其積荷之全部。或其一部。不上諸隄。
或不移積荷于他船除不別出艇泊稅而可也。

稅關役艇泊梳則取其証書及可付積荷上陸之許
狀。

第四條

商船之船主。其船著港之後四十八時間不出告書。
則每意一日。可收六十五財。五十財名之罰金但
此罰金不可過二百六十六財名。又不得
出偽告書則使其船主出六百五十財名。又不得

101

魯西亞條約附錄

安政元年甲寅十二月二十一日。西曆千八百五十
五年第二月七日魯曆第一月二十七日。於下田交
換安政三年丙辰十一月本書捺印。

魯西亞國全權官(人名未繙)與日本國委任重臣筒井
肥前守。川路左衛門尉。所相定之條約附錄。

第三條

官名人名縪手記

川路左衛門尉花押

筒井。肥前守花押

102

第五條

雖許魯西亞人隨意徘徊於下田箱館市街近傍。惟
在下田。自犬走島。日本里數七里。箱館亦以五里為
限遊覽社寺市店。宜迄創建旅廛。雖至所定所非
受喚招不許入人家。於長崎可從嗣後為他所結
定之法且各港可定置埋葬地。

日本定置官廳付與物件。並魯西亞人所輸來金銀
物件。皆於其所辨理魯西亞人所撰之應。
照商人賣價。以船中輸來物件買耕。但於官廳。由日
本官吏辨辦

103

第六條

魯西亞官吏。願自安政三年。西曆千八百五十六年。
擬定佃官吏家屋。并地區事。須從日本政府指麾家
屋製以自國之方法造之。

第九條

不拘何件。所許于外民者。雖魯西亞人。無議亦可一
同許。

右附錄之事件。須如條約本文。一同照守。勿得違失。
為此兩國全權。記名押印。

安政元庚寅年十二月二十一日

104

官名人名縪手記

川路左衛門尉花押

筒井。肥前守花押

日本國外務省事務卷之三終

本大君命其全權公使簡叶肥前宋川路左衛門尉。
相與商議制定條約如左。
第一條
自今以後。兩國締交。世世無絕。日本政府。亦保護日本人。在魯西
亞人。在日本者。魯西亞政府。保護魯西
亞者。勿論入之身命。雖器具什物。當互務使無損害。
第二條
自今以後。以衞多洛弗島。與高䒭甫島之中。為日本
魯西亞兩國之境界。而衞多洛弗島。屬日本。自烏兒
甫全鶴以北。克瑪尼諸島。屬魯西亞。至加刺弗士島

097

則須依從來慣例。今不夏分兩國間之境界。
第三條
日本政府。為魯西亞船開箱諱下田長崎之三港。自
今以後。魯西亞船遇風難破損者。得入兩閘港。而加
修繕之薪水糧食。則給之。産燥炭之地。則給之燥炭。
魯西亞船賞其賞當用金銀貨若無金銀貨則以貨
物償之。除三港外。魯西亞船自非遇難。不許入餘外
之日本港口其遇難入港諸貨須於此三港中償之
第四條
遭難漂民。兩國須互加状則。送之於將開之港。其俟

098

漂民雖務從寬優。亦當使之守其國之正法。
第五條
魯西亞船八下田箱諱者。許以金銀若貨物買須用
之什物。
第六條
魯西亞政府。以此為急務。則可差遣官吏。使駐紮箱
諱若下田之一港。
第七條
若有之事。日本政府。審度熟應以處理之。
第八條

099

魯西亞人之在日本國。日本人之在魯西亞國須互
相待寬優。不得幽錮之。雖然。若有犯法者。則拘執之
各以其本國之法律論罪。
第九條
兩國比隣之國也。故向後日本國殊典府許於他國
者。亦當直許之於魯西亞人。
魯西亞國王。與日本大君。共確定此條約。自今以後
至九箇月期。兩國便宜之時。當於下田交換本書今
兩國全權官互名僚印無有敢違背。
安政元年甲寅十二月二十一日

100

毀傷日本之堂宇。又次。不可妨日本人拜神佛。又不
可毀神軀佛像。雙方人民。閣宗皆而不論之。

第八條

依阿蘭陀官(未)之請。凡捕逃者。又官(未)所捕之罪人
繫獄也亦允之。且所在于陸及船阿蘭陀人為戒不
良又令遵守規則。依官(未)之請可補之。其際所費金
須正依請所繫日本獄舍雜費皆阿蘭陀官(未)償之。

第九條

所副此條約商法別丹與方臣民可遵守之。
所准外國人民之事。阿蘭陀人亦同。

安政二年乙卯十二月二十三日。千八百五十六年
一月三十日。於長崎。所決定條約中有可存者則可
存之同四年丁巳八月二十九日。即一千八百五十
七年六月十七日。為附錄而交換之約書盡廢焉。
日本高官。又長任官吏與。所來日本阿蘭陀官(未)為
使仝此條約規則。並別丹條件。可合議之。

第十條

自今。後凡百六十九月後。即當一千八百七十二年
七月四日。以雙方政府之意。報知于一年前此條約
並長崎條約之內。存置或簡條。及所副此書別丹雙方

委住官吏實驗之合議之。而可得補之。或改之。

第十一條

右條約。以未年六月五日。即一千八百五十九年七
月四日。可施之。蓋前日於長崎。可交換本書若有不
得已事故則雖不交換本書至此期則直行。
本條約。日本署大名御名反記高
官名捺印以為證和蘭國記國王名官名。
鈴和蘭國印而為證。
如斯安政戊午七月十日。即一千八百五十八
年八月十八日。於江戸府決定之為證記兩國官吏

名件捺印。

井上玄蕃守花押
岡部駿河守花押
巖瀬肥後守花押

魯西亞國條約

安政元年甲寅十二月二十一日。西曆千八百五十
五年第二月七日。魯曆第一月二十七日。於下田交
換本書。安政三年丙辰十一月此捺印本書
魯西亞國與日本國共欽締堅久信實之交至。燕
生釁隙。魯西亞國王差遣其全權公使(未)揖大日

署。

日本稅關察有奸則稅關以適當之價買其荷物若
荷主不肯則稅關定適當之價可收稅否則以其價
可買之。

所集之阿片阿蘭陀尚船輸來三斤以上則其過量
之品日本官吏可沒收之。

輸入荷物約稅後日本人誰輸送諸國中復不收重
稅若他國人減租稅額則阿蘭陀人亦同。

第四條

外國之諸貨幣與日本貨幣同種同量可通之。金與

金銀與銀以同量為比較云。雙方人民互償物價混
用日本與外國貨幣無妨。日本人不慣外國之貨幣
則開港後一箇年間各港官署以日本貨幣任阿蘭
陀人之望而交換之。

日本諸貨幣除銅錢得輸出之。並外國之金銀者鑄
貨幣或不鑄貨幣皆得輸出之。

第五條

阿蘭陀人對日本人而犯法,則於阿蘭陀官糾裁之。
而以阿蘭陀法可罰之。日本人對阿蘭陀而犯法則
日本官吏裁之,以日本法可罰之。

條約中規定並所記別抄法有犯之者則傳達于官
浸取其物品而可收罰金于日本官署。

第六條

於日本港地阿蘭陀人遊步規定如左。

神奈川　限六鄉川脈其他各方十里。

箱館　各方十里。

兵庫　距京都十里地阿蘭陀人不得入故
除其方各方十里舩不可超揩名川
海灣。

九里數自各港官署所算陸路也。

長崎。

寺社休憩塲砲臺諸官署並設門籬地不可入焉阿
蘭陀人有大患事而有請裁斷又品行不方正而
被處判則自居住地不准出一里之外其罰日本官
署可令退去之皆告阿蘭陀官而行之若有負債
則日本官署幷阿蘭陀官紀明之後或有延期不可
越一年。

第七條

在日本阿蘭陀人尊其宗法。而雖設禮拜堂無妨。
並破壞現時之屋舍皆無妨尊崇法阿蘭陀人,勿

江戸
自戊午五月朔四十二箇月後。
西洋紀元一千八百六十二年一月一日。

大坂
自戊午五月朔五十四箇月後。
西洋紀元一千八百六十三年一月一日。

右二箇地阿蘭陀人只爲高賣可准留於此所地阿蘭陀人建家得借適當之地並爲散歩定其規程自今後日本官更與阿蘭陀官繼可定之。

輿方國人爲賣買官更不干渉故關其賣買日本官

更不照查之。

畢需諸物賣日本官署之外不可賣之蓋外人與外人賣買之則無妨。

米並麥爲日本産在阿蘭陀人正來船者及船甲旅客食料雖付之爲積荷而不許輸出。

所産於日本銅有餘則任日本官署其時以公投票。

可賣之。

居住阿蘭陀人備日本人得充諸使役。

第三條

總輸入輸出品物依別册規則可收其税于日本官

江戸
自戊午五月朔四十二箇月後。
西洋紀元一千八百六十二年一月一日。

大坂
自戊午五月朔五十四箇月後。
西洋紀元一千八百六十三年一月一日。

右二箇地阿蘭陀人只爲高賣可准留於此所地阿蘭陀人建家得借適當之地並爲散歩定其規程自今後日本官更與阿蘭陀官繼可定之。

輿方國人爲賣買官更不干渉故關其賣買日本官

更不照查之。

畢需諸物賣日本官署之外不可賣之蓋外人與外人賣買之則無妨。

米並麥爲日本産在阿蘭陀人正來船者及船甲旅客食料雖付之爲積荷而不許輸出。

所産於日本銅有餘則任日本官署其時以公投票。

可賣之。

居住阿蘭陀人備日本人得充諸使役。

第三條

總輸入輸出品物依別册規則可收其税于日本官

安政四年丁巳八月二十九日。一千八百
五十七年第十月十六日。於長埼記諸二
通。

　　水野筑後守　花押
　　荒尾石見守　花押
　　巌瀬伊賀守　花押

和蘭條約

安政五年戊午七月十日。西暦一千八百
五十八年八月十八日。於江戸捺印萬延
元年庚申二月九日。西暦一千八百六十年

081

三月一日交換本書。

和蘭國王與日本國大君。欲享懇親通商事之誼而
和蘭國王命五人日本大君。命永井玄蕃頭。
岡部駿河守。巌瀬肥後守。各照委任証而合議愆定
左録條件。

第一條

阿蘭陀國王任駐在江戸官緣。未載此約書。爲理各
港交易諸事可任又官名並官緣旅行日本國内住
其意。

日本政府。駐住和蘭都府住公使。又於阿蘭陀國各

082

港可任領事。此官吏自到著日可得旅行其國内

第二條

長埼箱舘港。左録地。以左録期限可開之。

神奈川　自戊午五月九十三箇月之後。
　　　　西洋紀元一千八百五十九年七月四日。
神奈川　自戊午五月九十四月後。
兵庫
　　　　西洋紀元一千八百六十三年一月一日。西洋
此外於西海岸。自今後凡八箇月。
紀元一千八百六十年一月一日之後可
開他一港其地開之前可報知之。

083

開神奈川港後六箇月。而可鎖下田港。此箇條中各
地可准阿蘭陀人之居住者。出價而得借信一間
地又其地迁屋舎或買之。亦無妨且雖准迁住宅倉
庫托於迁之而不可古有安宮之地故。有欲析導改
造修補屋舎則使日本官吏檢之。

阿蘭陀人爲遠産舎所僧地並蘭港定則各港官吏。
與阿蘭陀官緣可議之若不得議定則日本政府與
阿蘭陀官緣可裁決之。其居住地周回不設門墻而
出八碍住其意阿蘭人欲學日本語或技藝依于阿
蘭陀高官之諭。而日本官吏撰其人侵之。

084

077

第三十七條

和蘭人與日本人爭鬬校鬬傷或竊盜放火等。則兩國
官吏務公正處置之。不使以其故至于損兩國之交義。

第三十八條

和蘭出島住留高官。出外不在。則其次官代之處置
萬事。

第三十九條

許他外國人之權理不當許之於和蘭國人土地之規
則和蘭人當守之。

第四十條

兩

078

此條約不變革。及此條約的不載者。都倚舊例。
於箱館允事。倚此條約所揭處置。此條約中。若有不
可不變更者則兩國高官高議以定之。
以上各條視以爲一千八百五十六年第一月三十
日。日本與和蘭所訂結條約之中之一端當依各條所
揭與前條約同確守之。
此追加條約。日本宣帝陛下。與和蘭國王陛下。批准
本書追備前條約二十八箇條之例自此日。注一年後。
當於長崎交換施行。
勘定奉行焉長崎奉行 水野筑後守。長崎奉行荒尾

079

石見守。監察嚴瀨伊賀守與日本在留和蘭使臣館
人名凨議決定手記之。以條印爲證。

安政四年丁巳八月二十九日一千八百五十七年
帝十月十六日。於長崎記之二通。

水野筑後守花押

荒尾石見守花押

嚴瀨伊賀守花押

「日本國全權與和蘭國全權所結約追
加條約附錄

第一條

080

自今後廢。本方商賣巨頭。非有約則爲品物價之代
而自日本政府致之外决。不允輸出故本條約第三
十六條所載贈遺及八朔金。自今後止之。

第二條

本條約中所載第六條。第八條。第九條及第二十四條
之約皆廢之。
自今後和蘭國之船舶得直授錨船泊市中藏定之處。
以證確此追加條約之故。勘定奉行焉長崎奉行水野
筑後守。長崎奉行荒尾石見守。御目付嚴瀨伊賀守與
日本在留和蘭國使臣十一人名末補 爰記之併鈐印。

不特許此而窩居佗島水門武器八品物皆
侍法没人。

· 第三十條

船之前當省守之。

和蘭人、贈領用物于日本人、有出島在留和蘭高官
之證票然後許出門。

第二十九條

日本訂約諸國之船八港則和蘭人、與其八港者、於
船中若出島互交通、亦可巳、但監吏、未明其為何國

073

砲臺及諸公館其他凡有門處及人家景、和蘭人不

得守門者之許諾則不許擬八但寺院茶店休憩處
不在此限若和蘭高官日本任雷中以其職務之事

到日本官府亦此例。

第三十一條

茶店休憩所寺院之休憩渡船費及於市中買須
用物皆以稅關所兌換之紙幣償之。

第三十二條

和蘭人、於長崎遊步規程如別冊圖畫所示。

彌館遊步以日本里法五里以內為限。

074

和蘭人、不得與日本政府之允許、而出遊于五里以外
之地、則在其耆謫論之便歸

若不從此說諭者、直拘捕以交付之於和蘭高官。

第三十三條

和蘭人、於其住家及埋葬地、自行其那穌教禮一任
其意。

第三十四條

和蘭政府、贈書日本政府出島在留和蘭高官輸諸
長崎奉行日本高官以達之於政府。

和蘭政府、贈書日本政府、長崎奉行付之於出島在
日本政府、贈書和蘭政府長崎奉行付村之於出島在

075

留和蘭高官達之於其政府。

第三十五條

和蘭國王陛下贈書日本皇帝陛下及日本皇帝
下、贈書和蘭國王陛下皆用前條之法。

和蘭高官請諸日本政府日本政府撰教官使每日往
出島教之。

第三十六條

和蘭人、欲學日本語、若日本學術者因出島在留和

和蘭人、與日本在留外國人爭論毆鬪則和蘭官吏
務調理之不累日本政府。

076

第十九條
箱館在醬商船本港投錨之間其船中所有之文章
當附托之於箱館官府
長崎則其文章當附托之於箱館所投錨之近傍置日本之監
視船以防密賣之弊
監視船之員數因時有增減而其經用則和蘭人不
出之而可也
第二十條
和蘭人以武行李戎載出之而亡貨物稅關不償之

然日本政府裕加審驗
第二十一條
高船八港若偽造所載貨物目錄以呈之則和蘭高
官按驗之命船司令八罰金五百弗未繕名于稅關
第二十二條
船八於箱館港過一晝夜而不呈貨物目錄則罰其
日數每一日收罰金五十弗榧船但不問其時有何等
事情此罰金者不可起過二百弗榧船
船八於箱館港不出貨物目錄而廠上貨物則沒八之
更課罰金三百弗未繕名

第二十三條
和蘭船與他國商船相議載武貨物則得日本政府
之允許待日本官吏之所命然後始得施行之
第二十四條
不得允許日本人以外武貨物者稅關沒八之
於開港場日本人為密賣以日本國法罰之
和蘭之密賣人其所密輸出八之品物及所照法拘
抑之品物皆沒八之
又於日本開港地外之海濱為密賣者沒八其船及
所載之貨物當是時日本駐紮和蘭高官審度之不

得攝事容異議
第二十五條
日本人不得政府之允許則不可赴和蘭船中化此
法者捕而交付日本官吏
第二十六條
和蘭商船諸計算未成則出島在留和蘭官吏不許
其船之拔錨
和蘭人在箱館買貨物而清償或以貨物償其價則可
也不然所購之貨物都不許載
第二十七條

第十一條
和蘭人買得貨物於日本人其代金則稅關以紙幣
兌換之交付之在日本人出居之諸費搬船費等則
稅關以其所保管之金償之
第十二條
和蘭人以外國金銀貨價而購貨物之價亦可也
日本人欲受外國金銀貨則宜與和蘭人協議
凡金銀貨惟可納之於稅關不得付他人
伊斯巴尼亞銀貨財名郎貨箱當二財名五十末箱
墨西哥銀貨財名當二財名五十末箱毎當以此

066

數爻
第十三條
凡兵器必致之於日本政府而不得付他人
輸入物中日本有欲禁付之於商人之手者當公然
經商議然後定之
第十四條
禁輸入阿片于日本
第十五條
日本金銀不許和蘭人買之但鍍金物及正金銀之
器物不在此限

065

日本貨幣禁輸出其他日本欲禁輸出之貨物當以
其時公然恊議然後定之
第十六條
米麥大豆小豆石炭美濃紙半紙書籍繪圖類
銅工物等惟稅關符付與之若和蘭人自乞商賣者
市中買之以供私用者不在此限不受日本政府之
允許而刊刻若述發賣之書籍繪圖類並不許
輸出
第十七條
銅刀劍及其附屬器大和錦武具火器弓矢砲其

067

他凡傷兵器物不許日本商人賣之
日本政府特購求和蘭貨物則以前條笔物充價金
之不足以價之亦時有之
右器具之外尚有可禁賣却者則公然商議然後從
其慢豎
第十八條
日本人所買之貨物其價額則依此商議臨時定之
不稼設一定之價額
函藏則日本政府臨時禁會用之物輸出
蠟及紙之歛藏亦一時或禁輸出

068

法。以相履行。

第五條

商船之數無定員。

交易之金額亦無定數。

輸入之貨物。以償其價。日本人不欲買収或雖欲之然不能付
我物產。以償物日本人不賣却。而日本人不能償其價。則
和蘭人賣却輸入之貨物而日本人不賣却。姑置之。
當以外人稅關所有之外國金銀貨償之。

第六條

和蘭人賣貨物。勿論其公賣私賣皆課三分五厘之

─── 061 ───

稅

稅關所購求之貨物。不徵収此稅金。

輸出入及將輸于他邦之貨物。以其時之帳艦仕稅
額。酌議未定之前。姑因舊例而徵収。

第七條

稅關先檢查貨物。然後使公賣之。其代金則且壓之。
待買者實収貨物而後付價於賣者。若買者既収
貨物而不能償其價則稅關為出價之金以償之。
雖然。求之私之賣買則稅關為出買主不償稅則不代買之

─── 062 ───

員無定限

第八條

有公賣之貨物而無買者則且置之於出島。後日又
使出公賣之。其法如前條又如是貨物賣之。私賣之。
亦任其所欲而不問。日本人之償其價。都鳥正金
納之稅關不許日本人道付之於和蘭商人。
和蘭商人私賣其貨物于日本人之手則記其貨物目錄
與價金之員數。經出島駐留高官之令。申告之於稅
關稅關乃使買者償價金以其貨物付之。

第九條

─── 063 ───

人

諸商人皆得出八于出島。以營業不止定數之賣貨

人

於箱館則為商品賣買當設一區之高館

第十條

日本人賣収品物於和蘭人。未納其價金于稅關之
前。既交付貨物者。所要求之物。生爭論或賣者當是時稅關
出奔或就賣者。所要求之不為償其損失。
雖竭精盡力。以調理之。不為償其損失。
貨物之授受既畢之後。不得以其貨物之善惡所量
尺寸等之改訟之。

─── 064 ───

057

和蘭國追加條約

安政四年丁巳八月二十九日，丙辰千八百五十七
年卽十月十六日於長崎押印。

　　　　　　　　淺野一學花押
　　　　　　永井巖之丞花押

日本和蘭兩國全權官議定追加之條
勘定奉行兼長崎奉行水野筑後守長崎奉行荒尾
嚴見宗，鑒察巖瀬伊賀守等，與日本在留和蘭國使
臣名未籍以二十八百五十六年第一月三十日於長
崎所訂結之印蘭日本兩國間之條約追加。

058

第一條

長崎箱館兩港，自今、許和蘭人之貿易，特稍諸港則

此日後十閱月然後始開貿易。

第二條

噸稅。每一噸，和蘭國通貨金五。卽八十本。
港後二日内可出之。
百五十噸以下之小船。每一噸課和蘭通貨
十六時名可出之。
軍艦不課噸稅。惟課可出水路導船之備貨，及稅船
貨於長崎一回出噸稅，直轄航箱館之船不要再出

059

行李目錄，但在長崎時既出噸稅而所取之契單記之件

自日本港，到他國之港，新載貨物而再來日本港之
船則新出行李及搭載之或備日本船，以為挽船業皆必
上陸行李目錄，以致噸稅。

雇用所豫備設之役夫。
役夫不帶鑑札者。必勿雇使之。

第三條

商船離不貿易然景港投錨過二晝夜則出噸稅。
商船要修繕。不得已而入港不為交易又不將載貨

060

物者不課噸稅

第四條

商船。八長崎港後二十八時間中出島駐留和蘭高
官記其船號船長姓名所載貨物目錄及其艘頭數。
以申告之在日本官吏苦過此時刻則課二十二
所定之罰金於船長若不而館則船長為此申告當於
一晝夜以内。
術長崎則許日中上陸貨物於箱館則示行李目錄
之役又經日本官吏之薈驗然後得上陸貨物。
長崎貨物查驗而建算之後，兩國官吏協議當制新

商船之按針司以下船手等出入表門之時倚舊例。
查其身籍然於水門本船。無此事。
第十七條
自出島搬出市中或自市中搬入出島之貨物查之。
如舊例而蘭船往返出島者之貨物。則不查之。如物
品密買。則當加嚴制之。
第十八條
和蘭商船長崎港內逗泊之間日本官吏常居出島
而視事
第十九條

商業處分之法。一倚舊來慣習。和蘭貨物庫之鑰常
托之出島駐劄高官不要日本官吏封印之。
第二十條
倚日本法受允許之日本人者。得出入出島如舊。
第二十一條
任長崎兩國人交涉辭儀。日本人者。用日本之禮。和
蘭人者。用和蘭之禮。
第二十二條
在出島和蘭人之間空。得托支那及外國船。贈書翰。
第二十三條

日本同盟諸國之船長崎港投錨中。其船主得與和
蘭人。往復音翰。
第二十四條
查和蘭船之入貨為共八津開帆之兩回而唯出島
無此事
第二十五條
和蘭商船之彈藥武器及大砲皆置之本船而不出。
第二十六條
貢獻及進呈任官吏之物及八朝皆倚舊慣商館商
業之法倚舊不改今從若欲在壘草商業法長崎奉行

與和蘭領事官商量譎護而後定之
第二十七條
欲立新法則改約奉行。及和蘭領事官。臨議制定安
圖兩國之便。其為無用之煩累省除之。
以上所定二十七條。得兩國君主之許可狀。兩國為
官當其任者。捺印之自此條約制定之日不出一年
兩國當任之高官於長崎互交投其許可狀然後卯
日施行此條約
安政二年乙卯十二月二十三日　　川路左衞門尉　花押
　　　　　　　　　　　　　　　荒尾石見守　花押

第四條
他日本港津若許他國開之。則和蘭國亦當受同一之免許。

第五條
和蘭國軍艦之士官其他同乗者及和蘭陸軍軍人。死於日本則艦中發空砲於墓所發空銃等送葬之儀各從其位階有差一如從來所行。

第六條
和蘭商船八長崎港者。進近海㟁則空依舊例揚國旗及合符之客旗軍船則不要合符之客旗。

第七條
硫黃島遠望者見之則為揚和蘭國旗以為彼之目標。如為例軍艦亦同。

第八條
和蘭軍艦及商船當依舊例投錨高鉾島之後面。

第九條
長崎奉行所派遣之吏人。與出島和蘭國舘之吏人。同就其處撥查明言以為和蘭國船則使其船人。

第十條
搭滬船若日本前八港如舊例兩不要質人。

各船同乗者用小舟各船皆得通行。出島又得盤迴港內。倂至商船之水手等則其小舟中船將若搜針同乗來之時。惟得然也。出島水門外不許上陸且禁交與日本船之人交會又當樹和蘭國旗以為同標。

第十一條
出島水門外不許以小舟上陸。

第十二條
出島住家及土庫等依舊姿修葺繕若新建造若愛改皆申吉之奉行廳。得其許可之後當以和蘭商舘脇符銀備日本工人及購材木。

第十三條
出島住住和蘭人以其小舟若日本船盤迴港內亦無妨。倂不許上陸而許以其船漁釣於港內以治攝養之道又同揭和蘭國旗以為表。

第十四條
水門之鑰者和蘭商舘之高官掌之每開閉必告之日本官吏。

第十五條
水門之鑰者和蘭商舘之高官掌之以拒人不得許可而八之與。

第十六條
託之當時在任之日本官吏。

郵便支出所卽行廢止。

期限每一月或従兩局没書視則時時送還没其措告固
慮不明晰時遂化郵則曾於郵便支所

第二十條
將日本之貨幣與合衆國貨幣交換或將合衆國之
貨幣與日本貨幣交換應以合衆國一弗當日本一
圓以合衆國一弗名當日本一弗"

第二十一條
合衆國郵便局於此條約批準後不論何時若由日本
郵便局於六月前報告則應將在横濱合衆國郵便
支所及其他現今設立于日本國内或嗣後可設立

郵便支出所卽行廢止。

第二十二條
此條約各欵應自廢止在日本合衆國郵便支所之
日實際施行。

第二十三條
此條約兩局應自報告于一年前不論何時可得廢止。
此條約兩局批準者而彼此共可勉遂交換。

明治六年八月六日即紀元千八百七十三年第
八月六日於華盛頓府。此條約記本書二通以確
定。

在米合衆國日本臨時代理公使高木三郎合衆
國驛遞總長　人名　未稿

和蘭條約

安政二年乙卯十二月二十三日於長崎縣印同四年丁巳閏五月本
第一月三十日於長崎縣印同四年丁巳閏五月本
書押印。

日本和蘭兩國欲使古來之交誼益鞏固長崎奉
行荒尾石見守川村對馬守監察永井巖之丞淺
野一學等據約所贈和蘭之信帥與和蘭國王之
全權大使卽日本駐紮和蘭領事官未稿協議受

第一條
往之。一任和蘭人之意。
舊來所許于和蘭國民之地不帶警衛人而自出島

第二條
和蘭人化日本法規則報之日本出島駐在高官高
官因訴和蘭政府使照其國法論罪。

第三條
和蘭人受害於日本人則日本駐紮和蘭領事官所
之於日本官吏。日本高官宜覆俾日本國法論罪。

未稱名每匁三七。未稱名定六錢。其他郵便物。每正量一銖

未稱名六。未稱名每銖四百八十。未稱名六錢之分算。可以互相計算。

第十二條

兩國往復之郵便。其每發出。添付書狀目錄記。八以往復兩國又經兩國。可送他國郵便物各種。起於其經兩國可送他國之郵便物各種。蓋因出八計算。須每三月精算。由吉借局向肯貸局。可遽計算。須其計算。可以肯貸局所堂方法爲之。

第十一條

合眾國政府以自費維持現今每半月往返與橫濱間之郵船通送郵便物間於日本政府亦以航海兩國海航間之他郵船所遞送郵便物之遞費約諾全以自費償銷。

第十三條

兩國於各港甲船移封囊于乙船於其爲移載之國郵便局他無失償則不可因其移載徵取各等規費。

第十四條

合眾國郵便局向日本郵便局向合眾國・郵便局所發公用信書往復。兩局償應不必爲

其費用計算。

第十五條

往復兩國政府並公使館之公用信書。應須爲期無破損得以安全細效注意則各無税遞送。

第十六條

兩郵便局互經承諾。以交換兩國間郵便可設遞送特書郵便之方法。

兩郵便局互經承諾。可定於合眾國十未稱名於日本十五特書郵便規費。可定於合眾國十未稱名於日本十五錢便。其郵便税並特書郵便規費。須先照數完納。兩局互相改正遞送特書郵便規費任其自由。

第十七條

往役。此郵便局承諾從同施行此條約。更設瑣細規則或依時宜可有時宜正改革此規則等事。

第十八條

凡無不足前償定税信書於其配達局。其於其信書右方上部。以朱肉押印。以證兖償所前償定税不足之信書其不足税之數。亦如上文可以懲記。

第十九條

爲沒書之信書。應不投税兩局互相遞送之

第一　送于墨斯哥及英領並亞墨利加洲或由其地
所發郵便封嚢運送稅若全係陸運須定信書重量
每三十　木補名　一木補名六木補名新聞紙并各刷印物其
他商物之樣式撰形重置每一　木補名　一千木補名三十
二未補名
加及南亞墨利加其他西印度諸島或由其地所發
郵便封嚢運送稅若係海運則須定信書重量每三
十木補二十五、附名　木補名各刷印物其他高物之樣式撰
形重置每一木補名四十木附名

（037）

第三　送于大不列顛日耳受其他歐羅巴諸國武由
其地所發郵便封嚢運送稅不論海陸運可償各衆
國與右歐羅巴各國之間締結郵便交換條約所定
同領之郵便稅
至要日本國行之特權之時經兩國郵便局合議可
遁送由合衆國郵便局可償日本郵便局之郵便稅
曰合衆國經日本陸地或水陸路往復海外之封嚢
兩國中經一國出郵便封嚢或在收受之國就其封
定之
嚢中區別信書新聞紙各刷印物其他高物之樣式

（038）

撰形等可以為計算
　　第七條
從日本及合衆國兩郵便局協議上部令現行之
約定由他外國發出或運送其國之信書等定以郵
便開嚢互相通送交換之方法兩國可以互為之媒
介
右外國往復郵便稅奇照通送兩國間郵便稅上加
迨運送其外國之稅額徵收其而加之數已為勿論
　　第八條
由他外國發出經合衆國運送日本之指明處之前

（039）

前償信書每一通二未補名　須由合衆國郵便局算逆
日本國郵便局
　　第九條
以兩國往復郵船由日本送達合衆國旅客之信書
俱順以合衆國遁送日本旅客之信書須以日本郵便券票償每一通十木補名又由合
衆國送遁日本旅客之信書以日本郵便券票償
各一通十錢
　　第十條
後此條約各條經太平洋互為遁送交換郵物之
海運費錢不問開嚢封嚢及信書之重一木補名六、附

（040）

聞紙及各印刷物其他商物之樣式摸形須從日本

帝國郵便成規徵收其郵便稅

凡遞送新聞紙及各刷印物其他商物之樣式摸形

兩國各有定則故可從此定則所載若其各種物內封八

如信書之物或有違其定則將其物見欵信

書可以收八其定稅又照兩國收稅法課其各種物

於海關稅則應行收八

第四條

合眾國所收受於日本之信書郵稅不足則徵收其

不足稅外更每一通徵六朱并罰錢收八合眾國

郵便局又日本所收受於合眾國之信書郵稅不足

則徵收其不足稅外更每一通徵六朱并罰錢收八

於日本郵便局

第五條

由橫濱兵庫長崎之日本郵便局發出支那上海合

眾國郵便分遣所之信書新聞紙及各刷印物其他

商物之樣式摸形又田上海發出日本之各物

以刻定期往復日本與支那之間即合眾國或日本

郵船應須遞送爻悞右日本之三港與上海之間

往復右日本三港與上海間之信書等遞送貫於兩

郵便局不必互為出八計算惟彼此共以郵便券崇

如左分算償收郵便稅各收八於自己國

上海遞送日本信書一通之郵便稅成其重量半朱補

未若每其分數六朱并物價表每一箇二朱補

未補名郵半朱補

未補名新聞紙并各

未若每其分數六朱并新聞紙并各

未補名若每其分數二朱之分算應從於上海合眾國郵

便支出所徵收

日本遞送上海信書一通之郵便稅可定共重量十

五未補名郵半朱補

刷印物其他商物之樣式摸形應從日本郵便成規

徵收郵便稅于日本郵便局

第六條

兩國中甲國往復他外國之郵便封囊有經乙國遞

送之權利乙國不論水陸以其國通常郵便遞送方

法可當遞送右封囊之任

此第五條所定郵便稅若不照兄之信書一切不可

遞送

日本往復海外之郵便封囊經合眾國陸路或經陸

地水路者須以左分算由日本郵便局償於合眾國

郵便局郵便稅

井上信濃守　花押

中村出羽守　花押

日本帝國與亞墨利加合眾國所約郵便交換
條約。

第一條

明治六年西曆千八百六十三年八月六日於華盛
頓樣印。

如左。

下所載名之兩員各奉其政府命為整修郵便交換
法于帝國日本與亞墨利加合眾國之間所約條件。

029

第二條

方今往返與日本間之瀧船又以自今樽兩郵便局
允准可航海石兩國間之瀧船往復日本帝國與合
眾國間須將信書新聞紙正各刷印物其他商物之
樣式模形遞送交換于兩國間而其兩國可為遞送
往復于他外國間同前郵物之媒介。

為通送各郵物于兩國間日本以橫濱郵便局合眾
國以郵便局可為其郵物交換之本局。
另有要交換局則用兩郵便局脇議上不論何應可
得創設之。

030

第三條

交換兩國間之信書遞賫于彼此郵便局不必互
為出入計算兩國各須徵收以此條約所定郵便稅
收入於自己國。

信書一通重量十五未滿名卽半桶名或其以下之郵
稅須定於日本十五錢於合眾國十五未滿名卽半
桶名以上者每其重量十五未滿名卽半桶名且十五
未滿名納十五錢於合眾國須納十五未滿名或其分
增稅其郵便稅不拘何時須以發出信書國之郵便
券粘前備若不全償郵便稅或其不及一通稅之信

031

書不可遞送之然發一通以上稅之信書假令此其
重量有不足亦須遞送之全其不足之稅由其指明
之家徵收納其配達局於兩國所收受信書無不足
前納其定稅者應當皆以無稅配達然此條約實行
日閱十二月後信書一通定稅於日本十二錢於合
眾國十二未滿名約今行減稅於合眾國郵便局發出
日本或收受於日本之新聞紙及各刷印物其他商
物之樣式模形其重量二未滿名若每其分數可收八
二未滿名郵稅。

在日本郵便局發出合眾國或收受於合眾國之新

032

第一條
日本國肥前長崎港令為亞米利加船開之自令修
繕其破船給薪水糧食石炭及諸所缺之之物皆當
給予之。

第二條
亞米利加船八下田及箱舘港者須用品物而日本
無之則惟不便因使亞米利加人住此二港以給顷
用物且許置合眾國副領事官于箱舘港。
但此條至日本安政五年戊午六月中旬以合眾國
千八百五十八年七月四日始施行。

026

第三條
亞米利加人計算所輸米之貨幣其法以日本國壹
分金若一分銀為本金銀各分類秤之以定亞米利
加貨幣之量目然後改鑄亞米利加人更出其貨額
百分之六以為改鑄經費之價。

第四條
日本人對亞米利加人犯法則以日本法律日本政
府罰之亞米利加人對日本人犯法則以亞米利加
法律罰之務在公平可無偏頗。

第五條

亞米利加人在於長崎下田若箱舘港修繕其破船及
購求所缺之之日本物等皆當以金若銀貨償之若
金銀疋不帶當可以貨物辨償之。

第六條
合眾國欽補官名有出境外七里之權定日本政府
之所允可也雖然自非難船事總急之除務不用此
權是下田奉行之所請求而官名之所許諾也。

第七條
自日本商人直購求品物之事惟合眾國欽補官名。
及其館內之人得為之而其人必以銀若銅錢償其

027

價。
第八條
下田奉行不通英吉利語合眾國欽補官名不通日
本語故閱兩國交涉之文章一用和蘭文。

第九條
前條之中第二條獨從其下冊記之日施行之其條
諸條皆從條約交訂之日施行之。
以上各條日本安政四年丁巳五月二十六日亞米
利加合眾國千八百五十七年六月十七日於下田
官廳兩國全權官押印。

028

下田則以港上小艘以外方七里為限箱館港則須
後日議定之
第六條
有別須用之什物及有要調理之事件則兩國官吏
審議以沒之
第七條
合眾國船八此兩港者得循依日本政府臨時所設
之規則以金銀貨及貨物易其需要物且合眾國船
所輸之貨物日本人不欲而返之則可收受
第八條

合眾國船需薪水糧食煤炭其他所缺之物則其地
日本官吏必調辨之不許私相受授
第九條
特許若便宜日本政府未許合眾國人民者若許之
他外國人則須亦直許之合眾國人民無用相商議
第十條
合眾國船自非遇颶風則除下田箱館外不許濫入
他日本港
第十一條
從此條約調印之日閱十八月後日本政府或合眾

書
國政府君以此為患務則合眾國政府可命其領事
置之下田港
第十二條
今回所議定之條約兩國政府及人民所當遵守者
也日本國大君合眾國大統領及其上院議官各桃
准此條約於自今十八月以內當互交換所其批
本條日本亞墨利加兩國全權之所藻印也
嘉永七月甲寅三月三日
林 大學頭花押

米利堅合眾國規則書
安政四年丁巳五月廿六日西曆十八百五十七年
六月十七日於下田港押印
亞米利加合眾國人民交通日本帝國之法令以
調理之花將末之故下田奉行井上信濃守中村
出羽守與合眾國官名人名結合任其政府之全權
惝議商量所定之條約其杕下
井戸對馬守花押
伊澤美作守花押
鵜殿民部少輔花押

022

021

024

023

隆。日本語英語蘭語本書四冊而其譯文。
皆同義而以蘭語譯文爲標準安政五年
六月十九日、卽一千八百五十八年亞米
利加合衆國獨立之八十三年七月二十
九日。於江戸記兩國官吏等之名併捺印
可也。

亞墨利加條約
嚴瀨肥後守花押
井上信濃守花押

嘉永七年甲寅三月三日。西曆千八百五十四年第
三月三十一日。於神奈川調印安政二年乙卯正月

五日。西曆千八百五十五年第二月廿一日於下田
交換本書。

亞墨利加合衆國日本帝國共欲締堅久懇切之
交。仍兩國人民相觀交因願設自今當相循從章
程是以合衆國大統領差遣其全權公使馬塞加
余伯列斯彼理於日本。日本國大君命其全權
大學頭井戸對馬守、伊澤美作守鵜殿民部少輔
等協議高量議制定條約如左。

第一條
日本國及合衆國、兩國人民締結和親當世世不渝。

無問人與地。

第二條
日本政府許合衆國船、於下田港及箱館港、收前
水食料煤炭等之、船中乏之、日本所有物給之下田
港、候條約之書捺印、卽日可開之箱館港、以明年三月
可開之。
所給之物。日本官吏錘其値價以付之船人當以金
銀貨償之。

第三條
合衆國船、漂着於日本海濱、則日本官吏發船救之。

護送船中之人、於下田若箱館港、以交付之。在港合
衆國有司之船人、所領之什物、亦同。但救漂一切諸費。
兩國互不相償。

第四條
漂民及餘外之合衆國人民、日本待之、應與各國一
樣優寬、不得幽閉之、然得使其遵守正法。

第五條
合衆國漂民及餘外合衆國人民、一時住在下田及
箱館者、日本政府不得幽閉拘制之、如於支那人、和
蘭人之在長崎者、合衆國人民得隨意行渉之地於

教法並米利加人ノ勿致傷日本人ノ堂宇ヲ決不可
妨日本人ノ神佛ノ禮拜ヲ又不可致事争論
兩國人民不得以教法ノ事争論
日本政府既廢踏籍屬衆儀物ノ蹈慣

第九條

日本政府以亞米利加領事官ノ請捕出奔者若脫
法廷者或繋囚領事官ノ捕ノ罪人亦允ノ又助領
事官警戒亞米利加人ノ違法者使其遵守規則又以
領事官ノ請或捕ノ其際所貲ノ金額及繋囚雇貲
皆亞米利加領事官償ノ

第十條

日本政府隨意得買合衆國ノ軍艦蒸滊船商船鯨漁船
大砲軍用器ノ類且記器具製作亦備學士
學士諸職人船夫等
凡日本政府府約ノ物合衆國輸送ノ日本所備亞
米利加人亦可送ノ日本ノ與合衆國ノ友關戰
争則軍中所禁ノ物合衆國不輸出ノ日本不得備
其軍法教師事

第十一條

此條約所副商法ノ別冊雙方兩國臣民可遵守ノ

第十二條

安政元年甲寅三月三日即一千八百五十四年三
月三十一日於神奈川所交換約ノ中艤齬者皆
廢ノ同四年丁巳五月二十六日即一千八百五十
七年六月十七日於下田所交換ノ條今盡廢ノ
日本貴官及委任ノ官吏與合衆國全權公使到日
本者脇議使此條約ノ規則及別冊ノ條件完全

第十三條

自今後元百七十一月ノ後節當一千八百七十二年
七月四日以雙方政府ノ意道達于一年前此條約

及神奈川條約ノ內存置若干條及此書所副別冊
兩國委任官吏實驗ノ合議ノ而得補ノ或改ノ

第十四條

右條約者以己未年六月五日即一千八百五十九
年七月四日可實施ノ其前日本政府遣使節在亞
米利加華盛頓府可交換本書若有不得止事故則
不交換本書然至此期限則施行此條約
本條約日本署大君ノ御名及印又記高
官者ノ名印以爲證合衆國記大統領ノ
名及書記官記ノ名鈐合衆國ノ印而爲

量之品物日本官吏沒収之。
輸入之貨物納税後日本人雖輸送于國中不要納
税亞米利加人所輸入之貨物此條約所定之外無
収他税又以日本船若他國之商船自外國輸入物
品皆與之同額。

　第五條

外國諸貨幣以日本貨幣同種同量以通之金與金
銀與銀以量目為比較云裏方之國人互償物價及
用日本與外國之貨幣非所問。
日本人不慣用外國之貨幣則開港之後一箇年各

港之官吏以日本之貨幣住亞米利加人之意而交
換之自今後為改鑄不及分割日本諸貨幣者除銅
錢得輸出之及外國之金銀諸貨幣或不鑄為貨幣
者皆得輸出之。

　第六條

亞米利加人構惡於日本人則於亞米利加領事官
以亞米利加之法罰之以日本人構惡於亞米利加人
日本官吏糺明之以日本之法罰之。
條約中之視定及所配別冊之法有犯之者即得違
于其領事官沒収其物品而日本官吏更課罰金。

　第七條

於日本開港之地亞米利加人遊歩規程如左。

神奈川　限六郷川其他四方十里

箱館　四方十里

兵庫　距京都十里之地亞米利加人不得八
　　　之故除之外各方十里且船不得滞留
　　　名川至海灣之川

凡里數自各港官廳等之為陸路里程找一
里當亞米利加四之四千二百七十五末結日
本里三十三町四十八間一尺二寸五分

長崎　以大君所管地内為限。

新瀉　未議定。

亞米利加人有大惡事而請裁斷又不出行而再犯
罪者不許出於居留地之一里以外犯之者日本官
署可遣去之皆告諸亞米利加領事官而行之若有
負債則日本官署及亞米利加領事官按驗之或有
延其期延期不可超一年。

　第八條

在日本亞米利加人尊崇其國之教法雖設體拜堂
可也。破壞其現時之屋舍亞米利加人皆無妨尊崇

兵庫
自午三月元五十六箇月之後、
西洋紀元一千八百六十三年一月一日。

若不得開新潟港則以與近地代之開他之
一港。

問神奈川港之後六箇月而可鎖下田港此箇條中
之各地可許亞米利加人之居住故居住者出償而
僧一箇之地又於其地建屋舎則買之亦無妨且雖
許建家屋倉庫然托建等之事而占有要宮之地決
不允之且有欲新等改造修補其屋舎時日本官吏

西洋紀元一千八百六十年一月一日。

檢之。
亞米利加人為家屋得僧之地亞諸港之法則各港
之官吏與亞米利加領事館議之若不得議定則日
本政府與亞米利加領事官共裁決之。
其居住之周回不設門墻出入皆任其意。

江戸
自午三月元四十箇月之後、
西洋紀元一千八百六十二年一月一日。

大坂
自午三月元五十六箇月之後、
西洋紀元一千八百六十三年一月一日。

此二箇之地亞米利加人營商賣間許留於此兩地。

亞米利加人建家屋借適當之地以建家屋許其改焚
其規程自今後日本官吏與亞米利加公使定之
兩國人買賣之事都閱于其買賣等日本官吏者不
照查之。
軍用諸物除日本官府之外可賣但外人與外人買
賣之、則來所問。
米及炎為日本駐住之亞米利加人及來飛者反船
中旅客之食料者予之、此後不許搭載而輸出於外。
日本所產之銅有餘則日本官府以投票法公賣之。
居住之亞米利加人得備日本戰民充諸使役。

第四條
凡輸入輸出國地品物從別冊規則日本官府收其
稅。
日本稅關察有奸則稅關定適當之價買貨物若貨
主不承允則稅關定適當之價而收稅否則以其價
買之。
合衆國海軍必需之品於神奈川長崎箱館等上陸
則藏之庫中而亞米利加人以規定之稅納諸日本官府
賣其品則買人以規定之稅納諸日本官府
所禁之阿片亞米利加商船輸其三斤以上則其過

001

外務省 二

002

日本國外務省事務卷之三

亞米利加條約

安政五年戊午六月十九日。西曆一千八百五十
八年第七月二十九日。於江戸調印萬延元年庚
申四月三日。卽西曆一千八百六十年第四月十
二日於華盛頓本書交換。

大日本帝國大君與亞米利加合衆國大統領墜親
睦之意處兩國人民交易欲厚其交隙永遠觀及貿
易之條約。日本大君以幷上信濃守巖瀬肥後守
衆國大統領以官名人名蘇官名人名蘇任之。雙方照其委

003

任証合議決定如左文。

第一條

自今後。日本大君與亞米利加合衆國可親睦。

日本政府使駐在公使及領事官於華盛頓此等官
吏可歷行合衆國內地。

合衆國大統領亦命公使及領事官駐紮日本此等
人亦可歷行日本國內地。

第二條

日本國與歐羅巴中之某國生隙日本政府之
請合衆國大統領可為和親之媒。

004

合衆國舩與日本舩逢于大洋則以平等之交誼相
接但亞米利加領事官所任之港日本舩若入此則
固合衆國之規則以交誼接之。

第三條

下田箱館港之外下項地以所揭之期限開之

長崎　自午三月九十五箇月之後。
西洋紀元一千八百五十九年七月四日。

神奈川　自午三月九十五箇月之後。
西洋紀元一千八百五十九年七月四日。

新潟　自午三月元二十箇月之後。

149

署圖一葉今呈之敬具。

年號六年九月十三日　外務大丞官本小一

魯西亞國代理公使

姓名

閣下

各國公使奉呈國書及拜謁順序

一該日何時公使叁朝之事。

一管掌官吏著大禮服事。

一公使到于停車場而下車昇殿事。

一式部寮官吏迎公使誘休憩所事。

150

外務卿官內卿式部頭接之。

一式部頭奏公使叁朝。

一日主出正殿親王扈從。

一主呂公使式部頭告諸外務卿外務卿誘公使進

御前。

一立御

御前。

一公使奏本國主之命,譯官譯奏之

一公使奉呈國書此際日主少進御座而受國書。

一有勅語。譯官譯侍之。

一事畢兩公使退于休憩所。

151

新年賀班依例叁朝

日本國外務省事務卷之二終

152

145

領事委任状

某國全權公使

姓名閣下

外務卿姓名印

保有天祐踐萬世一系帝祚日本國皇帝宣示見此
書之有衆朕以派駐領事於何國何港為要兹信
愛姓名勉誠寬任為駐劉何港領事而遵兩國條
約授與保護到該他我國臣民之權理以及商舶
貸財貿易等事並遇有訴訟應照律例判決各等
權亘體朕旨諭告到該他之我國臣民威使遵奉

146

此命令為此冀堂

某國君王醫官民等允認維是領事如有應當之需
予為輔助焉

神武天皇即位紀元二千五百四十年乃明治幾年
幾月幾日於東京宮中親署名鈐璽

主名

國璽

奉勅外務卿某位某等姓名印

　

各國領事官證認狀式

保有天祐踐万世一系之帝祚

日本國皇帝祚

147

某國皇帝陛下述以貴國人姓氏或以他國人代行

任于駐劉日本國某國總領事之件閱千八百八十
幾年幾月幾日所記委任状而進其旨矣因之認許
關其職務上殊典特遇乃令所關之諸有司而證認
同氏為駐在日本某國總領事領事嗣領事且以其
職摩上可與適當之補異

神武天皇即位紀元二千五百四十幾年明治十幾
年幾月幾日於東京宮中親署名鈐璽

主名

國璽

奉勅外務卿何位何等姓名印

148

公露國公使館設置之節往復
為設貴國公使館前日被請假序之門舊宮津郎
他因之吾儕已調查該他現今之景況現於家屋

價金及貸貸如別錄

且其他價此諸周圍之地價將不日而定之其他
如匣貸亦可要若干金

貴下若諾此數量則與東京府可議焉

又其他如別錄他圖計三千四百三十八步而圖中
赤色之他已為伊太利公使館屬他余顯不分其
經米要他日不生紛議

皇帝之大統行

踐祚之盛典朕聞之不勝欣喜之至且祈皇天愈

使

陛下之永運于交達福祉無疆矣。

陛下又望

貴國與

日本國所結約使親睦交際益敦孚是固朕所希

兩所存於兩國政府間使好誼愈周密朕所確保

諸

陛下也矣。

神武天皇即位記元二千五百三十幾年明治幾年

月日於東京官中親署名鈐重

照會式

奉勅　　　外務卿　姓名印

明治　某年　某月　某日　起草

同　　同　　同　　發遣

卿姓名印

公信局雑書記官印　主任姓名發等屬

公第（何號）

以尺牘啓告關于某港貴國領事館地既以明治發

年幾月幾日第何號時辭意（以下隨）敢俟回鱗　敬具

明治某年某月某日

外務卿　姓名印　勞外務卿有故則大輔代行書式云上面理外務卿大輔姓名印處大輔姓名印處外務卿代

外務卿代理　外務卿云

某國全權公使

姓名閣下

外務大輔姓名印　若代理公使則姓名下補貴下

照覆式

明治　某年　某月　某日　起草

同　　同　　同　　發遣

卿姓名印　輔有故則輔姓名印

公第何號

公信局雑書記官印　主任姓名發等屬

以書簡致啓上候陳者貴國某港領事館地仔見可

被遣吉仰被出使條幾年幾月幾日第何號以下隨

時辭意此段淨賁意候敬具

明治幾年幾月幾日

137

爲若有不得已則請諸外務省後爲之。

公使屬員犯罪並犯罪内國人住於公使館内者。

一公使附屬外國人現行殺傷鬪盜等之大罪者若
浮其證跡則拘置其人于現場直告諸公使館送
附諸公使館後咨諸外務省。

一關犯法之事或因他之露暴明省科者内國人
而住于公使館内則速斷其周圍後告諸外務省
外務省請諸館主後要其人待之若館主拒之則
後告諸外務省兩處之。

138

國書式 用漢文國則書中蓋尊處或高一字或超一字亦無論畢竟告達書無高超之例

保有天祐踐萬世一系帝祚。

大日本國

大皇帝敬白

大清國

大皇帝陛下各國隨所補

朕愈派遣使節於

貴國來敬存任兩國間之友愛懇親情匪爲冤特

簡朕所信愛卿某爲

欽差大臣著將此書躬親遞報

139

陛下朕知某爲人忠誠明敏縱公務冗辯事練達

必棻

陛下寵眷不復容疑某以朕命有所陳述於

陛下者望爲

聽納信用焉兹祝

陛下康寧幸祈

貴國臣民榮福。

神武天皇即位記元二千五百三十幾年明治幾年

月日於東京宮中親署名鈐璽

主名 國璽

140

答國書式

奉勅 外務卿 姓名

保有天祐踐萬世一系之帝祚。

大日本國

大皇帝敬復朕親友戚望隆盛。

大清國

大皇帝陛下第一世

陛下兹報告

陛下繼

陛下

貴國

之。

傭外人之件、雖晉告之、従性生綉議為交際上
之妨害不尠矣故自今儉左之式可結約、

何學業

何術

歐文

何國人　　何譯文

何術

何其

何國人

何歲

一傭每一月幾何及授之該月之前或後。

133

一會料旅費屬外人乎將傭主乎。

一傭年數幾何。

一日本曆自何年何月日至何年何月日此用陽曆故／陽曆同前

一傭地名

一年數未滿而彼乞暇則解約後不給傭金。

一日數曠其業或眈酒色妨本業者則雖年數未滿

直解約

関于外國人貸借事物規則

貸于外人以家屋土地際以約束不密中外人民

134

之間、従性生綉結則交際上為之生不便故自今
後傭外人於學校及他事而使居諸所定地外者、
又公使館附屬書記官等有約貸家地者先副
其草案請諸管轄廳官已許之後可結約、
但現地所在家屋等毀之或責之等皆定日數
而約之既行之日没告之官。

外國人公使館警察規則　平傭司法省

一外國公使以我憲法不可覊縻之通義也故其所
屬傭官及家屋車馬皆然。

一內國人為公使被傭從其名籍與其屬譯相同若

135

有遠捕亂問等之事則外務省論首于公使公使
諾之而後行之盖行之之事公使不得關與焉。

一內國人彼傭則告其名籍于外務省諸司法警
察官警察官亦記其姓名若有可捕者而逃此人
則與其簿記照焉見其真則送諸公使館詰告事
于公使而後行之

外國公使館

一入公使館非得其諾則不許焉若犯重科者逃而
入館則告諸門者得淂館主之諾而捕之。

一公使館並書記官宅者例雖其車馬家畜不容輙

136

129

自負傭之而有不勝任。如此則徒費給錢不貲故。

傭之之際深可採其實。

一反傭外人則外務省又開市塲官吏可報諸侯國
之吏故解傭之日亦可報諸官今為府縣

一就諸學術所傭外人不可用諸他事外人往食
私利專業之〇外雖與日本人讀買賣物品不許焉。

若有密啇之者責在主人傍及外人

一傭之曜定年數反傭金等他日以無辭議為要。

一凡外國之慣習不反既定之年數而解之者皆給。

傭金之全額故以多数之年不可傭之

130

傭外人前條

一傭外人除家賃食料其他一切之冤具及金錢其
所屬外人與所屬主人判然可定之實不然則主
人所責多。

一体金及其他授外人物品皆要歐史之左券以為
後日之證。

一年數未滿而役若乞職則深亂其事由勘查体金
而可授之。

一傭之間曠其職者及酖酒色妨本業業皆雖年數
未滿而可也雖然非證琭瑾不能夫故初傭之

131

之際。可掲諸條約書中。附錄條約之際每人休業。又病府等可處之之方等。

解約之際送還于舊所傭之地等。亦記載之且本
人解約後不還本國地而雖止日本之地解約後
不與其賃額等茅亦記之。

一因外人官等之高卑接遇亦有差故初約之際當
以某人為高之之人立其約來。

一年月當擴日本之歷役若不稱則傭書西曆而後陽
曆而後陰

一為住雖貸家屋不許久地芖。是因解約後避生紛

132

議。

一所傭外人若疾沒則當以禮義之外人孤獨而然
證之者則豫臨病床令認遺書且其服罪著為
目錄附諸舊所姉之人武外務省之命其處置。

一凡事関于民政開拓申告于民部省関于銃砲練
兵者申告于兵部省澤尢而可處之也。

一傭外人有屬獎〇利用等事則申告諸其所管省。

一所傭外人輙雖禁其自為出行不得止而使旅行。
則其地管憺廰。

一役獨信異敎雖委其意関于異敎而不可不論議

船主之畫前焚還之令斷念。

一若漂著于我孤島欲修補其船帆而如不得工材
或欲移他場為風浪彼砕則地方官諭船主沽之

或東之等便宜處之。

外國航海規則

外國航海出願規則

一航海外者受印章及改印章之事。

一欲赴條約各國者請諸官官聽之後可授改正之
印章故請之者經府藩縣而可請東京外國官及
大阪長崎箱館與庫新瀉神奈川外國官廳。

一士平族諸航海者則管轄府藩縣索問其事由具
申諸外務寮果無違規則則授印章可允旨開港
場乘船。

一其餘非士者則管轄府藩縣索問其事由
則記載其事由于紙上附諸本人本人齎諸開市
場裁判所裁判所之果無違規則則裁判
所附印于本人而後裁判所更申報諸外務省

右之外果所晋告府藩廳可達寺之印章形署

外國人接待規則

各國之中絛英蘭公使愈來聞皆所晋告以萬

國公法行交際時庶臣體其意且諸藩各可申

嚴法令。

但途上往來之際彼若有加暴于我服分責
之必可告諸藩警衛之士以公法必可判
決馬令也交際日尚淺夫且內地多難為計
較始終不可輕翠妄動

一滯京中洛中洛外隨意許徘徊

一宴於茶店酒樓並禁之夜外遊行亦禁之

一道達于國族則可避路傍達于諸侯則可讓道之
半逢國族西絛者告諸公使公使禮之應答禮

一買物於市並使醜狀於市等習禁之

外國交際之事結約既成故待外人及有妄動
則生妨害不尠自令後道上逢遇之際不可輕
翠更可令共士嚴守之

但近項將開市於築地故外人之徘徊頗多

儔外人規則

接外人信義為第一且不瀆國威為心蓋方偏
之當撿本人學術之深淺人物之可否所來于
東洋外人為非誕妄輕浮之徒凡委傳聞借俊

126 125

128 127

之望體功可虔之蓋費金有舟子不能辦之者則
以地方之官金辦之。
一接遇韓人之破船能異於清。
清之破船難供航海者則以送附在于長崎清人
稱總代者爲例故自令隨海陸便直之地自滿縣
附諸長崎縣可附諸清之總代。
一韓船逢難也亦如清。
右之件若有一實施則可告附近閒市場及外務
省。
一旣壞而有難修補者賣却船材或焚毀之漂民雖

久歸帆若有乞修繕則照前條而二處之蓋費額有
以公費辦之者則一時出準備金而辦之後添諳
書類具狀以關內務省。
一韓人有漂到于日地則來金山港之便船而附諸
館管理官若不得便船則送附諸長崎縣或對州和
嚴原同縣支廳自同縣更輸送諸釜山港。
一漂民之本鉄乏則以公費給時服一襲。
一漂民在我地而所賣及輸送之貴業有役政府每
一日。出金十錢之約故接遇漂民要節儉若貴額
有不足則以公費補之。

拒之不可還給。
毀損未到于甚副漂民之望而有加修繕則告示
諸費願槪算而令漂民皆帰國後納費額于東
萊府和館之事而俟加修繕送還爲蓋漂民不辭
文字則今日本文誓書拇印
一除五島平戶壹岐對馬於韓地遠處有浮船則其
船難不壞損若有顧送還則先示其貴額而令皆
書歸國後約貴額于東萊府和館之事而後便宜
送還之。
一非漂流而随一時風浪之景狀著我地韓船直可

漂民健廉則在我地間可令執便宜之職業而如
其役貨則與役政府所出給錢相交換。
一溺死及死亡者。不足諸棺送即理葬諸我地票告
其事故于外務內務二省。
一韓人漂著之規則旣定之今定沈沒之條如左。
一韓民漂著于我地者有乞修補者則其貴額
者俟政府辦之約也故通牒諸駐劄釜山日本官。
報諸役政府而受之
一若有船舶毀損甚難修補者則地方官諭其主令
沽之給其錢若其船無價武無人買之者則於其

是條約所定也盖有乞覽其園庭則除秘密之場

可以副望。

一外人欲觀神祠佛閣不拒之其他廟墓賣塲非秘

密之地港皆縱覽焉。

一雖開市塲之外與外人禁買賣見買僅。可護提

物品雖然犯禁密賣者處刑又有探知他人之密

賣者遠可訴東京府。

一京教遵舊例不可奉異教若有強勸之當訴諸官

廳。

一依舊規狀不可用阿片烟若有買外人所貯阿片

118

烟者可速訴官廳。

一不可加危官于外人報事或關於園戚之伸縮為

細民篤體焉若有哺聚黨類欲加危官于外人者

可速縛之不用命者殺之可矣有逃者可速訴官

廳其巧著者藥之。

記殺官外人之姓名。申報諸官廳而可受命令。

右之條件可圖相守焉若有恐他日之連帶隱

匿事情者處刑自今以係一年一回村町吏員。

會部下之小民當懇諭此條件。

一達般於東京開市塲外人以市街之俳徊罪所神

117

祠佛龕其他廟墓覽塲不涉於秘密者可使外人

縱覽焉。

外國人漂着

我 國漂着人取扱規則

一韓人有漂着者日地者則自其地方達于長崎長

府即記其漂着之事項給與衣粮修理船舶附諸

對州之吏員而後以長崎府之命可送附于該地

盖福長崎府之命令者謂韓人薪水欠乏之風波危

險之際可給需用品也。

一韓之漂流人自長崎達對州則卽對州可達人

119

使護送于韓地。

一韓之漂流人在內地 則棺歛而送諸韓地不可

葬于內地。

外國船漂着接遇方

一條約各國船舶遭危險漂着者雖小舟令加修

副悃航之望照諸規則第二第九兩條而可處之。

一破船難供航海具舟子少數兩可飄處者則照諸

規則第六條可送于海陸便宜之地。

一與清國條約將成於近在韓其未成之時若有清

船之漂着宜給與衣粮且令加修繕副舟子悃國

120

一雖以此許狀旅行内地外國人不許於各地方與
日本人民賣買及約定諸事。
一依此許狀得旅行外國於内地不許貸日本人民
之居屋又寄留。
一雖所持遊獵免許鑑札外國人在于日本内地則
不許發砲遊獵。
一旅行中有事故自半道歸着者再欲徃于殘地則
更雖得許狀還納之而後更可請許狀。
一犯本文及此許狀中所揭載條例外國人遂一告
訴自外務省其所保證公使館。

旅行許狀之雛形·

第何號　外國人旅行許狀
國籍　姓名　身分
寄留地名　旅行趣意　旅行地名及道途
旅行期限
右者依何㕔之保證旅行于前段記載之地事。外
務省允許之。沿道宿驛須領承之。

許狀之裏面
第何號

何省使府縣雇
何國人何某
印章
姓名召仕奴僕
外國人
右何省使府縣雇何國人何某以官務自何地遣
何地旅行之沿道不可拒旅行者也。
寄寓于東京外國人遊步塲區畫及規則
此自利根川西自千住宿大橋限隅田
庚午閏十月

川近鄉其他小室村高倉小矢部荻原宮毛三本
田中等之諸村落皆爲外人逍遙之地今夫我邦
人不慣海外之風俗役戒異禮故於接遇之際要
不失禮敬。
一凡外人遊步中方休憩武薄幕有乞啇止則通其
事由于里正擇其所可以應寓蓋席錢以相互
辨之。
一外國人於道途乞役夫則擇出所正者可以應需
蓋夫錢以相互約辨之。
一外國人非應其主人招之則不可踰門墻入人家。

案問。

一公私兩雇外人。自令擴職務又疾病等不得已而
旅行于各地者則申報其事故於外務省可受旅
行之許券。

一外人護於止宿而假家屋或爲商業者速令去其
地。

一官私雇外人雖有官任者非官命則殊不要設其禮
但認許券而記載之官任而可待之。

一旅行外人旅行之際。隨時有與旅行許券者車轎
當留心。

爾齎測水許券外人或因事業之景先躍上泝崖
之陸反歸其舊地則不付旅行許狀而免旅行

一外人爲學榮或養病旅行內地者因其公使或領
事之申牒外務省宄之告諸沿道府縣是先例也
遠般改此例非顯高官任殊禮者則不告爲故齎
普通之許券撿其外人許券之真僞可宄旅行或
止泊。

一外人於遊步期程內限于進倉者允諾其止泊
故每止泊逆倉主人告諸戶長若有病宄療養而止
宿淹數日則每七日申報諸管轄廳。

一這般於外務省如圖製證牌。領諸各國公使。其他
有望證牌者當授之因告諸中外人民。

堅五寸

第何號

○○何年何月外務省印章

國名 一
職名 一
人名 一人名 一任所

一自此許狀所記日期三十日以前必可發送。

一旅行內地外國人可遵各地之規程。

一此許狀雖定旅行之日數有事故而日數中不能
歸者外國人據可飛郵書而自其國公使館報事
故于外務省。

一歸着後不出五日而此許狀可還納外務省但發
自長崎函館等之遠地而歸舊地者三十日以內
可自其國公使館遞送于外務省。

一旅行中途舍或示此許狀于旅舍主人可請授宿

又道上有警吏或區戶長諸許狀之倫閱則可示
馬。

一此許狀爲自己一軀之用而不許貸與諸他人

一此許狀若有構辭柄拒之外國人則枷留之

日本國外務省事務卷之二
内國人旅行外國規則　己巳四月

一各國條約書中所記載規則ㄴ一一可注意
一不問何事疑見ㄴ爲國益則可細心究之筆諸書申
報于官廳若爲由守書則歸國後可以聞
一離生國航海外各加警戒且要不歟撗國光又無
質而不可假雖若逢變財滿盡候時則及歸國之
期必可償還焉或有人貪固而逃遁等則放類敀
龍責不敢辭
一凡於外國際會日本人則平時雖無一面之識相

親當互相忠告若逢病或艱難則相救濟
一若與外人雖搆怨恨不爭果到于不得止則訴外
國之官衙而可裁判決不可乞暴迫焉
一既妥交付之印章歸國後可還納或依上陸之便
宜納諸該地方亦爲可
一入他國之籍又改本國之教迸禁之
一旅行年限令不定凡几十年許
一歸國後旅行申之事情可具以聞
外國人内地旅行己巳三月
一逢遇于外人可避道路之半隈布國内然而近時

有不遵守之者是雖似微事實關于國威大夫要
自令對外人無暴行而若有不遵守者告諸滿主
又主掌者而可責之
一凡有外國公使旅行内地宿於城下又陣營則官
非公使則此旅館幕臺提燈威砂等凡屬響應者
不要之
一凡外人旅行之際村吏可嚮事之不要地方官廳
使其吏員送迸之
一外國人旅行之際人民縱覽不敢禁之雖然外人

貴顯者常微服且使我異禮令也我人民不慣客
西之事情故地方官可使諭人民貴失待外人之
禮敬
一待外人或失禮或失宜則兩管吏又村吏申告其
所屬吏兩處諸法直申報其事由于外務省或附
近之開塲辨
一外人廥貰及役夫賃宜以相互約辨之故穩自外
務省又開港塲縣廳案兩發之通牒可便宜行之
兩所休泊富驛吏員可細心警之廷聞最嚴之盖
關于外人事件者於外務省又附近開港塲別可

非常事故與近港所停泊日本軍艦長書信交酬
皆得不輕許宜可行之。
　當報告事件
一領事官得其地各國人貿易狀況之新報最確實
照明者,即申告之扵外務省。
一其地政府貿易方法之改良貿易條約及其規則
燈臺浮標報告而謀稅法倉庫規則嚩祝郵便祝
等之諸規則及此等之改革比肯布令班告類凡
其關係日本貿易工業農業礦業等之利害者皆
速申告之扵外務省。

一其地所消用日本物産反外國舩所輸入日本物
産之額數其地通商所輸出之商品係于報告日
本税關局者充百之物價及各國金錢之交換時
價此供大蔵省之泰考者皆製其明細表郵送
之扵外務省。
一關農業工業等諸器械諸學術之新工夫及其改
良果之扵日本而有益者或日本未曾有之種菓
草木等顯有切益者皆申告之。若有無費可送致
之機會可送致其實物若其一端,足以供泰觀者
且事係外國普通之統計上者及領事官管内所生

之事件。關係日本航海貿易之利害得失者,新創
工藝之開業從來所有工藝者之盛衰其餘波連
及我貿易狀況者,及其妨害除却之方法等,皆申
告之。
一戎外交上所生之事件及館中未決之事件不得
發言之及通報扵新聞雜誌等然若受外務省之
命,一時出扵不得已之計通報以觧其地方人
民之疑感者不在此限。然要之當務遒發言與通
報便文學上之事固不可發言。
一言蕪通報等主覆讓與其地方官民交主親厚凡

論說之涉政事及使其人民起不快之念者常留
意不吐露之。

日本國外務省事務卷之一終

一有人勞帶倦券如成規者領事官雖擾本條第二
節審度之而本籍瞭然無可疑如是人若請其保
護紹介領事官審檢其事由可以應其請求又當
其有事告節領事官認其有理當極力助成之
一外國官吏聽斷此訴者若措辯失其宜或急忽則
領事官皆之術本國公使毋割其國公且不論所
經由為何等方法凡其關繫書類及其報告書當
呈之外務省。
一領事官務簿記日本人民在已管下者之姓名。
便且方法使其盡通曉本國政府所新制諸法律

權限內之事當極力加保護。

領事官公信

一凡公信及附書書之次定制罫紙一簡以一事為
限如繁細事件則每章各一事皆以一字起章使
無混雜之患若有附書本信中陳其大意并附月
壁其他文章新聞紙中最緊要之處都譯出送之
若以原文為緊要則附送之書籍及新刊書類務

規則 若有事繫關其安全利益者常加保助戒示。
諸附托物貨幣証券物貨類懇篤監視之熨疾病
船難等之災貧困若漂泊者照法救助等都屬已

郵送二部。公信競數每年更始附書過二通者以
甲乙記號以便本信之條考如其特別公信則為
本信之次號公信之關會計上者特表出會計二
字亦倣本信之例附號數凡公信膳寫以藏之其
膳裁必要與本書同一每年歲晚製目錄具載一
歲間公信之號數日月十一月盡日後遷郵送之
一書信所署日月不許豫記每四半期半期及一期
之報告書等有不節以延日書了之事情先申告
其級由於外務省要務不遲延。

期。
一四半期之報告定日。一日三月盡日二日六月盡
日三日九月盡日四日十二月盡日半期定日
六月盡日十二月盡日一年以十二月盡日為其終
一此訓令中所揭者之外特命所徵之報告書全為
別種不在尋常報告書之例。
一與官省院使藩府縣書翰之往復都要露封不緘
以徑由外務省但有事故不得不直往復者當祿
請得其許可。
一此外以官事與各地日本領事官書信交酬及有

文具電信郵便祝等之諸費都是領事宜如何耳
本文所謂手数料目今商議未決異日當班示之
領事館建設及領事官交代
一領事官受政府之正俸者若到無館之地則自卜
便宜之地設館以措辦公事其地方尋常作業時
間中開廳視事。
一領事官新赴任於有館之地得於其國政府之允
許從前任領事官若主管人領受印章書籍器具
等其時新舊領事官必相對閱物具目錄捺印以
呈其一本於外務省然後新任領事官始得為館

中所備諸物具之主又自前任所傳承之金幣亦
視此例。
一領事官新報事務或承前任之後嘗直申告之於
外務省又告其國公使總領事領事之駐劄該國
者。及各國領事之駐劄其國者。
一既報事務之後。不得無允許出外迄十日以上。
每年於便宜之時。許日數六十日之休暇不得過
此日數又在任滿三年之後得請歸國以具陳赴
任以來所關歷之狀况及將來當施行之意見其
賜暇日數為六月間而不算往返旅行之日子

海外旅券及其保護
一旅券惟日本人民付與之。不許付與外國人民。
一旅券元係于外務省之付與而行旅之公單與其
船載貨物之數相符合則其為日本人民之確證
也故若值旅券規則第三條所揭之時便其人筆
其姓名鄉貫年齡職業等以自証明又查其人履
歷事實然後付與之旅券收金二圓若外國金錢
相當者以為手数料又人若出其旅券則審查其
事由券而掲記付與及二次事以更付之。
一既携帶旅券者其地方政府若未領事官之認証領

事官必應其請求不置領事官之地公使代之。
一旅券一人限一葉但五歲以下小兒從付其父母
者。附記之於其父母券中而足。
一領事官所付與及所証明之旅券號數行旅之姓
名鄉貫年齡職業等凡記載之之報告書及手数
料計算書每三年一回呈於外務省其所收金錢
一循外務省之指揮處置之其所付與及所証明
之旅券領事館廳自起初逐次立號數。
一凡付與旅券於諸官吏以公使旅行者及官費外
國留學生徒。不收手数料。

一領事官亡亡則屬負高等者權代理其事。總領事
辨之名。可以報道其地方官府也。
副領事代領命若屬付他締盟國領事官則以代
一如前項所謂命代理於屬負高等者則稱之臨時
者使以辨理之。
本官仍自報主務常務命之矣在館屬負高等
外而相居近庚無別有事務可暫時而得往還者則
代理該領事官爲可命焉者但巡歷轄內若在轄
本屬總領事若領事官可以薄其允可矣而如其
依公使總領事中稟外務省副領事則申稟其

則依公使領事以下則依公使總領事申稟外務
省可以薄其指揮若有主任官者則可請而
待措辨。

領事官海軍士官相關係之事
一本國軍艦至領事官所在港口。其司令長官艦隊
指揮官及艦長指揮軍艦二艘而上者則遣士官
一人報該官。是爲定規矣而該官則禮問之有用
需則可替辨爲代也。若長一艘者則
總領事官待其自薊問可以答禮爲當是時
領事官可得請端
士官之報我先禮問爲當是時。領事官以下則關

船而便來往矣。凡於答禮尋問以軍艦投錨後二
十四時間爲其定時。
一當其禮問時軍艦放巨砲而爲答禮總領事則九
發爲領事官則七發爲其皆滯港中限以一回時領
事官在艦上則正而立矣。既下則面該艦駐端船
皆脱帽可以未敬矣。
一所謂軍艦入港時其地方如有傳染病則速報道
固不侫論爲他國軍艦所在葫事格式及士地之
慣例等亦可詳報之其艦長
海軍所奉號令本有一定之法然若當國事變故

官。
領事官俸祿館廳經費
一領事官一歲俸祿及館費等一切用度都倚須條
長自政府交付之其受俸祿者不得營商業然或
從地方便宜命內外國人駐住於此地者可以爲
領事官於如是時其人本商則營商亦可也。但政
府給之之用度唯以其倚法所收之手數料之
或給至當之俸。以補手數料之不足或爲償館內

代領事　中尉次席

一在其任地與他國同僚會列一處則照准澳地利
外八國所曾約定遣外使臣席序之吉趣扑五年
第六月扑澳國従其官等及到仕報告公書貯載
權也納附條約従其官等及到仕報告公書貯載
月日之先後而可列席矣。

領事官特典之事

一領事官固無如使臣本義結條約之初自従冰盟
定者則無復治外保權之權理而亦自己及親属
及其所有物等雖則不有與使臣均要求特典之
權仕國政府付與之然可状認為外國一官吏則。

085

是公法己受特別保護者而國章國旗皆得標楊
扑門戶也又領事館書類及記録共得免仕國政
府之稽查也又領事官本在庇日本國民而不在
扑營產田澤水住等是也
扑其任地方官府若有妨碍其公
為欲立自己之義務
職務亦得免之也又己
凡仕任國政府甄所訴與前領事
官權利及此特典與公令而停止之間一是必依
舊可繼承也又己所准與他國領事官之特典非
有他特約是為可得要求為者。

領事官與同僚若公使有關係之事

086

一総領事及領事皆宜吉拜命為主任官而将要置
副領事代領事扑其管内則有明稟其由薦舉其
人之權也副領事代領事則主任官不在若在任
外地權報知其事之外依主任官執其事而責任為
歸総領事及領事者也。

一総領事直管地方外因本國政府之命在其任國
全部若一分部内領事官能邊守其戚規否監察
而指導之權皆有在焉若総領事不在若在任
國則在曹國公使權當其任而総領事待公使偹
可如領事以下扑総領事。

087

一領事官與本國公使之在其國者常共商議認為
有利益者必可相通問焉或公使所要求事亦可
努力従事也矣。

一領事官雖従外務卿輔若代理之命而可施行職
務者事務緊怱不遑俟外務省之指令則禀議本
國公使貹若緊要事而所特命者亦須服従也。

一領事官屬従外務卿若代理者可以請其命也又公使自認
為有利自國者
有離仕處若事故置代理官之事

一領事官有告暇若事故請離任處則宜自陳其事
由撰可代理者盖総領事則離公使領事以下則

088

類之謄本。可必同其樣式於本書緘之而當每年末。
製本年中所發出之書柬數字第月日之目錄十二
月盡日後可速郵致外務省。
使臣。自外務省所受之書柬可記其數字號月日悉
回報。領受月日且與外務省及他官府在番國外務
省所贈答之公信秘束。其他。一切書類及其謄本可
製貯記其書大意月日數字號名宛之信書所措之稿
出目錄要無錯雜。

第十八款　書類交授

使臣以解仕。解仕或歸朝其他事故當傳其職於後

081

任或代理公使時來公使聯印章諸器具及公信秘書
之類目錄二本照之受授與新任使臣共記名捺印於
其各本之末可送一本於外務省留一本於本館。

日本領事官訓令

置領事官於外國者於為航海貿易工業為日本人
民保護擴張其權利利益之主意而執掌也。其事
也。不可不從法律規諸條約而其地方之商業及
要在通知其諸法規諸條約而為各地方之商業及
慣例假使某地方因慣例為其慣例最為不可忽者。
前文之外自日本政府就其地方所諸命事收拾

082

結局亦為其任。

就任之事

一領事官有總領事領事副領事代領事分之四等。
皆非得其任國政府之認可則不得執其事。
一前項所謂於得認可總領事及領事則受本
國政府宜告於其國京城脹削公使而轉請要受
認可狀於任國君主若統領。
一副領事代領事則不要得通常前項認可狀矣。
但以其受任辭令書報告之任地地方官而為然。
任者蓋其借辦之各國自有異同例。

083

規。
一總領事領事至任地則報告其受任於地方官未
得認可狀之間則依便宜藉地方官而可得權措
辦事務之許可矣。蓋是所以請特惠而非我權利
應得要求為者。
一領事官因職務勞海陸武官列座席則其次席可
從左美而如禮宋則宜用本官當着服之章也。

總領事　少將次席
領事　　中佐次席
副領事　大尉次席

084

077

使臣可常就駐劄其在雷國領事官之報知就各部
事情直監視領事官之事務又有總領事之地可由
總領事監視之要彼且贊和事務流通方向無支離
領事官副令所定當無該官則同書肝載人民保庇

事務可為公使鄧肝管

第十五款　旅券及國民保護

使臣遇附属官中有背其令指或身行不正者則書
記官具狀之衣外務省咨政府之命書記生以下使

第十六款　附属官進退

078

臣先斷逐還之本國可直具申其事狀

第十七款　贈答信束及文書類處分

使臣之與本國官員以其職務通信者以外務卿為
第一其他可與通信者止於其駐劄在雷國諸領事官
及理事官本國軍艦艦長緫爲領事故瀰消近港本國
使臣之駐在他國者於其有要知事件特可與本國諸
官院省使府藩縣肝贈答之信書緫可開封信書封
經由外務省使臣不得直相贈答公信緫可與別紙
俱附副本肝緕共寫定式罫紙各束止一事件細事
一章限一事條舉之要無混同之患有別紙者本信

079

中可陳其大意又附其目錄與其任國政府肝贈答
之書束及其他緊要文書新聞紙類緫可譯送之若
要其原文可添之書籍及刊本可務郵送二部公信
數字號可每年始自第一別緫至二札以上者可附
甲乙等記號便本信泰而用特信者可為本信次
孫係會計公信可特表會計二字而別附數字號從
本信例又報道樞密事件來要記親授肝字任封函別
附数二號有要急報事件則用電信次便可書送其
騰本又用秘號電信報道樞密事獨使臣發行受之
次便可以親授書束書送其意旨凡電信文書第一切書

080

類之膳本可必同其樣式於本書歳之而當每年末
製本年中肝簽出之書束數字號月日之目錄十二
月盡日後可連郵致外務省

使臣自外務省肝受之書類可記其數字號月日悉
回報頡頟受月日且與外務省及他官府在雷國外務
省肝贈答之公信祕束其他一切書類及其膳本可
製肝記其書大意月日數字號名宛之人名肝之據
出目錄要無錯難

第十八款　書類交授

使臣以解任解任或歸朝其他事故當傳其職於後

以公書告之於其國外務大臣請其欵接且使臣親帶
見之於大臣為其常例若無書記官之可當代理者
代任者之身位性行可特受許可然而事甚急則以
電信可也而臨時代理公使之職務可始於主任公使
離任地之日終於復任之日○

使臣當客行于在雷國內及國外其距離接近且不
帶特別事務可容易往還之地使臣仍可自帶其主
務在館屬員之高等者辦理其常務但使客行中主
務者不得不現在則可以前欵手續命代理公使○

074

第八款　發着報知

使臣至任所可直以電信報其到記月日與居處當
歸朝或自任地客行於遠地可預以書報發程日時
若不得其暇可以電報○

第九款　使臣永令

為使臣者關九百交際事務不論大小要經外務卿
奉承國主指令故使臣不可有係其職掌自他命令

第十款　事務施行制限

使臣之行職務要每事奉承精密命令於陳考案答
疑問取舍許否事一在本國政府故使臣但以體政

073

府意○不誤其方向沒時機盡手段以辨明其理由發
行其決次事為其責又自非顏有詳密示令者縱令
關為何事件受質問不要直咨之可必告本國政府○
待其命○

第十一款　形勢視察報告

使臣常細察其在雷國形勢意向加之考案可報之
外務卿又有認在雷國政府之行為不利於本國者
則探問其實否及意正報其情實於本國可乞施設
之方略○

第十二款　雜報

075

使臣由上欵所陳之事件贈答書簡之他於其國與
他國之交際有係本國利害者則可每使報之其國與
政府之狀態法律軍務會計及其國民之職業商事
之實況盛衰原因之類可凡為政府參考者不問其
事之為何精細調查(明其顛末三月間一回以上可
必申報外務省○

第十三款　書記官以下報告

使臣自為報告之他係切要於國收事項可令書記
官書記生每年致一回報告書於外務省○

第十四款　使臣領事官監視

076

遣外使臣訓令

第一款 職制

遣外使臣以特命全權大使特命全權公使辦理公
使。贈賜常任主與外國領之信書常任代理公使。
總理外務大〔臣〕及臨時代理公使。自分使贈賜外國之
君主及領之信書
臨時代理公使。信書贈爲交際主
國君主統領及臣民別商辦事件則可受其委任狀。

第二款 委任狀

各等使臣陳於上欵信書之他有天皇政府可對外
任官書記官其輔佐書記生以下次之共爲附屬官。

第三款 到着報知

第四款 交際規則

使臣始至任而大使遣書記官公使以書柬可致信
書謄本告到着於其國外務大臣併請信書奉呈之
謁見此際公使以謁問與該大臣相見之便宜爲通
則而大使以先禮問其國外務大臣爲例代理公使
可報到着於該大臣致信書謄本請其引見。

在任中應任國王室諸官員及各國同僚之敬禮特
見外務大臣則可陳其被差遣之主旨開親交之端
諮問諭見便宜又可就在留各國使臣之老成者實
與慣習例格凡從此等慣習例格及歐米各國之交

際規則雖固而認許宜謹慎周慮勿辱國權。

第五款 休暇

使臣一行官員各國事務便宜每年日數不過六十
日之間可得歸休但附屬官要得其長官允准而各
員滿三年在任後可得六月間歸休。

第六款 告別

使臣當由解任去任地有信書則可致其謄本於其
國外務大臣請信書奉呈既至則帶見之
於該大臣行請信書奉呈次序與之共至
朝先呈己解任之信書告別然後披露新任使臣可

令與行信書奉呈式又前使臣去任地後解其任則
新任使臣有先呈其解任信書以是時使前任使臣
其職新任使臣代之之期使新任使臣解
高等則前任使臣不要披露之而前任使臣許傳後
任使臣任地之交際規程習例爲官書授受退於公
而後可行告別禮於任國王室及諸官員各國同僚。

第七款 臨時代理

使臣欲以歸休或他事故離其任地自永有急迫事
情可預開陳其事由於本國外務卿且受使高等書
記官辦理主任之認可此爲臨時代理公使是時付

065

一本課者監視金銀出納本省及在外公使館等之
費額皆照規則檢査之製簿而發行之整隊算表
而浚例外者稟請之及關于此事各公事領事等
有所問則草其指令回答之案。

一凡各局課要金錢之支出則其主任之局課製之
簿回送本課則照諸例規審査其當否且爲之精
算附傳標呈卿。

一要其支出金錢之支出則共主任之局課製

一據各局課所出精算簿而製次年所要之豫算簿
蓋爲定其費額之增减得求各主任之解。

066

一本省在外公使領事館之經費簿等踐右之序本
課精計之若有例外則草其回答文案而呈卿。

一會計局所受於兊銀局之抵當証券能檢其當否
共會計局任保管之責。

　　書記課事務章程

一本課員者常侍卿之左右承其命令而草文案隨
時直管致諸二方等。

一各局課所呈卿之議案悉理之又檢卿之檢印有
無既畢則付諸主任之局課。

一不經記錄局授受課而卿直所往復於諸方公信

067

者付于其原稿若否書。

一爲卿之鈐印記名各局課送致之者則照其原
稿與淨寫稿檢其當否。

一太政官之布告布達及諸省之回文等到則使回
覽諸各局。

一諸局課所呈之諸官員出勤簿等皆管之官員出
務時間調査其遲速每月及每半年製之勤怠表
而呈卿。

一東不屬于各局課事務而卿建議太政官或所上
奏文案皆草之。

068

一諸府縣之請伺若各省使之照會等而專不屬于
各局課者皆起指令回答之按。

外務卿
大輔
小記課
書記課
檢査

編輯課
記錄局　來信
公信局　往信
通商課

調査局

陰式課
庶務局
出納課
會計局
支錢課

一諸營繕及購物品或賣却之際或授標或行他法皆任便宜。

一所屬本省監護修補諸物製其目錄並記購之年月日及修補等之事四時二照諸目錄而檢之。

一諸官令及新誌可於在外使臣之覽觀者可輸送之。

一有接待饗應賓客則其飲食品並一切之需用皆供給之。

會計局事務章程

本局者本省及在外公使館之定額金及收納金供給之。

061

一切之出納皆管之且中外官員月俸供給滿年賜金旅費賠費弔祭費傷痍療費皆按規則而給焉。

支給課

一中外官吏年俸月俸旅費供給及滿年賜金等皆照規則而製之簿。

一凡中外官員月俸年俸旅費公館費等支給之則而管之局之課公使舘領事舘等皆得其通報而製之簿經檢查課呈諸卿可受其許可。

一在外官員之年俸旅費公館費等方送之際其金

062

受諸出納課為通商交換遞送之序。

出納課

一凡所管之金圓出納之則證之以卿兩檢之傳標而可授受之。

一中外之諸經費計算簿各其局自製之經查課之點檢統計之而仍規則隨大藏省所定之記簿法製簿為呈檢查院之序。

一本省定額金自大藏省受之際常與主任之局課協議可受之。

一每月下旬製出納計算簿翌月五日呈之卿蓋方

063

年度之月可呈一歲之出納表且收入金與定額金區其科目附諸兌銀局時作之計表報檢查課。

一遞送于各地金圓依主任局課之便宜以交換券或現金可授之則授外國貨幣之。

一每月下旬計算其所受之傳標報諸檢查課與兩發傳標之員相對照。

一出納課之金錢附諸三府兌銀局隨大藏省之規則共檢查課任其責且抵當品及附金之數與檢查課連署每月報諸卿。

檢查課事務章程

064

一檢焉且爲防蠹蝕可設其方。

一將來於在外公使領事之諸報告中於外交際生
障得者擇爲公衆之穆益者修正其文字編輯雜
誌可刊行。

一在外本國使臣又本邦駐剳外國使臣與外務卿
互而授受之諸信除妨外交者蒐其要件題外交
始末每年一回刊行之

庶務局事務章程

一本局者記勳章旅券儀式賓客之接待在外公
使館之需用供給官舍之營繕監設備品修理使

入馬丁等一切之事務皆管之。

儀式課

一國書與認可狀及解任狀起草又淨書條約本
書訓狀。

一附本省官貢辭令口宣皆淨寫之徵其請狀管門
避及詳本省所屬官貢之履歷每一月乃止二月。
編製本省官錄。

一外國使臣若縉紳薦朝謁則照例規儀式會其所
管而爲之序。

一本邦駐在外交官及特典者並審其姓名每年一

次達諸內務省。此時刊行日本在外外交官人名
表。

一本省接待外國使臣若紳士等時設之順序幹其
事先導紹介等皆擔任之。

一中外人求旅券則照例規而附之明記其事由製
之表。

用度課

一凡本省各局課及在外公使領事館所要事件計
前年所費之平均豫定本年之事每半年又每三
月得卿之允可購之各應需而配焉。

一公使領事有請物品於本邦則作之書牒卿之允
可而供給焉。

一本省及所屬之官舍常監視之要修繕若新築則
算其費額共簿呈卿得其允可而爲之但要愼者
不在此例。

一凡用度支給諸品則雖日常之諸具製簿授之
可徵撿印而日常諸具之外總因卿之命可購而
給。

一本省及所管之官舍諸室之門扉等管其鎖鑰室
內庭園之灑掃及使人馬丁等之進退皆管之。

及訓令臣之案皆次之。
一彼我條約中關于文義有疑則作之解釋書供卿
之叅考。
一內外之法往又關於萬國公法之案他局既難檢
之者本局毎調之後呈卿。
一關內外之新誌而關我外交及外國政畧之事件。
皆摘錄之而供卿之叅考。

記錄局事務章程

一本局者內外諸信之受授及配賦各因君主之批
従國書其餘公信書籍書類皆管之且爲可歷覽

外交之事件編纂史傳印刷公文書丹。

受付課

一凡自中外諸方記卿輔及書記官之名所至之公
信。一切披之記其春師及年月日共簿呈諸所關
之輔得檢印而各随其類配諸所管所局課偵受
其檢印。
一自本省所發遣之公信指令又係于回答者皆記
其番號年月日及要旨以郵便或使人送附之。

編輯課

一随事務之順序還納於各局課中外一切之公信

原書皆類別編纂爲供叅觀之便例外國使臣或
外國政府所送于公信皆每國編纂之)
一卿所發遣于本邦駐劄外國使臣而外
國政府之公信亦每國編纂其原稿。
一所來於外國駐劄本國公使領事之公信亦每國
編纂其原稿外務卿所發遣于外國駐劄本國公
使領事之公信亦每國編纂其原稿。
一以如前條序所編纂信書藏諸庫中而挑列之際。
随其類報要便搜索例所來於英國政府若使
臣信書藏諸右又關之而外務卿及所發之信書

原稿藏諸左其他皆倣之。
一凡省中所送致於各主任局課之公文其他之文
書若有要之則以其謄寫應需。
一本局所管之文書總其部類事件年月日人名等。
製所記之目籙戯供傻索之便方。
一書籍圖書亦倣前章記其書目部門製目籙各
局課之要貸與嚴其出納。
一新購書籍或被寄贈者記本省之記誌記其書目
於適當之簿丹每新納報諸各局課。
一本局所管書籍圖書定適當之時月照諸簿再點

管掌官。

一各輔卿之事務一週間有未決者次週開會議、
請卿之決。

公信局事務章程

一本局者理外國交際及通商一切之事務本國公
使領事及駐劄外國公使等相照會照復書信又
關前項而與各官省院府縣士民等通信等之起

文案皆管之。

修好課

一體卿之訓諭本國使臣之旨又本國使臣之稟告

于卿事件等擔任之力致中外一致。

一我使臣有稟申事則照例審其可否起之回答之
草案。

一兩致於本邦駐在外國使臣之公文皆受之起其
回答之草。

一為使在外國本國使臣知本邦外交之事情故卿
其為外國使臣論議事件皆報告諸本國使臣。

一揃兩來在外國本國使臣之書甄別之隨其種類
配諸適當之官省。

一在外本國使臣與本國他官省所授受之文書悉

揃之無妨者配焉。

一本國使臣若外國政府若人民以書籍圖畫等贈
諸本國政府者配諸適當官省而本國政府贈于
外國政府者必經本國使臣而配焉。

一外國軍艦或商船有救我人民於洋海則速甘爲
報謝之計。

一訓令使臣之買問若改正等受卿之命而議之便
關于訓令領事者通商課爲之。

一自在外公使領事送符滯電信于我則譯之又自
我發之際繫符號。

一兩至於在外使臣文書者關于機密者皆受卿之
命而草回答不然者直草之。

通商課

一理關于本國領事之事件循修好課於本國公使
之事件。

取調局事務章程

一本局者調查條約之釋義內外之法律及關于萬
國公法之疑問且每緊要之事件述其所見呈諸
外務卿。

一關于外交上以可要諸外國政府者其順序方法

記諸初之條下而各配焉。

一凡來於中外一切之公文要回答指令之處分者。
其主任之局課迅速草其案要事之不滯故各局
課接受公文呈諸卿其間限五日若有遷延則豫
告諸卿但呈卿後五日則促之。

一凡來於中外又致諸中外一切之公文主任之局
課隨前數條各處分之直可發原書又原稿于記
錄焉。

一記錄局原書並公文之原稿並受之則編輯課直
謄寫之而該各國又省使各隨其部編之供便覽

之用但原書又原稿存諸庫中有局課求之則以
爲應需。

一省中心之事務者各局課主任雖定之其事涉各局
者協議俊仰卿之決。

一各局課事務中關預金錢案皆附諸檢查課檢查
課夾其案直撿印而呈卿得卿之檢印則附標與
案附諸會計局處之若有無定例者則仰卿之決。
但標者記事之大畧。

一會計局受標及接則詳記其番號月日及件目後。
通諸其局課使爲授受之序。

一中外一切經費其簿者檢查課受之評檢之呈卿
而覽有違例者則令其局課爲之辨解。

一會計局統計檢之簿照規則而製本省之簿送至
諸檢查課。

一檢查課依于中外所發諸簿製翌年之定額課算
表俾製之必與主任之局課商議焉。

一各局課中各編纂日記簿事務之要旨並局課員
之應對皆記之。

一各局課關其事務政府之法令類可供考者無
遺漏記錄局蒐輯之以應各局課之需用。

一各局課管掌之事務其長使屬員起其案涉其機
密者長親草之而可防其漏泄。

一各局課管掌之事務皆有定例而別其長官親爲
之者揭其事而受卿之允。

一關於官員之勤惰及黜陟者其長封緘之而呈諸卿。

一凡中外之官吏就其身而有請或告等直呈諸卿
者。

一凡中外之官吏有任免黜陟則必通諸庶務局及
會計局檢查課。
而受其令。

一退省後以電報或急使有報者則宿直者告諸其

一官貝中有疾病或事故不能出務者委曲其事由。
可稟告該省若病篤不能執筆則使人代筆而可矣。

但大小書記官以下。每日出省押印于姓名簿。
七月十二月兩回點檢簿稟告諸官。

該省處務順序

一凡處本省。而管之事務大小輔。各可定其掌管之區域。例何國或何件者大輔何國或何件者小輔。各定之。又可請卿之決裁者。與大小輔決之。等各異之。故以外務卿名或代任署名可指令照會復。

041

者恐定之。故接到於中外又發遣于中外文書。先以附大小輔之一閱爲則。

一凡自內外諸方以卿輔及書記官之受。文先記錄局受之。受之年月日及記名事件記者。所來之公如式記之。直出諸所關之輔。一閱後從其指令。如式記之。隨事之種類分配諸主任之局課。

一因前章所受之公文若有機密信之印。乃記其署各不披而達其人但以卿輔表記者所關之輔先閱之而後呈卿。

一凡前章機密信書要回答時應特宜使公信局。又

042

書記課抵……草案。

一又機密信書等之文書。不聽外見者別編之與他書不可混焉。

一各局課各備名簿授受公文則署記年月日及件目等互可證授受。

一主任之局課接受於記錄局者皆記公文之事件。及月日有前規定例者受管輔之令而起按經書記課而可呈諸外務卿。件新而無定例者……

一凡致諸中外又來於中外公信文係法律或國憲

043

或萬國公法者各應案法爲答爲故。卿附諸調查。局得卿之裁決而附諸主任之局課可計指令回答或照會等之序。

一凡致諸中外公文皆卿押印而再附諸主任之局課淨寫之其要卿之記名押印者。副原稿而復致諸書記課不要記名者。主任之局課直致諸受付課可送諸指名之場。

一記錄局受付課受自主任之局課可致諸中外公文則做第一章之例記公文之記名月日及件目。但其公文之初到於中外而係指令式回答者則

044

一喚回公使及領事使其請歸國。

一廢置各局及任免局長。

一制定公使領事等館及各分局應辨事務章程。

一因辨其所主管事務論告官民。

一在該省及駐外國公使領事等館聘辨外國人。

一創立事務及變更舊規。

該省規則　己巳七月。

外國交際者關本國家之興廢至大至重之件也。

奉職於外務者各同心戮力長短相濟建確然不

拔之卓識體認我邦之大典基宇內之通義不失

038

長一人　七等出仕人一人　屬官四人

局課之職大書記官以下。分掌庶務事務其

所主管事務由卿陳達意見准旨施行。

事務章程

一各國公使及別外人公觀私觀各等事。

一凡作剞係給付派往外國之司交官吏。

一凡作委辨官憑及認隼各單。

一廢置駐外各國之公使領事等館。

一固辨其所管事務派遣所屬官吏前往外國。

一於外國建設公使館及領事館或購現成。

037

一不要卿及大輔之鈐印件者非得大小書記官之

鈐印不可施行。

但金銀出納之件者會計局長鈐印。

一卿及大輔專決事件者必傳告大小記官。

一諸官貢諸所請事皆係其局書記官所可指出事。

一休暇之日大小書記官其外官貢自宅出他之際。

具其所行地使家隸或族類一一先告。

一當省三町內或省中失火之際直集該省舉措尤

隨大小書記官之命可周旋矣盖失火之地近接

自己之家則不要集該省。

040

信于外國為主且應期輝皇威於外務域。

奉職於該省各分課定業來自諸官辨公文其擔

當吏專任之首尾要相貫徹

該省以朝九時為出省時。午後非卒事則不得退

故服勞時各竭心勵力互協議所不憚則互討議。

敢面從而勿有後言。

定

一大事件並要卿大輔及大小書記官之鈐印。敢不

可施行。

但要之凡要得全員之鈐印。

039

033

之谷有訓令又有委任狀。

和蘭國海牙 乙亥五月

英吉利國倫敦 乙亥五月

清國上海 乙亥十月總領

清國香港 丁丑十一月

米利堅國桑港 丙子五月

英吉利國桑港 丙子十月

伊太利國邪不勒 巳卯三月

米利堅國未蘭 巳卯十月

露西亞國哥爾薩 巳卯十月副領

白耳義國阿尼伐 巳卯十月

米利堅國紐育 庚辰二月

我國元山 庚辰二月總領

清國天津 庚辰五月

澳地利國麥普尼 巳卯十一月

伊太利國威尼斯德 庚辰九月

澳國的里也斯德 庚辰五月

我國釜山 庚辰二月

衛逸國伯林 庚辰五月

佛蘭西國馬耳塞 辛巳四月

034

佛蘭西國巴里 庚辰十月總領

露國浦鹽斯德 現將無

英國新嘉坡 庚辰十二月

兼察領事

清國芝罘 牛莊 駐天津 鎭江 漢江 九江 寧波

駐上海 廣爲 汕頭

廈門 福州 臺灣 淡水 領事兼

布哇國布哇 以米國人爲貿易事務官

清國廈門 庚辰七月廢之

瓊珎 領事兼駐香港

額

公使領事之屬官則自該省奏列書記官幾人書記生幾人陸軍省官僚中一二人派給而原無定額

035

公使者。駐劄外國聽外務卿指揮。擔任與各該國交際事務。

領事者。駐留外國聽候外務大藏兩卿之指揮管理貿易事務并保庇本國人民在各該所者。

一二等書記官者。隨屬公使掌理庶務

一二三等書記生者。隨屬公使及領事從事庶務。

五局十課

公信局 附修好課 通商課

長一人 書記官五人 御用掛五人 屬官十三人

取調局

036

長一人 書記官二人 御用掛二人 屬官一人

記錄局 附編輯課 付付課

長一人 書記官二人 御用掛二人 屬官十五人

庶務局 附儀式課 用度課

長一人 書記官一人 御用掛一人 屬官十一人

會計局 附出納課 支給課

長一人 屬官五人

檢查課

長一人 屬官四人

書記課

旨至列任諸更自得專行。

一凡有國書發送外國卿亦署名加印。

一其所主務事務遇有擬設法律文告或須補正
俱可陳其意見稟請。

一凡有法案係為主任施行可列在元老院議席。
辨論其利害。

大輔　從四位

輔弼卿之職掌卿有事故隨時署理。

火輔　正五位

所掌歷於大輔

大書記官四人　便五位

權大書記官五人　正六位

火書記官三人　從六位

權火書記官六人　正七位

各奉卿命主辨事務

一等屬五人。二等屬六人。三等屬四人。四等屬四人。
五等屬八人。六等屬六人。七等屬七人。八等屬十人。
九等屬七人。十等屬六人。

各從事庶務。

官員錄中有三等出仕一人七等出仕一人御用

掛一人同奏任取扱十二人御用掛列任四人此
是事務煩劇時權付之職名也不入於職制中

派遣各國特命全權公使九人
駐在外各國據任兩國交際事務從掌締約
條款保全好誼全權辨理代理三等皆隨事
之輕重爵之尊卑隨時補之各有訓令。

獨逸國伯林　甲戌九月　　米利堅國華盛頓　甲戌九月

佛蘭西國巴里　戊寅一月　　清國北京　己卯三月

英吉利國倫敦　己卯十一月　伊太利國羅馬　庚辰三月

和蘭國　庚辰三月　　露西亞國比德堡　庚辰三月

澳地利國維也納　庚辰三月

辨理公使一人

我國京城

無察公使

瑞典諾威　公使駐露國兼和蘭國

西班牙　公使駐佛國兼葡萄牙瑞

白耳義丁抹

派送各國領事官十九人　總領事三人副領事一人領事十五人

駐在外各國管理締約條款及貿易事務兼
掌保庇我國人在留其國者總領事領事副
領事三等亦隨事之輕重爵之尊卑隨時補

一等書記官四等　二等書記官五等　三等書記官六等四

等書記官七等　五等書記官八等

置書記官　壬申九月日

改定外務省相當官位○辛未八月日

設特命全權大臣及副使遣于歐米各國○辛未十月日

置漢洋語學所

理事官遣于歐米各國○辛未二月日　　統大臣　辛未十月日　附屬

改定外務省官遣于歐米各國○壬申正月日

書記生十一等　五等書記生十二等　六等書記生十三等　七

一等書記生八等　二等書記生九等　三等書記生十等　四等

025

等書記生十四等　八等書記生十五等

外務省官員○使之在勤琉碪○壬申九月日

廢辦務使置全權公使○二等辦理公使○三等代理公使○四

特命全權辦理大臣遣　我國○乙亥十二月日

一等書記官五等　二等書記官六等　三等書記官

漢洋語學所移屬於文部省○癸酉五月日

置全權辦理大臣遣淸國○甲戌八月日

特命全權辦理大臣遣　我國○乙亥十二月日

特命副權辦理大臣遣　我國○乙亥十二月日

七等

026

改定職制而管理外國交際事務○款接國内在留外

國交際官吏○暢達内外交涉○訴訟○保護○乃在我國之

人○丙子五月日

卿一人○大輔少輔大丞少丞權大丞權少丞大錄

權大錄小錄權小錄筆生省掌○

特命全權公使辦理公使代理公使○

總領事○領事○副領事○書記官○書記生○

廢大小丞大中小錄書記生筆生省掌等職○變通官

制又置五局十課○丁丑正月日

一省失火移設飯廳于官内省用地内○丁丑二月日遷

027

八于霞關内本省○

改定領事等級○丁丑九月日

總領事四等　領事六等　副領事八等

廢客使特命辦理使欽差全權大臣特命全權辦理大

臣同副使理事官全權辦理大臣特命全權辦理大

臣同副大臣等爵名○丁丑九月日

職制章程○

卿一人○正四位

一統率合部官吏○凡百事務歸卿主理○

一凡進退黜陟部下官吏○其於委任各官具奏請

028

新潟外國人墓地約定書

補舘外國人墳墓地證書

長崎地所規則

地所貸渡巻書

地所規則添書

地所規則第二之附錄

日本國外務省事務巻之一

外務省 麴町區霞關一丁目一番地

該省總理各國交際事務監督我國駐劄各外

司交官吏以保國權之處所。

職制沿革

交際一欸專係於幕府老中奉行等職分掌外務矣。

廢幕府後多有沿革。

置外國事務局定官制。戊辰二月日

督一人 議定 輔一人 議定 權一人 參與 權一人 議定

判事七人 參與

廢外國事務局置外國官定職制。戊辰閏四月日

知官事一人 掌統外國交際督率副知官事 八判事

六人 權判官事 書記 筆生 右今執行

建通商司管轄貿易事務。己巳二月日

濱殿石室桶以延請廿之外國官。以爲各國使臣宴

饗之所。己巳二月日

廢外國官置外務省定官制。己巳七月日

通商司付屬於會計官。今大藏省 己巳五月日

卿一人 大輔一人 少輔一人 大丞 權大丞 少丞 權

少丞 大錄 權大錄 少錄 權少錄 大譯官 中譯

官 小譯官 史生 省掌 使部

設領客使 待壹賓權設仍罷 己巳七月日

特例辨務使遣英國。庚午六月日

置大中少辨務使正權大小記

大辨務使 相當正三位 中辨務使 相當四位 少辨務使 相當從四位

大記 相當正五位 權大記 相當正六位 少記 相當正七位 權少記 相當從七位

置總領事官。辛未十一月日

總領事官 五等 領事官 六等 副領事官 七等 代領事官 八等

設欽差全權大臣。遣清國。辛未四月日

定書記官等級。辛未十月日

014

013

016

015

挟獨逸聯邦中瑞西布哇両國無公使焉且於各國
公使之來泊內港則先故礙欲自海軍省亦放礙
答禮而雖知某國公使到某港本無迎接之官又無
供億之例公使若奉國書以來則到舘之日先送國
書副本于外務省自外務省報知官內省之日當其目外務省只送雙馬車于公使舘以
定引謁之日當其目外務省只送雙馬車于公使舘以
外務省親接外務卿傳照會公各國軍艦中水師
有引見出於特禮也且非促公使各國軍艦中水師
提督之等官若欲見君主則先請外務省後亦有許
使之引導而已如非奉國書到某港亦無國書而或

006

引之例至若捧呈國書節次則駐舘公使舉行而無
論慶吊與何等事自本國使其屬官齎來又或郵船
便傳致公使舘使之捧呈若有講和失和等意外事
端之國書則特定別使臣矣其所以答國書則自本
付回使之例而若前來之公使駐舘而無回則自本
國不必派使而傳之付于來任公使自可信付若本
公使國則以付近駐領事亦無妨両國皆有本國駐
論公使則互相付之他無可論大凡國書送答貴在
迅速而若有事故則稍晚無傷且其國書所重自別
故每當來往之時自古有禮幣之物今則陸地輪車

008

皆定給而公舘歲支八十二萬一千圓省中歲支二
十萬一千圓合為一百二萬二千圓皆自大藏省劃
來且其兩謂繙譯之法即字繙義繙之別而以字繙
而省之則字以義殊以義繙而省之則義與字異而
條約卽他國重大之文也仍用字繙不得已或有附
義而至若外他事務參於本以譯辭意未暢又或有
意於泰西文字日人亦未能盡解其譯漢字故書以地
名港名官名人名物名量名而考諸書籍質之外省
有條約規則之可以繙漢文者搜輯各項卅子摭其

007

水程遠船萬里尽尺各國交際逐年頻繁國書來往
無年無之則隨价備幣遠涉涉煩獎近皆廢之且宴饗
則無論何公使皆設于延遼舘外務卿以下為主管
邀接致歎各省負幾人於宴備儀無他定規每年
節秋之楓辰亦有賜宴也至於各國公使定舘之法
賜宴有三次日曆一月五日稱以備之花
建築往覆外務省得其認可然後始乃定舘其餘許
無論何區何町目何番地先定可容家第或占基址
多節次一依公法所載而外各國公舘歲支酬應非
但隨其等級也亦從所住國之物價高低道路遠近

外務省 二

001

外務省者專管各國交際事務毘繁且大而官制連
年類改簿書氏曰斯生計多事務莫究其源所謂條
約有本假之說而兩國官吏所定者謂之假條約兩
國君主批準者謂之本條約擬以金石之重而猶有
改定之論國内常行事務雖有規則而未免增減之
獎或捨舊而從新或朝變而夕改然而本省則自交
際以來猶存遵守之意也諸他省尚可說也彼言曰
交際之經法必從萬國公法使之聘之節次莫過星軺
指掌心雖在茲事或有差以其國勢各異風俗不同
故也随機變更樂器豁互云盖彼國好煩變新之風

002

藥可知矢其曰交際事務係是公使領事之來往而
日本公使領事之去於各國者森列於本省職制中
各國公使領事之來雷日本各港省者專為通商而交
聘一欵則是乃本省中事務故臚列如左至若交聘
各國公使來雷江戸者曰英吉利國特命全權公使
易章程及多少税則雖是本省所定係是海關事務
兼総領事而來於癸酉戌辰今以一等書記官代理
義國特命全權公使來於癸酉米利堅國特命全權
故不必贅論各國公使之來雷日本江戸者專為交
公使來於甲戌秘魯國特命全權公使來於甲戌而

003

公使在於瑪港瑞典諾感國事務代理則和蘭公使
兼之矢今始定錧而公使未來丁抹國事務代理
理公使來於己卯澳地利國辨理公使來於己卯西
班牙國代理公使兼総領事而來於己卯獨進國全
權公使兼総領事而來於庚辰葡牙國特命全權
伊太利國特命全權公使來於丁丑今以一等書記
官代理大清國特命全權公使來於丁丑和蘭國辨
國特命全權公使來於丁丑今以一等書記官代理
今不在魯西亜國特命全權公使來於丙子佛蘭西
和蘭公使兼之矢今始定錧而公使未來亨滿生屬

004

【영인자료】

外務省
一 · 二

외무성 일 · 이

여기서부터 영인본을 인쇄한 부분입니다. 이 부분부터 보시기 바랍니다.

이상욱

서울 출생
현 스위스 제네바 대학교 동아시아학과 전임연구원
연세대학교 국어국문학과 박사 (고전문학 한문학 전공)

조사시찰단기록번역총서 15

외무성 일·이

2020년 9월 25일 초판 1쇄 펴냄

편 자 심상학
역 자 이상욱
발행자 김흥국
발행처 보고사

책임편집 이소희
표지디자인 손정자

등록 1990년 12월 13일 제6-0429호
주소 경기도 파주시 회동길 337-15 보고사
전화 031-955-9797(대표), 02-922-5120~1(편집), 02-922-2246(영업)
팩스 02-922-6990
메일 kanapub3@naver.com / bogosabooks@naver.com
http://www.bogosabooks.co.kr

ISBN 979-11-6587-080-5 94910
      979-11-5516-810-3 (세트)
ⓒ 이상욱, 2020

이 번역서는 2015년 정부(교육부)의 재원으로 한국연구재단의 지원을 받아 수행된 연구임
(NRF-2015S1A5B4A01036400).